Acredolo/Goodwyn Baby Brain

Unseren Müttern Jean und Marjorie
in Liebe gewidmet

Linda Acredolo
Susan Goodwyn

Baby Brain

Spielerisches
Lerntraining
für Ihr Baby

Aus dem Englischen
von Birgit Baader

ARISTON

Die Originalausgabe erschien 2000 unter dem Titel *Baby Minds. Brain-Building Games Your Baby Will Love* bei Bantam Books, New York, USA.

Die Deutsche Bibliothek – CIP-Einheitsaufnahme
Acredolo, Linda:
Baby Brain : Spielerisches Lerntraining für Ihr Baby / Linda Acredolo/
Susan Goodwyn. Aus dem Englischen von Birgit Baader. – Kreuzlingen ; München :
Hugendubel, 2001
(Ariston)
ISBN 3-7205-2258-X

© Text: Linda Acredolo, Ph.D. und Susan Goodwyn, Ph.D. 2000
© Illustrationen: Linda Acredolo, Ph.D. 2000, Bildnachweis s. S. 235
© der deutschsprachigen Ausgabe: Heinrich Hugendubel Verlag, Kreuzlingen/
    München 2001
Alle Rechte vorbehalten

Umschlaggestaltung: Zembsch' Werkstatt, München
Redaktion: Verlagsbüro Oliver Neumann
Produktion: Maximiliane Seidl
Satz: EDV-Fotosatz Huber/Verlagsservice G. Pfeifer, Germering
Druck: Huber, Dießen
Printed in Germany

ISBN 3-7205-2258-X

Inhalt

Vorwort

Willkommen in der beeindruckenden und bezaubernden Welt des Kleinkindes! Wir wollen Sie auf eine faszinierende Reise mitnehmen, die Ihnen Aspekte des kindlichen Verstandes zeigt, von denen bis vor kurzem nur wenige Eltern und Forscher etwas wussten. Doch bevor es losgeht, möchten wir uns kurz vorstellen. Zu *Baby Brain* haben so viele Erfahrungen und Umstände unseres Lebens beigetragen, dass es schwer fällt, einen Anfang zu finden. Durch unsere eigenen, jahrzehntelangen Studien (die zu unserem ersten Buch, *Baby-Sprache*[1], führten) lernten wir die hervorragende Forschungsarbeit anderer schätzen. Die Entdeckungen, die weltweit in den Forschungslaboren auf dem Gebiet der Entwicklungspsychologie gemacht wurden, sind sensationell und auch für Eltern und Erzieher richtungsweisend. Es wäre wirklich schade, wenn das mühevoll erworbene Wissen in akademischen Fachzeitschriften verstauben würde.

Unser Entschluss, diese Informationen allgemein zugänglich und verständlich zu machen, reifte auch während unserer Lehrtätigkeit. Zusammen genommen unterrichteten wir Tausende von Studenten. Viele dieser jungen Leute interessierten sich bereits vor ihrem Studium für das Thema geistige Entwicklung und brannten darauf, mehr zu erfahren. Andere erschienen aus weniger hochfliegenden Beweggründen. Doch wir können mit Stolz behaupten, dass nur sehr wenige Studenten – ungeachtet ihrer anfänglichen Motivation – unsere Kurse verließen, ohne sich für die erstaunliche Welt der Entwicklung von Kindern geöffnet zu haben. Wir hoffen, dass dieses Buch auf Sie dieselbe Wirkung haben wird.

Baby Brain ist auch eine Hommage an unsere wundervollen Kinder: Kate und Kai (Linda Acredolo), David und Lisa (Susan Goodwyn). Wie al-

---

[1] Linda Acredolo, Susan Goodwyn: *Baby-Sprache. Wie Sie sich mit Ihrem Kleinkind unterhalten können, bevor es sprechen lernt* (Rowohlt Verlag).

le Eltern verfolgten auch wir staunend die Veränderungen, die sich vor unseren Augen abspielten, während die ersten drei Jahre so schnell vergingen, dass sie uns manchmal eher wie ein Traum als wie die Wirklichkeit vorkamen. Mittlerweile sind unsere Kinder längst dem Babyalter entwachsen, aber die Lektionen, die wir von ihnen lernten (und die neuen Lektionen, die Susan von ihren beiden Enkeln Brandon und Leannie erhält), bleiben in unserer Erinnerung. Sie liegen einigen unserer Lieblingsbeispiele zugrunde, die die Funktionsweise des Babyverstandes veranschaulichen.

Schließlich ist *Baby Brain* auch das Ergebnis der Zusammenarbeit von zwei guten Freundinnen. Susan kam 1980 das erste Mal an die Universität von Kalifornien nach Davis, um mit ihrer Promotion zu beginnen. Linda hatte ein paar Jahre zuvor eine Stelle als Assistenz-Professorin angenommen. Schon wenige Wochen nach unserem ersten Treffen entwickelte sich eine Freund- und Partnerschaft, die wir nie als selbstverständlich ansahen, selbst als Susan weiterzog, um eine Professorenstelle anzunehmen. Wir arbeiten immer noch intensiv an Forschungsprojekten und Veröffentlichungen zusammen, haben aber auch viel Spaß miteinander – der gemeinsame Humor ist in vieler Hinsicht sogar unser größter Schatz.

Nun wissen Sie ein wenig mehr über Ihre Reisebegleiter. Schnallen Sie sich also an – die Reise beginnt!

Einführung:
Neue Einblicke in die Welt Ihres Babys

NACHRICHTEN AUS DER FORSCHUNG:

Dr. Seuss – der große Hit
beim »brandneuen« Publikum

Greensboro, North Carolina. Über 40 Jahre, nachdem die ersten Bücher von Dr. Seuss[2] in den Bücherregalen der Kinder auftauchten, sind sie immer noch der Hit bei Kindern unter fünf. Egal ob »Horton Hears a Who« oder »Green Eggs and Ham« – wohl kaum ein amerikanisches Vorschulkind wird dem Zauber dieser Geschichten lange widerstehen. Für eine besondere Sensation unter den Gehirnforschern sorgten kürzlich jedoch einige neue Anhänger des Dr.-Seuss-Fanklubs. Ein gutes Beispiel ist die kleine Micaela. Im Gegensatz zu dem typischen drei- oder vierjährigen Seuss-Fan begann Micaelas Liebe schon *vor* ihrer Geburt! Aber damit nicht genug: Bereits wenige Stunden nach ihrem ersten Atemzug »berichtete« sie der Welt davon. Dr. Anthony DeCasper und Dr. Melody Spence, zwei Wissenschaftler von der Universität von North Carolina in Greensboro, kamen auf die Idee, sie danach zu fragen. Im Rahmen einer Studie zu dem Thema, ob Lernen schon vor der Geburt beginnt, baten DeCasper und Spence eine Gruppe von Schwangeren, die bekannte Seuss-Geschichte »The Cat in the Hat« zweimal täglich während der letzten sechs Schwangerschaftswochen laut zu lesen. In den ersten Stunden nach der Geburt wurde den Babys daraufhin eine Aufnahme ihrer Mutter mit der bereits gehörten oder einer unbekannten Geschichte zur Auswahl gestellt. Aus den anhand von bestimmten Saugrhythmen ermittelten Testergebnissen wurde eindeutig klar: Die Babys zogen überwiegend die vertraute Geschichte vor und bewiesen somit, dass Lernen tatsächlich schon im Mutterleib stattfindet. Selbst wenn Mami vor der Geburt nicht sichtbar ist, gehört wird sie mit Sicherheit!

---

[2] Populäre amerikanische Kinderbuchreihe.

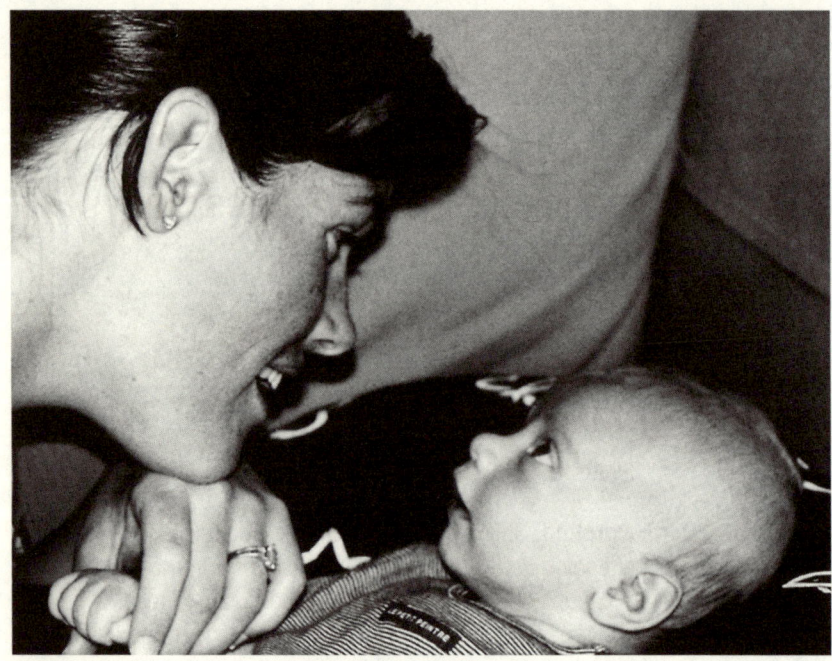

Der Verstand eines Babys ist den Eltern wie ein wertvolles Geschenk zur Obhut anvertraut. Nur wenn ein Kind sich sicher und geborgen fühlt, weil es liebevoll umsorgt wird und in einem anregenden Umfeld aufwächst, kann es sein ganzes Wesen entfalten.

Wir stehen heute am Anfang eines neuen Verständnisses für das Wesen des Babys. So, wie wir das 20. Jahrhundert hinter uns gelassen haben, lassen wir auch dessen Sichtweise der Kindesentwicklung zurück. William James, ein bekannter Psychologe, formulierte Anfang des 20. Jahrhunderts die damals herrschende Ansicht mit den Worten, Babys würden die Welt als »ein einziges großes, blühendes, schwirrendes Wirrwarr« erleben. Man war der Meinung, Kleinkinder wären kaum zu mehr fähig als zu schreien, schlafen und trinken, könnten keine visuellen Reize verarbeiten, nicht einmal die Menschen in ihrem Umfeld wahrnehmen und weder Geräusche noch Stimmen unterscheiden.

Es ist erstaunlich, wie hartnäckig sich derartige Ansichten gehalten haben. Als im Jahre 1977 Mütter, die ihr erstes Kind bekamen, von Hebammen aus Seattle befragt wurden, ab welchem Alter Babys ihrer Meinung nach ihre Umgebung bewusst wahrnehmen, nannten sie im Durchschnitt ein Alter von ungefähr zwei Monaten. Einige Mütter gingen allerdings sogar von Zciträumen bis zu einem Jahr aus! In Wirklichkeit kann ein Neugeborenes, auch wenn seine Sehschärfe nicht bei 100 Prozent liegt, seine Umgebung sehr wohl wahrnehmen und sogar Geräusche hören, während es noch im Mutterleib ist – wie obige Forschungsergebnisse beweisen.

Während der letzten zwei Jahrzehnte hat die Entwicklungsforschung bei Kleinkindern sprunghafte Fortschritte erzielt und erstaunliche Fähigkeiten bei Neugeborenen entdeckt. Babys sind beispielsweise lange, bevor sie sprechen können, in der Lage zu zählen, sich an Ereignisse zu erinnern und Probleme zu lösen. Sie können Gesichter wieder erkennen, Farben sehen, Stimmen hören, Sprachlaute unterscheiden und verschiedene Hauptgeschmacksrichtungen voneinander trennen. Das Gehirn eines Säuglings scheint auf Hochtouren zu laufen: Es verarbeitet Informationcn und baut neuronale Netze auf, die die Grundlage seiner emotionalen, sozialen und intellektuellen Entwicklung bilden. Aufgrund dieser Entdeckungen kamen die Wissenschaftler zu dem Schluss, dass das Neugeborene – vorausgesetzt, seine Welt ist tatsächlich, wie William James behauptete, »ein einziges großes, blühendes, schwirrendes Wirrwarr« – diese Welt von Geburt an in erstaunlichem Umfang aktiv erforscht, ordnet und strukturiert.

Sind Babys heute höher entwickelt als in der Vergangenheit? Zweifellos profitieren sie von der modernen Gesundheitsvorsorge während der Schwangerschaft und der heutigen Ernährung. Aber man kann davon ausgehen, dass gesunde Kinder schon immer die gleichen angeborenen Fähigkeiten besaßen. Die neue Sichtweise des Kleinkindalters ist also nicht das Resultat evolutionärer Weiterentwicklung, sondern eher das Ergebnis neuer Forschungsmethoden, die den Babys helfen, uns ihre Sicht der Welt zu vermitteln.

Wissenschaftlicher Einfallsreichtum zahlt sich aus

Wenn man wissen will, ob ein Dreijähriger bis zehn zählen, einen blauen von einem roten Vogel unterscheiden oder einfachen Anweisungen folgen kann, so bittet man ihn einfach darum, zu zählen, auf den blauen Vogel zu deuten oder nach draußen zu gehen und auf einem Fuß zu hüpfen. Und da ein Dreijähriger in der Regel in der Lage ist zu sprechen, auf etwas zu deuten, zu gehen oder zu hüpfen, wird man in der einen oder anderen Form eine zufrieden stellende Antwort erhalten. Wie aber können Wissenschaftler

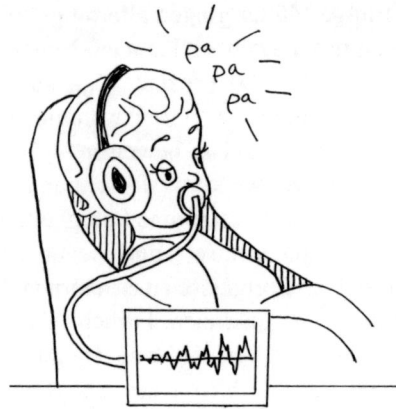

Mit Hilfe verschiedener Messmethoden für das Verhalten eines Babys, wie zum Beispiel das Saugen am Schnuller oder die Fixierung eines interessanten Gegenstandes, fanden die Wissenschaftler heraus, was Babys können. Aufgrund der veränderten Saugfrequenz (je nachdem, ob das Baby interessiert oder gelangweilt ist) entdeckten die Forscher, dass Neugeborene bestimmte Sprachlaute wie »pa« und »ba« unterscheiden können.

feststellen, was hinter den strahlenden Augen eines drei *Monate* alten Babys vor sich geht?

Die Wissenschaftler mussten raffiniert und fantasievoll vorgehen, um in die unergründliche Welt eines neugeborenen menschlichen Wesens vordringen zu können. Die Methoden, die sie sich ausdachten, um herauszufinden, was Babys sehen, fühlen, hören, erinnern usw., sind sehr einfallsreich. Seit man weiß, dass Neugeborene im Allgemeinen gern am Schnuller nuckeln, nutzten Forscher dieses Verhalten zum Beispiel als Hilfsmittel, mit dem Babys ihre Fähigkeiten »beschreiben« können. Mit Hilfe innovativer Technologien wurden Veränderungen der Saugfrequenz gemessen und auf diese Weise nachgewiesen, dass Neugeborene bestimmte Sprachlaute differenzieren können. Babys saugen offensichtlich langsamer, wenn sie sich auf etwas konzentrieren, als wenn sie sich daran gewöhnt haben (Habituations-Effekt). So teilten die getesteten Babys den Forschern durch die veränderte Saugfrequenz mit, dass sie die Veränderung bemerkten, wenn man ihnen abwechselnd verschiedene ähnlich klingende Sprachlaute wie »pa« und »ba« vorspielte. Mit Hilfe einer Vielzahl ähnlich ausgeklügelter Forschungsmethoden konnte bewiesen werden, dass Neugeborene mit voll funktionsfähigen Sinnen auf die Welt kommen, ja dass einige Sinneswahrnehmungen sogar schon vor der Geburt aktiv sind. So sind Babys von Anfang an in der Lage, aus ihren frühesten Erfahrungen zu lernen.

Gute Neuigkeiten für Eltern und Babys

Sie werden uns wahrscheinlich darin zustimmen, dass man den täglichen Umgang mit seinem Baby interessanter gestalten kann, je mehr man über seine versteckten Talente weiß. Aber profitiert auch das Baby davon? Um eine Antwort darauf zu geben, wenden wir uns noch einmal der Studie aus Seattle zu, bei der Mütter während ihrer ersten Schwangerschaft gebeten wurden zu schätzen, in welchem Alter ihre Babys die Umgebung bewusst wahrnehmen können. Sie werden sich erinnern, dass das durchschnittlich genannte Alter mit etwa zwei Monaten ziemlich hoch lag. Erstaunlich war jedoch auch die große Bandbreite des von den Müttern genannten Alters. Während nur wenige Mütter (13 Prozent) davon ausgingen, dass ihre Kinder ihre Umgebung schon ab der Geburt wahrnehmen, lagen die Erwartungen vieler anderer (36 Prozent) bei über zwei Monaten.

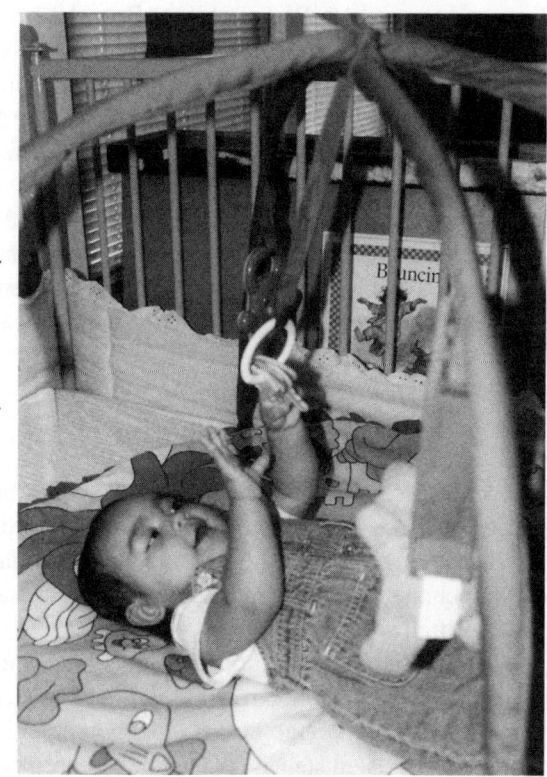

Wenn die kleine Jordan auf dem Rücken liegt, wird ihre Aufmerksamkeit durch die bunten Spielsachen gefesselt, die über ihrem Bettchen hängen. Rollt sie sich auf den Bauch, sieht sie die Decke, die durch verschiedene Formen und leuchtende Farben mindestens ebenso interessant und anregend ist. Babys, deren Eltern ihnen eine Umgebung schaffen, in der es viel zu sehen und zu hören gibt, sind nicht nur glücklicher, sie machen auch wichtige frühkindliche Lernerfahrungen.

Wie sich zeigte, waren die stark voneinander abweichenden mütterlichen Erwartungen von großer Bedeutung. Die Hebammen besuchten die verschiedenen Familien, als die Babys vier, acht und zwölf Monate alt waren. Obwohl bei der Erstuntersuchung nach der Geburt keine entwicklungsbedingten Unterschiede festgestellt worden waren, wiesen die Babys mit einem Jahr signifikante Unterschiede in ihrer geistigen und psychomotorischen Entwicklung auf. Als die Kinder im Alter von zwei Jahren erneut getestet wurden, waren die Unterschiede immer noch deutlich erkennbar. Die Zweijährigen, deren Mütter ihnen schon früh Wahrnehmungsfähigkeiten zugesprochen hatten, waren in ihrer Entwicklung eindeutig voraus.

Es gibt sicherlich zahlreiche mögliche Erklärungen für die beobachteten Entwicklungsunterschiede. Eines steht jedoch fest: Je früher eine Mutter bei ihrem Baby die bewusste Wahrnehmung seiner Umwelt vermutete, umso mehr Fähigkeiten entwickelte es.

Der Grund ist einleuchtend: Die Mütter behandelten ihre Babys ihren Erwartungen gemäß. Während ihrer Besuche bei den Familien beobachteten die Forscher, dass Mütter, die mehr über die Fähigkeiten ihres Neugeborenen wussten, emotional und verbal stärker auf ihr Kind eingingen. Sie sprachen mehr mit ihm, sorgten für geeignetere Spielmaterialien und ließen es häufiger anregende Erfahrungen machen. Zudem durfte ihr Baby seine Umgebung meist viel aktiver erforschen.

Daraus wird ersichtlich, dass der Wissensstand der Eltern eine wesentliche Rolle spielt, und zwar deshalb, weil informierte Eltern viel eher für zahlreiche frühkindliche Lernerfahrungen sorgen, die die Gehirntätigkeit ihres Babys anregen.

Neuronale Netze

Wie kann das geistige Wachstum eines Kindes durch das Vorsingen eines Liedes oder das Pusten eines Löwenzahns gefördert werden? Die Antwort auf diese Frage birgt neue Erkenntnisse. Sie erklärt, warum das Wort »Gehirnforschung« in den letzten beiden Jahren in nahezu allen Zeitungen und Zeitschriften auftauchte.

Wie die Wissenschaft kürzlich herausfand, sind frühkindliche Erfahrungen beim Aufbau der Gehirnstrukturen maßgeblich beteiligt. Streicheln wir zum Beispiel die Wange eines Neugeborenen, dann werden Gehirnzellen aktiviert, und es entstehen so genannte neuronale Netze. Lesen wir einem drei Monate alten Baby eine Geschichte vor, werden weitere Nervenbahnen verknüpft. So werden durch neue Erfahrungen nach und nach immer komplexere Nervenverbindungen aufgebaut und bereits bestehende Netze stabilisiert.

Bis vor ein paar Jahren war man der Ansicht, die Gehirnentwicklung eines Kindes werde durch das bei der Zeugung zusammengeführte genetische Material seiner Eltern bestimmt und es bestünde bereits eine Art vorbestimmter »Gehirn-Schaltplan«. Man dachte, die neurologische Entwicklung des Kindes folgte einem vorgegebenen Ablauf. Heute weiß man, dass nur die Hauptnervenbahnen im Gehirn eines Babys, die die Grundfunktionen wie Atmung, Herzschlag, Körpertemperatur und angeborene Reflexe steuern, durch die Gene der Eltern bestimmt werden. Millionen komplexer neuronaler Verknüpfungen warten hingegen darauf, durch Anregungen, die das Gehirn des Kindes während der ersten Jahre erhält, angelegt zu werden. Frühkindliche Erfahrungen wie beispielsweise Musikhören stimulieren einzelne Gehirnzellen und schaffen Verbindungen zu anderen Gehirnzellen. Je häufiger das Baby Musik hört, umso höher ist die Gehirnaktivität in dem für »Musik« zuständigen (Hör-)Gehirnzentrum, und es werden immer umfassendere Schaltkreise angelegt. Ob Sie es glauben oder nicht: Selbst sehr kleine Babys können hören, ob ein Musikstück harmonisch oder misstönend klingt, und ziehen Harmonien vor. Sie bemerken Melodie- oder Rhythmuswechsel und können sogar feststellen, ob sie den Sänger/die Sängerin kennen oder nicht.

Noch faszinierender sind neue Forschungsberichte, die vermuten lassen, dass die Stimulation einer bestimmten Gehirnregion auch anderen, scheinbar ganz unterschiedlichen Gehirnzentren zugute kommt. Im 7. Kapitel werden Sie zum Beispiel ausführlicher erfahren, dass das Zuhören bei einer Klavierstunde nicht nur die entsprechenden Gehirnzentren zur Musikverarbeitung stimuliert, sondern ebenfalls die Regionen, die für ein gewisses mathematisches Abstraktionsvermögen entscheidend sind. Ein unvorhergesehener, aber umso erfreulicherer Nebeneffekt – doppelte Wirkung zum halben Preis sozusagen.

Für Eltern und Babys bedeuten diese aufregenden, neuen Einblicke in die Entwicklung des menschlichen Gehirns wichtige Neuigkeiten. Mehr als je zuvor wird das unerschlossene Entwicklungspotenzial eines Kindes deutlich – ein Potenzial, das durch lustige Interaktionsspiele und anregende Erfahrungen während der ersten Lebensjahre geweckt werden kann. Eltern können die sinnvoll verbrachten Spielstunden, in denen sie gemeinsam mit ihrem Kind Spaß haben, in dem Bewusstsein genießen, dass sie ihm eine solide Grundlage für spätere Lernerfolge geben. Und je mehr Eltern in den Genuss dieses Wissens kommen, umso mehr Kinder erhalten die Gelegenheit zu optimalem Wachstum. Daher ist es unser Hauptanliegen, mit diesem Buch die »guten Nachrichten« zu verbreiten.

Der Ansatz dieses Buches

In *Baby Brain* geht es nicht darum, wie Sie Ihrem Baby beibringen, Russisch zu lesen, komplexe mathematische Berechnungen anzustellen oder einen Picasso beziehungsweise Dalì wieder zu erkennen. Hier sollen vielmehr neueste wissenschaftliche Erkenntnisse in praktisch anwendbare Übungen »übersetzt« werden, die Sie mühelos in Ihren Alltag integrieren können. *Baby Brain* nimmt Sie auf eine faszinierende Reise durch die Welt

An seinem Gesichtsausdruck ist klar erkennbar: Der neun Monate alte Brandon nimmt sein »Gehirntraining« sehr ernst. Seine Neuronen schießen los, verarbeiten Informationen und verbinden sich in neuronalen Netzen, die ihm sein ganzes Leben lang nützen werden.

der Entwicklungsforschung bei Kindern mit. Sie werden staunen, welche Fähigkeiten Ihr Baby besitzt! Gut gerüstet durch dieses Wissen, können Sie Ihrem Kind die Früherfahrungen vermitteln, nach denen es sich sehnt und die es für seine Entwicklung braucht.

Das Buch basiert auf sechs wichtigen intellektuellen Bereichen, die die Grundlage aller späteren akademischen Leistungen unserer Kinder bilden: Problemlösen, Gedächtnis, Sprachentwicklung, Lesen, arithmetisches Verständnis und Kreativität. Unter Berücksichtigung neuester Forschungsergebnisse werden frühkindliche Kompetenzen mit den genannten sechs Bereichen in Verbindung gebracht, deren Anlagen wie Samenkörner bereits von Geburt an vorhanden sind und nur darauf warten, genährt zu werden. Diese Samenkörner wachsen durch achtsame Pflege und entsprechende Förderung zu neurologischen Wurzeln einer intellektuellen Blütenpracht heran, die Ihrem Kind sein Leben lang erhalten bleibt. Wenn Sie also mehr über die Wunder des Gehirns Ihres Babys und seine geistige Entwicklung erfahren wollen, dann ist *Baby Brain* das richtige Buch für Sie – und natürlich für Ihr Baby!

1. Ein Wunder der Natur: das Gehirn eines Babys

Erinnern Sie sich noch an das erregende Hochgefühl bei der Geburt Ihres Babys? Sie blickten in sein winziges Gesicht, sahen voller Staunen in seine blinzelnden Augen und fragten sich, was es wohl bei seiner ersten Begegnung mit der »äußeren« Welt fühlen mochte. Auch wenn Sie – wie die meisten frisch gebackenen Eltern – der Meinung waren, Ihr Baby sei das klügste und schönste, das je geboren wurde, werden Sie zugeben müssen, dass Sie davon ausgingen, es wäre noch nicht allzu viel los in seinem »Oberstübchen«. Dass dieser Schein trügt, werden wir im Folgenden erfahren. Während Sie lächelten und Ihr Kind begrüßten, zärtlich seine kleinen Fingerchen rieben und seine Wange streichelten, schossen seine Gehirnzellen los und aktivierten verschiedene Gehirnzentren, ähnlich wie Lichter beim Anzünden eines Weihnachtsbaumes. Weit von der Vorstellung eines passiven kleinen Bündels entfernt, leistete Ihr Baby harte Arbeit. Es fing an, aktiv die Grundlagen für sein zukünftiges intellektuelles und emotionales Wesen zu schaffen.

Bis vor ein paar Jahren noch äußerten Wissenschaftler Zweifel an derartigen Beschreibungen. Mittlerweile ist die Forschung jedoch in der Lage, mit Hilfe von hoch technisierten Untersuchungsmethoden die physikalische Gehirntätigkeit eines Babys zu erforschen. Dr. Harry Chugani, ein Kinder-Neurobiologe der Wayne-State-Universität in Detroit, ist weltweit einer der erfahrensten Babygehirn-Forscher. Mit Hilfe von Positronenemissions-Tomographien (PET), die verschiedene Stufen der Gehirnaktivität in einem leuchtenden Farbfeld darstellen, tastete Dr. Chugani das Gehirn ab. Er beobachtete den leuchtend roten Farbglanz, der die im Aufbau befindlichen Gehirnschaltkreise kennzeichnet. Seine Beobachtungen bestätigen, dass die Umgebung, in die ein Kind hineingeboren wird, von Geburt an entscheidenden Einfluss auf seine Gehirnentwicklung hat und sich auf sein ganzes späteres Leben auswirkt.

Aufbau des Gehirns

Nur wenige Wochen nach der Zeugung beginnt der Aufbau des Gehirns, eines Organs, das voller Wunder steckt. Fötale Zellen, die später zu Gehirnzellen werden, vervielfältigen sich mit einer erstaunlichen Geschwindigkeit von etwa 250.000 Zellen pro Minute. Vom Neuralrohr (dem späteren Rückenmark) aus beginnen die Neuronen wie pflichtbewusste Soldaten ihre Reise in die verschiedenen Hirnregionen, um ihre jeweiligen Aufgaben zu erfüllen. Wenn das Baby auf die Welt kommt, besitzt es bereits eine astronomische Anzahl Gehirnzellen (oder Neuronen), mit denen es seine Entwicklungsreise in Richtung Erwachsensein antritt. Man geht sogar davon aus, dass das Neugeborene schon bei der Geburt über seine endgültige Neuronenanzahl verfügt, das heißt unglaubliche 100 bis 200 Milliarden Nervenzellen.

Obwohl Neugeborene alle erforderlichen Nervenzellen haben, können sie nicht lesen, schreiben oder sprechen. Das Gehirn muss erst noch wesentliche Veränderungen durchlaufen, um den Herausforderungen gewachsen zu sein, denen jedes Kind im Laufe seines Lebens begegnen wird. Erst durch das Wachstum und die Weiterentwicklung des Gehirns reift das Kind zu einer sozialen, emotionalen und intellektuellen Persönlichkeit heran – einer Persönlichkeit, die in der Lage ist, Freundschaften zu knüpfen, sich über ein neues Haustier zu freuen und eine schwierige Rechenaufgabe zu lösen.

Eine signifikante Veränderung des Gehirns bei einem Baby besteht zum Beispiel darin, dass es größer wird. Bei der Geburt wiegt das Gehirn etwa 340 Gramm. Es wächst während der ersten Lebensjahre ziemlich schnell. Bis zum ersten Geburtstag eines Kindes hat sich das Gewicht schon mehr als verdoppelt auf etwa 1100 Gramm. Im Alter von fünf Jahren erreicht das Gehirn erstaunlicherweise bereits etwa 90 Prozent seines späteren Erwachsenengewichts von 1450 Gramm.

Die große Gewichtszunahme des Gehirns wird durch das schnelle Zellwachstum und die Ausbildung von kilometerlangen, miteinander verbundenen neuronalen Netzen verursacht, die die Kommunikation der Zellen untereinander ermöglichen. Je größer das Gehirn des Babys wird, umso mehr steigert sich auch seine Lernfähigkeit. Die Gedächtnisleistung nimmt zu, die Sprachentwicklung beginnt und das Denkvermögen wird immer differenzierter.

Auch die verschiedenen Bestandteile des Kindergehirns durchlaufen bedeutende Veränderungen. Die über dem Rückenmark und unter der Groß-

Dem Vater, der seinem neugeborenen Sohn in die Augen schaut, ist wohl kaum bewusst, dass sein Kind bereits Schwerstarbeit leistet und aktiv die Grundlagen für sein späteres intellektuelles und emotionales Wesen schafft.

hirnrinde liegenden subkortikalen Bezirke sind in erster Linie für die biologischen Grundfunktionen – Blutkreislauf, Atmung, Verdauung und Ausscheidung – und für das Reflexverhalten des Neugeborenen, beispielsweise das Saugen, zuständig. Die subkortikalen Bereiche müssen bei der Geburt ziemlich weit entwickelt sein, damit das Neugeborene überhaupt überleben kann. Doch erst durch die Entwicklung der Großhirnrinde unterscheiden wir Menschen uns von weniger intelligenten Tieren.

Fortgeschrittene geistige Fähigkeiten wie schlussfolgerndes Denken, Gedächtnis, Sprache, Arithmetik und das Lösen von komplexen Problemen, die den Menschen vorbehalten sind, werden nur durch die Entwicklung der Großhirnrinde möglich.

Die Großhirnrinde bildet den größten Teil unseres Gehirns und die meisten Menschen verbinden mit ihr normalerweise die Vorstellung vom menschlichen Gehirn. Sie umschließt die zwei Gehirnhälften, die für unterschiedliche, hoch komplexe Aufgaben zuständig sind. Bei den meisten Menschen ist zum Beispiel die linke Gehirnhemisphäre für die Sprachfunktion verantwortlich, während die rechte eher für nicht-sprachliche Fertigkeiten da ist, zum Beispiel das Wiedererkennen eines vertrauten Gesichtes, das Auffinden des Autos in der Tiefgarage oder den Seufzer, wenn wir die Melodie unseres Lieblingssongs hören. Im Vergleich zu den subkortikalen Bezirken ist die Großhirnrinde eines Neugeborenen bei der Geburt noch relativ unentwickelt. Doch wenn sie größer und schwerer wird, den Gehirnzellen nach und nach spezifische Aufgaben zuweist und ein System miteinander vernetzter Nervenbahnen aufbaut, kommen allmählich höher entwickelte Fähigkeiten zum Vorschein. Denn erst durch die Anlage der neuronalen Netze, die jede Zelle mit einer Vielzahl anderer verknüpfen, kann sich der Verstand entwickeln.

Die »Erschaffung« des Verstandes

Man könnte sagen, der Verstand wird durch Neuronen »erschaffen«, die so verknüpft sind, dass verschiedene Teile des Gehirns miteinander kommunizieren können. Doch wie tun sie das? Dieser Vorgang hängt vor allem vom Typ der zu übermittelnden Information und den Gehirnregionen ab, die sie empfangen sollen. Stellen Sie sich vor, Sie leben in Kalifornien zur Zeit des Wilden Westens, als Ihr erstes Kind geboren wird. Sie können es kaum erwarten, Ihren Verwandten die freudige Nachricht mitzuteilen. Doch es ist sehr schwierig, um nicht zu sagen unmöglich, Geburtsanzeigen zu verschicken, da die meisten Ihrer Familienmitglieder in verschiedenen Staaten im Osten wohnen. Also schreiben Sie je einen Brief an Ihre Mutter in Pennsylvania, Ihre Schwester in Virginia und Ihre Großmutter väterlicherseits in Tennessee. Diese wiederum werden die verschiedenen Brüder, Schwestern, Tanten und Onkel benachrichtigen, die die Neuigkeiten ihrerseits an die große Zahl von Cousins und Freunden weitermelden.

Von dem Moment an, ab dem Sie Ihren Brief bei der örtlichen Pony-Express-Station abgeben, beginnt die lange Reise Ihrer Nachricht über Berge und Täler, Bäche und Flüsse. Der Reiter galoppiert, seine Posttaschen am Sattel, zur nächsten Zwischenstation. Während er sein Pferd zügelt, wirft er die Post bereits in die Arme der neuen Kuriere, die zu ihren Übergabeorten weiterhasten. Dieser Vorgang wiederholt sich so lange, bis Mutter, Schwester und Großmutter Ihre Mitteilung erhalten haben und nun ihrerseits

Bis zum Ende ihres ersten Lebensjahres hat sich das Gewicht von Madisons Gehirn bereits mehr als verdoppelt, den Gehirnzellen wurden spezifische Aufgaben zugeteilt und es entstanden Systeme miteinander vernetzter Nervenbahnen. Dieses für das Gehirnwachstum bedeutsame Jahr zeigt sich deutlich an Madisons fortgeschrittenen Fähigkeiten im Vergleich zu ihrem drei Monate alten Bruder Cameron.

Nachrichten losschicken, die alle zu dem immer größer werdenden Kommunikations-Netzwerk innerhalb Ihrer Familie beitragen.

Sie fragen sich vielleicht, was das alles mit dem Verstand eines Babys zu tun hat. Die sich entwickelnden neuronalen Schaltkreise funktionieren ähnlich wie der Pony-Express im Wilden Westen. Jedes Neuron im Gehirn eines Babys besitzt einen schwanzartigen Fortsatz, der Axon genannt wird und sich am Ende wie die Finger einer Hand verzweigt. Zudem ist jedes Neuron mit einer Vielzahl von Impulsrezeptoren, den so genannten Dendriten, verbunden. Dendriten sind armähnlich verzweigte Fortsätze, die aus dem Zell-Leib herausragen und ankommende Impulse zum Neuron leiten. Ein Neuron kann sehr viele Dendriten haben und erzeugt jedes Mal neue, wenn das Gehirn neuen Anforderungen begegnet. Die Ausläufer eines Axons reichen bis fast an die Rezeptoren der Dendriten anderer Neuronen heran, berühren sie jedoch nicht ganz. Die verbleibenden Zwischenräume, die so genannten Synapsen, sind die eigentlichen Informationsübermittler im Gehirn.

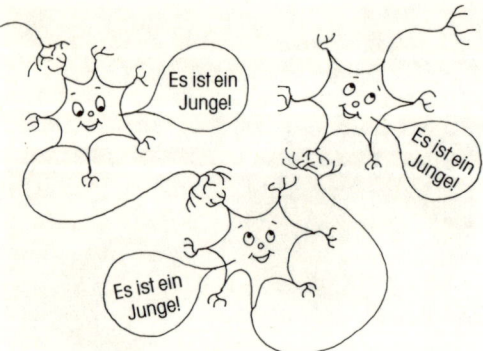

Das beachtliche Kommunikationssystem unseres Gehirns besteht aus neuronalen Netzen. Nachrichten werden über Billionen von synaptischen Verbindungen weitergeleitet, die mehrere Milliarden Neuronen des menschlichen Gehirns miteinander verknüpfen.

Wird ein Neuron durch einen Reiz aus der Umgebung erregt, sendet es einen elektrischen Impuls aus, der über sein Axon und dessen fingerähnliche Fortsätze bis zum synaptischen Spalt verläuft, welcher sie von den Rezeptoren des Empfängerneurons trennt. Die Dendriten anderer Neuronen warten nur darauf – ähnlich den Pony-Express-Reitern –, neue Nachrichten (Impulse) zu ihrem endgültigen Bestimmungsort weiterzuleiten. Die Nachricht wird durch eine chemische Substanz, den so genannten Neurotransmitter, über den synaptischen Spalt geleitet. (Vergleichbar mit der Posttasche, die in die Arme des wartenden Reiters geworfen wird.) Nach der »Übergabe« wird die neurochemische Nachricht wieder in ein elektrisches Signal zurückverwandelt und setzt ihren Weg zu den nächsten wartenden Neuronen fort.

Systemaufbau

Der Vergleich mit dem Pony-Express bringt uns jetzt natürlich nicht mehr weiter. Die Neuronen eines Babys haben ein unvergleichlich starkes Bedürfnis, artverwandten Neuronen, zum Teil sogar von der gegenüberliegenden Gehirnhälfte, Informationen zu übermitteln. Daher muss das Gehirn ein System entwickeln, um diesen Kommunikationswünschen gerecht zu werden. Bis vor kurzem war man der Ansicht, der Prozess der Gehirnentwicklung würde von allein und ohne äußeres Zutun ablaufen. Man nahm an, er wäre genetisch bestimmt und würde sich im Rahmen des allgemeinen Körperwachstums vollziehen. Wissenschaftler stellten jedoch fest, dass der automatisch ablaufende Wachstumsprozess, selbst wenn er äußerst wichtig ist, nur für einen relativ kleinen Anteil der 1000 Billionen Synapsen verantwortlich zeichnet, die Milliarden von Neuronen eines Neugeborenen bilden. Dabei bleiben Hunderte von Billionen synaptischer Verbindungen unberücksichtigt, die durch individuelle Erfahrungen entstehen.

Wahrscheinlich ahnen Sie bereits, wohin uns diese Gedanken führen – zurück zu Ihnen und Ihrem Baby! Als Eltern haben Sie auf die Erlebniswelt Ihres Kindes den größten Einfluss. Sie können seine Umgebung so gestalten, dass sie seinem Gehirn die anregenden und lebendigen Erfahrungen bietet, nach denen es sich sehnt. Singen Sie Ihrem Baby zum Beispiel ein neues Lied vor, entsteht eine neuronale Verknüpfung. Kitzeln Sie seine Zehen und Sie haben wieder eine neue. Stellen Sie seinen Kinderwagen so, dass es seiner großen Schwester beim Radschlagen auf der Wiese zuschauen kann – und seine Schaltkreise werden immer komplexer. Selbst wenn die ersten Jahre nicht allein ausschlaggebend für die spätere Entwicklung sind, stellen frühkindliche Erfahrungen doch zumindest die Weichen in eine positive Richtung. Es hängt von den Herausforderungen ab, die Ihr Kind mit Ihrer Hilfe in seiner Kindheit zu bewältigen lernt – angefangen bei der täglichen Routine bis hin zu individuellen Erlebnissen –, ob es seinen natürlichen Wissensdurst beibehält, seine angeborenen intellektuellen Fähigkeiten vergrößert, neuen Situationen selbstbewusst gegenübertritt und anderen Menschen vertrauensvoll begegnet. Kurz: Während der ersten Lebensjahre können Sie Ihrem Kind wunderbar dabei helfen, seine Anlagen optimal auszuschöpfen.

Gehirntraining

Das Gehirn ähnelt in vielerlei Hinsicht anderen Körperteilen. Um unser Herz zu kräftigen und damit es optimal funktioniert, können wir es zum Beispiel durch gezielte Aerobic-Übungen anregen. Wollen wir unsere Muskeln aufbauen und stärken, müssen wir sie durch ein anstrengendes Training beanspruchen, um sie »in Schwung zu bringen«. Auch Gehirnzellen müssen trainiert werden, damit sie sich vergrößern und stabilere Verbindungen aufbauen. Die »Hanteln«, mit denen wir die Synapsen und neuronalen Netze stärken können, bestehen aus unseren Lebenserfahrungen. Je nach Intensität des Gehirntrainings entstehen synaptische Verbindungen, die es dem Kind ermöglichen, zu wachsen, zu lernen und sich seiner ständig wechselnden Umgebung anzupassen.

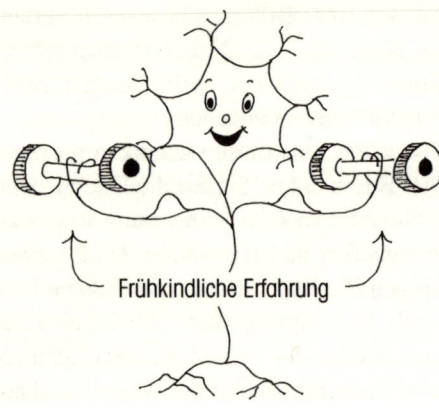

Frühkindliche Erfahrung

Viele Wissenschaftler glauben, dass Gehirnzellen trainiert werden müssen, damit sie wachsen und leistungsfähige Verbindungen untereinander aufbauen. Man vermutet, dass frühkindliche Erfahrungen zur Ausbildung neuronaler Netze führen, die dabei helfen, zukünftige Anforderungen leichter zu bewältigen.

Zunächst sind die Synapsen noch ziemlich schwach ausgebildet. Bei längerer Benutzung werden sie jedoch leistungsstark und stabil und stellen solide Grundlagen für die zukünftige Entwicklung des Kindes dar. Beobachten Sie einmal ein drei Monate altes Baby bei dem verzweifelten Versuch, seine Augen und Hände zu koordinieren, um ein vor ihm hängendes Spielzeug zu ergreifen. Sie können die Konzentration in seinem Gesicht bemerken, während es den Bewegungen des Spielzeugs mit seinen Augen folgt. Es streckt die Arme nach seinem Ziel aus und versucht, die Hände zusammenzubringen, um seine Belohnung zu ergreifen. Leider vergeblich. Die kleinen Fäuste treffen sich zwar, verfehlen aber immer wieder ihr Ziel. Das Kind versucht es ein ums andere Mal. Bei jeder neuen Anstrengung wird ein elektrischer Impuls ausgesandt, der die synaptischen Verbindungen stabilisiert. Drei Monate später sind die Früchte seiner Mühen erkennbar, wenn das Baby mit der Gewandtheit eines Sechsmonatigen selbstbewusst und mit einer einzigen, zielsicheren Bewegung erfolgreich nach dem Spielzeug greift.

Synapsenpflege

Berücksichtigt man, wie wichtig synaptische Verbindungen zwischen den Gehirnzellen für jede menschliche Handlung sind, so liegt die Vermutung nahe, dass Erwachsene, die im Allgemeinen intelligenter sind als ein normaler Zweijähriger, eine größere Anzahl besitzen. Daher wird es viele überraschen, dass das Gehirn eines durchschnittlichen Zweijährigen einen Synapsen-Wettbewerb spielend gewinnt! In der Zeit zwischen der Geburt und einem Alter von etwa zwei Jahren entwickeln sich die Synapsen explosionsartig und erreichen Zahlen, die um einiges höher liegen als beim Erwachsenen. Dieser enorme Anstieg ist zum Teil genetisch bedingt, aber auch auf die Tatsache zurückzuführen, dass das Gehirn endlich mit der Welt außerhalb des Mutterleibes interagieren kann. Der dramatische Anstieg stagniert allerdings nicht nur mit zunehmendem Alter, er kehrt sich sogar ins Gegenteil um.

Warum steigt die Anzahl der Synapsen zunächst so stark an, wenn viele später wieder verschwinden? Die Natur scheint auf diese Weise sicherzustellen, dass ein Kind sich an die Anforderungen seiner Umgebung anpassen kann, wie auch immer sie aussehen mag. Als würde das Gehirn viel mehr Telefonleitungen einrichten als nötig, da es noch nicht genau weiß, welche später genutzt werden. Diese anfängliche »Großzügigkeit« des Gehirns schwindet jedoch allmählich, wenn bestimmte Telefone allzu lange ungenutzt bleiben. Mit anderen Worten: Synaptische Verbindungen, die nicht benutzt werden, verkümmern und verschwinden mit der Zeit ganz. Nur die regelmäßig genutzten entwickeln sich zu leistungsstarken und stabilen Verbindungen. Dieser Vorgang ist völlig normal und natürlich. Wissenschaftler sprechen von der so genannten »Hirnschrumpfung«, die anscheinend unser Bedürfnis nach Spezialisierung unterstützt, damit wir den Anforderungen unserer Umgebung gewachsen sind.

Betrachten wir zum Beispiel das Erlernen und Verstehen der Muttersprache. Ein in China geborenes Baby steht vor der Aufgabe, Chinesisch zu lernen. Sein junges Gehirn ist gut für diese Aufgabe gerüstet und im Laufe der nächsten drei Jahre wird es seine Muttersprache fließend sprechen lernen. Was geschieht aber, wenn ein in Paris lebendes französisches Ehepaar dieses Baby adoptiert? Jetzt sehen die sprachlichen Anforderungen ganz anders aus. Aber auch hier gibt es kein Problem. Obwohl sich Chinesisch und Französisch durch ganz individuelle phonetische Laute unterscheiden, kann das Gehirn des Babys beide bewältigen, ebenso wie auch jede andere Sprache. Stellen seine französischen Eltern ein Spanisch sprechendes Kindermädchen ein, so wird das Kind neben Französisch auch noch mühelos Spanisch lernen. Seine Fähigkeit, Chinesisch zu lernen, wird allerdings allmählich abnehmen, wenn es durch den fehlenden Klang der chinesischen Sprache keine weiteren Anregungen mehr erhält. Die synaptischen Nervenbahnen für Französisch und Spanisch wachsen verstärkt, während die ungenutzten »Chinesischleitungen« nach und nach schwächer werden und schließlich absterben.

Der Prozess der Hirnschrumpfung ist mit dem Wachstum eines Baumes vergleichbar. Zweige, die den meisten Zugang zu Sonne, Erdreich und Wasser haben, werden stark und ausladend. Genau wie die Zweige des Baumes entwickeln sich auch die Nervenbahnen im Gehirn zu kräftigen Verbindungen, die viele Früchte tragen, wenn sie durch Erfahrungen »genährt« werden. Als Eltern können wir dafür sorgen, dass das Gehirn unserer Kinder Zugang zu den wertvollsten Erfahrungsquellen aus der Umgebung erhält, damit es leistungsstarke neuronale Netze aufbaut, die die Entfaltung des beeindruckenden Potenzials unserer Kinder unterstützen.

Jetzt oder nie!

Als Susans Enkel Brandon drei Jahre alt war, erhielt sie eine anschauliche Lektion über den Einfluss frühkindlicher Erfahrungen auf die Entwicklung bestimmter Fähigkeiten. Brandon hatte von seinen älteren Cousins Nintendo spielen gelernt und wie viele andere Kinder war auch er vollkommen davon besessen, die kleine italienische Spielfigur Mario über virtuelle Mauern zu manövrieren. Susan erinnert sich an die ernüchternde Lektion, bei der Brandon die Rolle ihres desillusionierten Lehrers übernahm:

Eines Tages, als Brandon Mario über die Mauer manövrierte – wobei er über Pilze springen und blitzschnell auftauchenden Schildkröten ausweichen musste, immer auf der Jagd nach etwas, das mir bis heute ein Geheimnis geblieben ist –, wandte er sich zu mir und fragte: »Oma, schaust du mir zu?« Da ich eine hingebungsvolle Großmutter bin und außerdem sein Bestreben zu teilen bestärken wollte, antwortete ich natürlich: »Ja, Brandon, gern«, und setzte mich neben ihn auf den Boden, um sein Können zu bewundern. Nach ein paar Minuten erreichte seine Großzügigkeit eine noch höhere Stufe. »Oma, möchtest du's auch mal versuchen?« Ich hatte nicht die geringste Lust, mimte aber Begeisterung und Dankbarkeit, als er mir den Joystick in die Hand gab. Zwei Sekunden später stürzte der kleine Italiener von der Mauer ... Nach drei weiteren fehlgeschlagenen Versuchen schaute Brandon mich zweifelnd an. »Das Spiel ist zu schwer für dich, Oma. Wart, ich such' dir was Leichteres«, bot er an. Meine neue Herausforderung hieß Bugs Bunny und wie zu erwarten war ich auch damit nicht erfolgreicher. Brandon nahm mir den Joystick aus der Hand und erklärte mit dem ärgerlichsten Ausdruck, zu dem ein Dreijähriger fähig ist: »Omas können kein Nintendo spielen.«

Das Erlebnis mit Brandon liefert ein anschauliches Beispiel für die Anpassungsfähigkeit eines Dreijährigen, zeigt aber auch, dass die spezifischen neuronalen Schaltkreise, die man als Nintendo-Profi benötigt, bei Susan, trotz ihres Alters und ihrer größeren Erfahrung, nicht entwickelt waren. (Fairerweise sollte man erwähnen, dass Susan, wenn man den Nintendo-Joystick durch einen Hula-Hoop-Reifen ersetzt hätte, einen wunderschönen Tanz um Brandon herum aufgeführt hätte.) Bedeutet ihre blamable Vorstellung mit fünfzig Jahren, dass sie schlicht nicht in der Lage ist, Nin-

Der kleine Henry wird in seinem Leben eine völlig andere Welt erfahren als sein 73-jähriger Großvater. Sein Gehirn wird sich anders entwickeln und ihm Fertigkeiten ermöglichen, die sich der Großvater nicht einmal im Traum vorstellen kann.

tendo zu spielen? Wahrscheinlich nicht, denn glücklicherweise ist unser Gehirn ein erstaunlich vielseitiges Organ, das unser Leben lang seine Anpassungsfähigkeit gegenüber neuen Anforderungen behält.

Die Fähigkeit einzelner Neuronen, sich miteinander zu verbinden, um neue Funktionen zu erfüllen, nennt man Hirnplastizität. Diese Gehirneigenschaft wurde erstmals an Personen entdeckt, die infolge von Krankheit, Unfall oder Schlaganfall Hirnschäden erlitten hatten. Patienten, deren Sprachzentrum beschädigt war, hatten zum Beispiel Probleme beim Sprechen oder beim Verstehen anderer. Verletzungen des Sehzentrums führten zu Fehlsichtigkeit. Später stellten die Ärzte fest, dass diese Patienten nach und nach in unterschiedlichem Umfang ihre verlorenen Fähigkeiten wiedererlangten. Dies geschah jedoch nicht durch die Erneuerung von Gehirnzellen, sondern mit Hilfe von anderen Neuronen, die die Aufgaben der geschädigten Zellen übernahmen.

Das Phänomen Hirnplastizität versetzte die Wissenschaft in Erstaunen. Am beeindruckendsten war jedoch die Beobachtung, dass die Patienten sich umso schneller erholten, je jünger sie waren. Die Erkenntnis, dass die Anpassungsfähigkeit des Gehirns mit zunehmendem Alter nachließ, verhalf unserem Wissen über normale Hirnentwicklung zum Durchbruch und ist heutzutage wissenschaftlich vielfach belegt. Die Zeiträume, in denen ein Mensch offen für bestimmte (Lern-)Erfahrungen ist, nennt man kritische oder sensible Phasen. Während dieser Perioden kann das Gehirn eines Kindes bestimmte Umwelterfahrungen am besten aufnehmen. Dauer und Grenzen dieser Zeitfenster variieren während der verschiedenen Entwicklungsphasen. Sensible Phasen stellen die optimale Zeitspanne für bestimmte Entwicklungen dar, wobei den kritischen Phasen die wesentlich größere Bedeutung zukommt.

Ein Beispiel für eine sensible Periode ist der optimale Zeitraum für das Erlernen einer Fremdsprache. Sprachforscher wissen heute, dass die beste Zeit, sich Sprachen anzueignen, zwischen der Geburt und einem Alter von ungefähr zehn Jahren liegt. Auch wenn gilt: je früher, umso besser, ist ein Kind bis zu seinem zehnten Lebensjahr in der Lage, eine Fremdsprache ziemlich mühelos zu erlernen und sie akzentfrei zu sprechen, denn das Sprachzentrum seines Gehirns ist noch äußerst anpassungsfähig. Natürlich kann auch ein 50-Jähriger eine Fremdsprache lernen – aber es fällt ihm normalerweise schwerer. Wahrscheinlich wird er nie so fließend wie ein Muttersprachler sprechen und in den meisten Fällen einen starken Akzent haben. Nach Überschreiten der sensiblen Phase fällt es viel schwerer, die

Man sieht, dass Claudia ihren fünf Wochen alten Sohn Angelo abgöttisch liebt. Da die ersten 18 Monate im Leben eines Babys von großer Bedeutung für die Entwicklung sozialer Beziehungsfähigkeit sind, bilden liebevolle Umarmungen wie diese die Grundlage für starke emotionale Bindungen und vertrauensvolle, sichere Beziehungen.

fremden Laute anderer Sprachen aufzunehmen und vor allem genau wiederzugeben. (Für Psychologen bleibt es daher ein Rätsel, warum Kinder in amerikanischen Schulen erst ab dem 13. Lebensjahr Fremdsprachenunterricht erhalten – also ungefähr ab dem Alter, in dem ihr Gehirn die optimale Aufnahmefähigkeit für diese Aufgabe zu verlieren beginnt.)

Wichtiger jedoch sind die kritischen Phasen, in deren Verlauf eine bestimmte Entwicklung stattfinden *muss*, wenn die jeweilige Fähigkeit ausgebildet werden soll. Erhält das Gehirn des Kindes während der kritischen Phase keine entsprechenden Anregungen, schließt sich das Zeitfenster für immer und die Entwicklung ist nicht mehr möglich. Der kritische Zeitraum für die Entwicklung des Sehvermögens ist zum Beispiel sehr kurz: Er umfasst die ersten sechs Lebensmonate. Erhält das Baby innerhalb dieser Zeitspanne keine visuellen Reize aus seiner Umgebung, wird sich sein Sehvermögen nie normal entwickeln. Die gleichmäßige, visuelle Stimulation beider Augen während der ersten sechs Monate ist so wesentlich, dass Babys, die mit Grauem Star auf die Welt kommen, so schnell wie möglich operiert werden müssen, vor allem wenn ein Ungleichgewicht zwischen den Augen besteht. Geschieht dies nicht, ist das Risiko eines irreparablen Sehschadens, einschließlich dauerhafter Erblindung, extrem hoch.

Keine Chancengleichheit

Glücklicherweise verhält sich das Gehirn bei den meisten Entwicklungspunkten weit großzügiger. Betrachtet man die kritischen und sensiblen Phasen zwischen der Geburt und einem Alter von etwa zehn oder zwölf Jahren, erkennt man, dass sich einige Zeitfenster bereits früh, andere wiederum erst relativ spät öffnen. Je besser Sie die optimalen Zeitfenster für bestimmte Entwicklungen kennen, umso leichter können Sie Ihrem Kind die entsprechenden Anregungen verschaffen, die sein Gehirn braucht. Im Folgenden sind die wichtigsten Entwicklungsphasen bei Kleinkindern beschrieben:

■ Soziale Beziehungsfähigkeit (0 – 18 Monate):

Das Gehirn Ihres Kindes ist von Geburt an darauf ausgerichtet, eine starke emotionale Bindung an die Menschen zu knüpfen, die es mit beständiger, liebevoller Pflege umsorgen. Ohne positive soziale Kontakte während der ersten 18 Monate sinkt die Wahrscheinlichkeit, dass Ihr Baby die Fähigkeit zu stabilen, vertrauensvollen Beziehungen entwickelt. Viele Wissenschaftler machen Stresshormone, die das limbische System im Gehirn beeinflussen, dafür verantwortlich. Unabhängig von den zugrunde liegenden Mechanismen steht jedoch fest, dass die emotionalen Grundlagen während der ersten Lebensjahre die Beziehungen eines Kindes sein Leben lang in hohem Maße beeinflussen.

■ Motorische Fähigkeiten (pränatal – 4 Jahre):

Bei der Geburt eines Babys kann man deutlich erkennen, dass die Entwicklung seiner motorischen Fähigkeiten bereits vorher begonnen hat. Außerdem ist es ganz offensichtlich noch ein weiter Weg, bis das Kind rennen, springen, klettern oder Fahrrad fahren kann. Das Gehirn ist zum

Glück großzügig mit der Zeit, die es für die optimale Entwicklung der umfangreichen motorischen Fähigkeiten vorgesehen hat. Außerdem ist es sehr nachsichtig, wenn die Stimulation während der sensiblen Phase ausbleibt. In manchen Kulturen werden Babys zum Beispiel bis zu einem Alter von ein oder zwei Jahren auf dem Rücken getragen. Trotzdem lernen sie problemlos laufen, sobald man ihnen die Gelegenheit dazu gibt.

■ Sprache und Wortschatz (0 – 3 Jahre):

Die ersten drei Lebensjahre eines Kindes sind für den Spracherwerb am wichtigsten. Je mehr Gespräche es mitbekommt, umso umfangreicher wird sein Wortschatz während seiner Kindheit und auch im Erwachsenenalter. Es kommt zudem sehr darauf an, in welcher Form es die gesprochenen Worte hört. Am wirkungsvollsten ist es, das Kind während der Sprachlernphase direkt anzusprechen. Dadurch entstehen leistungsfähige Nervenbahnen, die ein wachsendes Vokabular und ein gutes Sprachgefühl unterstützen. Vor dem Fernseher kann ein Kind diese »interaktive« Erfahrung übrigens nicht machen ...

■ Mathematisches und logisches Verständnis (1 – 4 Jahre):

Zwischen dem ersten und dem vierten Lebensjahr entwickeln Kinder die Fähigkeit, logische und mathematische Vorgänge zu verstehen. Innerhalb dieses Zeitraumes erzielen entsprechende Lernerfahrungen die besten Resultate. Erfahrungen, wie einen Turm aus Klötzen zu bauen und ihn dann umzuwerfen, Holzperlen auf eine Schnur aufzufädeln oder eine Reihe Rosinen abzuzählen, bevor man sie nacheinander aufisst, helfen einem Kind dabei, ein gutes mathematisches und logisches Verständnis zu entwickeln. Kinder, die während dieser Zeit nur wenige Lernanstöße aus ihrem Umfeld erhalten, bleiben in der Schule eher hinter den Leistungen Gleichaltriger zurück und müssen sich besonders anstrengen, um diesen Mangel später auszugleichen.

■ Musik (3 – 12 Jahre):

Babys lieben Musik von Geburt an, tanzen als Kleinkinder begeistert vor dem Radio und singen Lieder. Bis sie selbst ein Instrument spielen können, müssen sie allerdings ein wenig warten – Augen und Hände können erst mit etwa drei Jahren ausreichend koordiniert werden. Gibt es eine Obergrenze für das Erlernen eines Musikinstruments? Zu diesem Thema existieren nur wenige Untersuchungen. Manche Wissenschaftler vermuten, dass der optimale Zeitraum für das Erlernen eines Instruments im Alter von zehn bis zwölf Jahren endet. Obwohl auch Erwachsene ein Instrument erlernen können, ist es ihrer Theorie zufolge unwahrscheinlich, dass sie zu einem späteren Zeitpunkt noch die erforderlichen leistungsfähigen neuronalen Netze aufbauen, um in ihrem Spiel wirklich virtuos zu werden. Selbst wenn hier das letzte Wort noch nicht gesprochen wurde, so ist doch unumstritten, dass man umso mehr Zeit hat, seine Fähigkeiten zu vervollkommnen und das Musikmachen zu genießen, je früher man ein Instrument zu spielen lernt.

Die Zukunft Ihres Babys liegt in Ihren Händen

Eine jahrzehntelange, bis heute andauernde Diskussion in der Entwicklungspsychologie beschäftigt sich mit der Frage, in welchem Umfang Eltern den Verlauf der Kindesentwicklung beeinflussen. Abwechselnd schrieb man der Gruppe der Gleichaltrigen, der Schule, der Kirche und dem Fernsehen die jeweils führende Rolle zu. Die neueste Forschung zeichnet jedoch ein ganz anderes Bild der Kindesentwicklung. In Begriffen aus dem Film könnte man sagen, dass das Gehirn nun die Rolle des Hauptdarstellers übernimmt, von dessen einzelnen schauspielerischen Handlungen es abhängt, wie die Geschichte auf der Leinwand später herauskommt. Und genau wie ein Schauspieler einen Regisseur braucht, um seine darstellerische Leistung zu optimieren, so benötigt das Gehirn frühkindliche Erfahrungen, um sich optimal zu entwickeln. Ohne interessante Erfahrungen, die die Entwicklung anregen und anleiten, stehen die Chancen für eine preisgekrönte Leistung des Gehirns schlecht. Doch welche Rolle spielen die Eltern, wenn wir bei unserem Filmbeispiel bleiben? Sie sind die Produzenten in diesem Szenario: Sie arbeiten hinter den Kulissen und sorgen vom ersten Tag an für die nötigen Requisiten, damit das Endprodukt – die Lebensgeschichte ihres Babys – so gut wie möglich wird.

2. Welche Rolle spielt die Liebe?

Susans erstes Enkelkind war ein Junge, deswegen freuten sie und ihr Mann sich sehr, als sie erfuhren, dass das zweite Enkelkind ein Mädchen werden würde. Den beiden Psychologen waren Forschungsstudien bekannt, die belegten, dass Erwachsene Jungen und Mädchen unterschiedlich behandeln, sobald sie das Geschlecht des Kindes kennen. Anscheinend schreiben Erwachsene einem männlichen Baby unwillkürlich maskuline und einem weiblichen feminine Persönlichkeitsmerkmale zu. Nach der Geburt sprechen sie unterschiedlich mit ihnen, halten sie anders und spielen andere Spiele mit ihnen. Als erfahrene Fachleute waren Susan und Peter fest entschlossen, diesen unbewussten Tendenzen nicht zu erliegen. Sie würden beide Enkelkinder gleich behandeln, damit jedes Kind seine ihm eigenen angeborenen Persönlichkeitszüge entwickeln konnte, frei von geschlechtsspezifischen Stereotypen. Während der Monate bis zur Geburt ihrer Enkelin sprachen sie häufig über dieses Thema. Susan schildert ihre Reaktion, als die kleine Leannie von der Entbindungsstation geholt und in ihre Arme gelegt wurde:

Endlich war der Zeitpunkt gekommen: Wir blickten in das unglaubliche, wunderbare Gesicht unserer neugeborenen Enkeltochter. »Oh, sie sieht genau wie ihr Bruder aus«, sagte ich. »Nur ihre Gesichtszüge sind feiner. Schau nur ihren süßen, kleinen Mund an, wie eine Rosenknospe!« Mein Mann fiel ein: »Hallo, kleine Prinzessin.« Schockiert von unseren eigenen Worten blickten wir uns an und mussten lachen. So viel zum Thema Fachwissen!

Die Moral dieser Geschichte ist: Egal wie viel wir auch wissen, manchmal brechen unsere natürlichen Neigungen durch. In solchen Fällen sollte man immer daran denken, dass dies völlig in Ordnung ist. Unsere Kinder werden nicht perfekt sein und wir auch nicht. Das Ziel von *Baby Brain* ist es, Ihnen ein grundsätzliches Wissen zu vermitteln, aus dem Sie schöpfen kön-

nen. Wir möchten Handlungsalternativen anbieten und Ihnen nichts dik-
tieren oder vorschreiben. Wenn es um das Wachstum und die Entwicklung
Ihres Babys geht, sind Sie allein der maßgebliche Experte.

Darum fragen wir uns immer wieder, welche Hilfsmittel Eltern brauchen, um die Informationen, die wir ihnen liefern, optimal und im Interesse ihres Babys einsetzen zu können. Nachstehend finden Sie einige
grundlegende Richtlinien, die Ihnen helfen sollen, die für Sie und Ihr Baby
passenden frühkindlichen Erfahrungen auszuwählen.

Das Wichtigste ist die Liebe

Sie wissen bereits, dass es für die emotionale Entwicklung, das Urvertrau-
en und das Selbstbewusstsein Ihres Babys von größter Bedeutung ist, wie
viel Liebe und Zuneigung Sie ihm geben. Neueste Untersuchungen haben jedoch gezeigt, dass eine liebevolle Beziehung noch viel weit reichen-
dere Auswirkungen hat, als bisher angenommen. Der zärtliche Umgang
mit Ihrem Kind fördert nicht nur seinen emotionalen Reifeprozess, sondern auch seine kognitiven Fähigkeiten. Dem Kinderpsychologen Dr.
Stanley Greenspan von der George-Washington-Universität zufolge liegen
die Wurzeln geistiger Entwicklung im liebevollen Austausch mit anderen
während der ersten Lebensjahre. Intellektuelle Fähigkeiten wie strategi-

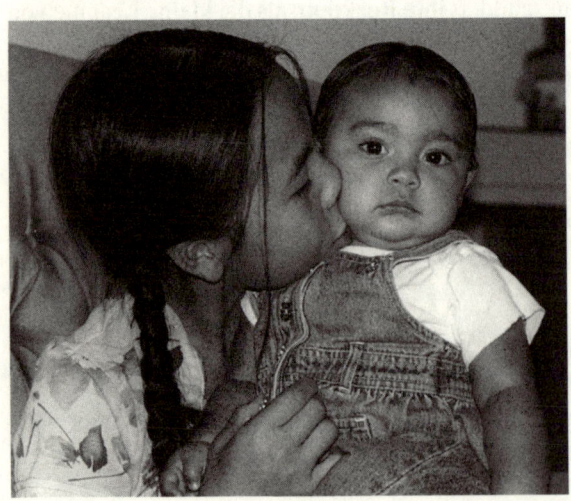

*Necy ist sich dessen viel-
leicht nicht bewusst, aber
sie fördert gerade die
kognitive Entwicklung
ihrer kleinen Schwester
Jordan. Laut der Theorie
über die »Herz-Kopf-Ver-
bindung« sind liebevolle
frühkindliche Erfahrun-
gen für die Entwicklung
intellektueller Fähigkei-
ten von größter Bedeu-
tung.*

sches Planen, Problemlösen, logisches Denken, Abstraktionsvermögen und grammatisches Verständnis stehen mit dem emotionalen Reifeprozess des Kindes durch die von ihm so genannte »Herz-Kopf-Verbindung« in Zusammenhang.

Sie werden sich vielleicht fragen, wie eine solche Verbindung funktioniert. Dr. Greenspan und seine Kollegen haben herausgefunden, dass das für die Verarbeitung von Emotionen zuständige Gehirnzentrum ebenfalls die Entwicklung der kognitiven Fähigkeiten eines Kindes beeinflusst. Für die intellektuelle Entwicklung ist daher der Aufbau weitläufiger neuronaler Netze durch liebevolle Erfahrungen in der frühen Kindheit ausschlaggebend.

Die Tipps und Anregungen der folgenden Kapitel sollen Ihnen dabei helfen, die für die intellektuellen Fähigkeiten Ihres Babys wichtigen Nervenleitungen zu trainieren. Urvertrauen und emotionale Sicherheit Ihres Kindes stehen jedoch immer an erster Stelle. Nur wenn ein Kind sich der elterlichen Zuwendung sicher sein kann, entfaltet sich sein Intellekt, um die Welt zu erforschen, und kann aus den Erfahrungen der ersten Lebensjahre den größtmöglichen Nutzen ziehen.

Natur und Erziehung gehen Hand in Hand

Beobachtet man, wie schnell Babys hoch komplexe Aufgaben bewältigen, wird deutlich, dass ein Kind bereits viele Anlagen auf die Welt mitbringt. Ebenso kann man angesichts der verheerenden Folgen, die äußere Mängel oft auf die Entwicklung haben, sehen, dass diese Anlagen ohne die Unterstützung einer fürsorglichen Umgebung zunichte gemacht werden. Es lässt sich dagegen schwer – wenn überhaupt – feststellen, in welchem Maße jede einzelne Erfahrung zur Entwicklung unseres späteren Wesens beiträgt.

Auch wenn dies ein faszinierendes Thema für Wissenschaftler ist, stehen bei uns Eltern ganz andere Fragen im Vordergrund. Abgesehen von der Wahl unserer Ehepartner haben wir nur wenig Einfluss auf die Gene unserer Kinder, auf ihre angeborenen Anlagen, ihr natürliches Wesen. Aber wir können ihre Umgebung, Bildung und Erziehung beeinflussen. Als Eltern und Erzieher sind wir dafür verantwortlich, dass das erzieherische Umfeld die Entwicklung unseres Babys anregt und bereichert. Wir dürfen uns nicht einfach darauf verlassen, dass die Natur ihren Lauf nimmt.

Jedes Kind ist einzigartig

Sehr häufig machen sich Eltern durchaus verständliche Sorgen, weil ihre Nichte im Alter von zwölf Monaten fröhlich drauflosplappert, während ihr 18 Monate alter Sohn erst ein paar einzelne Worte spricht. Für diesen Unterschied gibt es mehrere mögliche – und völlig normale – Ursachen. Zunächst einmal entwickelt sich das Sprachvermögen bei Mädchen üblicherweise früher als bei Jungen. Eine zweite Möglichkeit hängt mit der Reihenfolge der Geburt zusammen. Erstgeborene fangen häufig früher an zu sprechen als später geborene Kinder, wahrscheinlich weil ihre Eltern mehr Zeit haben, um sich mit ihnen zu unterhalten. Drittens könnte es auch sein, dass der Sohn aufgrund seiner spezifischen genetischen Anlagen bessere motorische Fähigkeiten entwickelt hat. Vielleicht interessiert er sich aber auch einfach von Natur aus mehr fürs Rennen, Springen, Ballkicken oder Spielen, statt mit anderen zu kommunizieren. Was auch immer der

Große Bälle, kleine Bälle, rote Bälle, grüne Bälle: Seit dem Tag, an dem Spencer lernte, einen Gegenstand zu ergreifen, faszinierten ihn Bälle. Da seine Mutter dieses Verhalten von ihren beiden älteren Kindern nicht kannte, stellte sein starkes Interesse an Bällen sie vor ein Rätsel. Trotzdem respektierte sie seine »Einzigartigkeit« und kaufte ihm dieses »Ball-Zelt« für sein Zimmer. Es ist wichtig, dass Eltern das individuelle Potenzial jedes Kindes erkennen und fördern.

Grund sein mag, es ist wichtig, das individuelle angeborene Potenzial jedes Kindes zu erkennen und zu fördern. Individuelle Unterschiede zwischen Kindern hinsichtlich Zeitpunkt und Dauer bestimmter Entwicklungsschritte sind in den ersten Lebensjahren normal.

Ihr Baby hat seinen eigenen Zeitplan

Wie oft sieht man im Zoo Eltern, die eifrig bemüht sind, ihrem Kind die verschiedenen Tiere zu zeigen. »Schau, ein Elefant! Siehst du seinen langen Rüssel?« »Oh, und dort ist eine Giraffe. Schau mal, was für einen langen Hals sie hat!« »Und sieh dir nur diese große Miau-Katze an! Das ist ein Tiger. Tiger können gefährlich sein.« Vielleicht denken Sie dann: »Welch wertvolle Erfahrung bieten diese Eltern ihrem Baby.« Und in den meisten Fällen haben Sie Recht.

Doch dann bemerken Sie den kleinen James an der Hand seines Vaters. Er hört dem Vater nicht zu, ist mit seiner Aufmerksamkeit ganz woanders:

Während alle anderen einem Straßenumzug zuschauen, hat die 14 Monate alte Leannie etwas in einer Ritze im Gehsteig entdeckt. Solche kleinen Entdeckungen sind vielleicht weniger aufregend für die Eltern, aber es ist wichtig, sich manchmal auf die Welt seines Kindes einzulassen.

Gebannt schaut er auf den Gehsteig und deutet auf ein kleines Rotkehl-chen, das über den Boden hüpft und Kekskrümel aufpickt, die ein Dreijäh-riger fallen ließ. Auch wenn das Rotkehlchen im Vergleich zu den hochran-gigen Zoospezies ziemlich klein und unbedeutend ist, ist James von ihm fasziniert. Er zeigt auf den Vogel und schaut dann zu seinem Vater auf, der ihm – zu seinem Leidwesen – immer noch pflichtversessen »bereichernde Erfahrungen« vermitteln will.

Häufig übersehen wir vor lauter Enthusiasmus die Welt unseres Babys und berücksichtigen nicht, dass seine Sichtweise eine ganz andere sein kann. Eltern vergessen manchmal, sich führen zu lassen, da es viel leichter ist, jemand anderen anzuleiten. Wenn Sie die Empfehlungen aus diesem Buch umsetzen, dann überlassen Sie dabei so oft wie möglich Ihrem Baby die Führung. Folgen Sie seinem Blick, beobachten Sie, wohin sein Finger deutet, und Sie werden erfahren, wofür es sich interessiert und was seine Aufmerksamkeit erregt. Stellen Sie sich auf seine Welt ein auf der Suche nach Gelegenheiten für stimulierende Lernerfahrungen. Lernen Sie, seine Zeichen zu deuten und seine individuellen Reaktionen einzuschätzen. Es wird auch Zeiten geben, in denen Ihr Baby, wie alle Menschen, keine Lust hat zu lernen. Oft sehnt es sich einfach nach einem Kuss und einer sanften Umarmung oder es braucht ein wenig Ruhe und Freiraum, um seine Um-welt eigenständig zu erforschen.

Learning by doing

Sicher kennen die meisten von uns die folgende Situation: Sie fahren mit einem Freund oder einer Freundin zu einem Ihnen fremden Ort. Wenn Sie eine Woche später allein noch einmal dorthin wollen, haben Sie nicht die lei-seste Ahnung, wie Sie hinkommen. Sind Sie dagegen selbst gefahren, erin-nern Sie sich eher an den Weg. Woran liegt das? Es ist bewiesen, dass wir viel schneller lernen und die Komplexität eines Vorgangs leichter begreifen, wenn wir aktiv daran beteiligt sind, als wenn wir dasselbe passiv erleben.

Dies ist einer der Gründe, warum Entwicklungsforscher übermäßigen Fernsehkonsum von Kindern entschieden ablehnen. Zahlreiche Eltern ver-teidigen das Medium mit dem Hinweis auf die vielfältigen, interessanten und weiterbildenden Informationen, denen Kinder durch das Fernsehen »ausgesetzt« sind. Auch wenn darin ein Funke Wahrheit ist – vor allem, wenn man den Wert eines ungestörten Sonntagmorgens berücksichtigt –,

Caroline und Katherine sind ganz vertieft in ihr Spiel. Sie lernen aktiv eine ganze Menge über Dinge wie Abmessen und Ausschütten, Tassen und andere Behälter und auch über Teilen und Zusammenarbeit.

liegt die Betonung auf dem Wort »ausgesetzt« oder besser gesagt: *passiv* ausgesetzt. Da schon kleine Kinder erkennen, dass es ziemlich sinnlos ist, dem Fernsehapparat Fragen zu stellen oder eigene Ideen vorzubringen, ist ihre Motivation, über das Gesehene nachzudenken, sehr gering, um nicht zu sagen gar nicht vorhanden. Die alte Binsenwahrheit »zum einen Ohr rein, zum anderen raus« sagt hier alles. Daher ist es für Wissenschaftler nicht verwunderlich, dass hoher Fernsehkonsum im Allgemeinen mit schlechteren schulischen Leistungen und einem geringeren Intelligenzquotienten einhergeht.

Die Anregungen und Tipps in diesem Buch zielen darauf ab, Ihr Kind aktiv zu beteiligen und seinen Verstand zu fordern. Unabhängig davon, dass die Liebe zu Büchern und das spätere Leseverhalten durch *Vor*lesen zweifellos gefördert wird, wollen wir Ihnen zum Beispiel zeigen, wie Sie Ihr Baby bereits mit acht oder neun Monaten dazu ermuntern können, *mit* Ihnen zu lesen! Schon bevor Ihr Kind spricht, kann es aktiv am Gespräch teilnehmen, statt nur passiv zuzuhören. Indem Sie Strategien entwickeln, um passive Begebenheiten in aktive Erfahrungen umzuwandeln, schaffen Sie eine anregende und stützende Lernumgebung für Ihr Kind – und für seine Neuronen.

Maßgeschneiderte Tipps helfen am besten

Sehr häufig werden wir von Eltern gefragt, in welchem Umfang sie ihrem Kind bei der Bewältigung einer Aufgabe helfen sollen. Nehmen wir zum Beispiel ein Puzzle. Soll ein Vater seinem Kind dadurch helfen, dass er selbst ein paar Teile hinzufügt? Soll er die kleine Hand zu den richtigen Stellen führen? Ist es für die Entwicklung seines Sohnes besser, wenn er ihm nur verbale Anweisungen gibt? Oder sollte er es seinem Kind überlassen, die Herausforderung allein zu bewältigen? Die Antwort auf alle Fragen lautet Ja. Entscheidend ist der Zeitpunkt.

Der russische Lerntheoretiker Lew Wigotskij hat die Frage beleuchtet, warum es nötig ist, in unterschiedlichen Entwicklungsstadien unterschiedliche Strategien zu verfolgen. Laut Wigotskij lernt ein Kind am besten, wenn es eine Anforderung ohne Druck bewältigen soll und dabei von einem erfahrenen Erwachsenen unterstützt wird. Wigotskij nannte dieses optimale Lernumfeld die »Zone nächster Entwicklung« (ZNE). Die ZNE be-

Lehrerin Jessica ist sehr darauf bedacht, der dreijährigen DaeRika ein optimales Lernumfeld zu schaffen. Sie weiß genau, wie viel Hilfe das Kind benötigt, um das Puzzle zusammenzusetzen.

schreibt den Rahmen, in dem ein Kind den nächsten Entwicklungsschritt mit Hilfe eines Erwachsenen am besten vollziehen kann. Die jeweiligen Bedingungen hängen natürlich vom Alter und Wissensstand des Kindes und der zu bewältigenden Aufgabe ab.

Kehren wir zu unserem Puzzle-Beispiel zurück. Zunächst benötigt Ihre Zweijährige vielleicht noch Ihre Hilfe, um die Teile richtig anzuordnen. Dann führen Sie ruhig ihre Hand, um das Bild zu vervollständigen. Dadurch helfen Sie Ihrem Kind nicht nur, sein Ziel zu erreichen, sondern geben ihm gleichzeitig ein Vorbild, von dem es lernen kann. Mit ein bisschen mehr Erfahrung wird Ihre Tochter wahrscheinlich in der Lage sein, die Puzzleteile selbstständig zu positionieren, wenn Sie ihr jedes Teil neben den richtigen Platz legen. Nach ein paar Monaten braucht sie vielleicht nur noch verbale Hinweise – »Versuch es doch mal andersherum« oder »Dieses Teil ganz oben hinlegen«. Und ehe Sie sich's versehen, wird sie, ganz ohne Ihre Hilfe, weitere, schwierigere Puzzles machen. Beobachten Sie Ihr Kind genau und sorgen Sie für optimale Lernbedingungen, dann helfen Sie ihm, immer schwierigere Aufgaben mit Spaß und Freude zu bewältigen.

»Gerüste« unterstützen den Lernprozess

Wie Bauarbeiter ein Gerüst bauen, um ein Gebäude abzusichern, so können Eltern »Gerüste« errichten, um die Entwicklung ihrer Kinder zu unterstützen. Wenn Sie die ersten Lernanstrengungen Ihres Kindes fördern, wird es sicher mehr lernen als ohne ihre Unterstützung. Je kompetenter und selbstständiger es wird, umso weiter kann das elterliche »Gerüst« abgebaut werden, bis Ihr Kind schließlich – wie das fertige Bauwerk – ganz allein an seinem Platz »stehen« kann.

Betrachten wir die Fähigkeit, eine Unterhaltung zu führen. Eine Unterhaltung zwischen zwei Menschen weist bestimmte Merkmale auf, die Kinder erst lernen müssen. Im Allgemeinen wechselt man sich zum Beispiel beim Reden ab. Ein Gesprächspartner spricht, wartet auf die Antwort und redet erst dann weiter. (Gewöhnlich fällt uns diese »Regel« erst auf, wenn wir unterbrochen werden.) Eltern warten normalerweise nicht, bis ein Kind anfängt zu sprechen, bevor sie sich mit ihm unterhalten. Da die Kommunikationsfähigkeit eines Kindes noch ganz am Anfang steht, benötigt es viel elterliche Unterstützung, um sie zu entwickeln.

Ruby hält das eine Ende von Farelles Konstruktion, während er ein weiteres Teil hinzufügt. Auf diese Weise unterstützt sie ihn bei seinen Bemühungen, bis er die notwendigen motorischen Fähigkeiten entwickelt hat, um allein zurechtzukommen.

Das Einzige, was ein Neugeborenes zu einem Gespräch beitragen kann, ist, dass es den sprechenden Elternteil aufmerksam anschaut. Und gewöhnlich sorgen die Eltern für alle weiteren nötigen Gesprächskomponenten: Sie stellen dem Baby eine Frage, lassen ihm Zeit für eine Antwort (obwohl sie natürlich wissen, dass sie keine erhalten werden) und fahren dann fort zu sprechen, als hätte es geantwortet. So eine »Unterhaltung« könnte sich folgendermaßen anhören:

>»Hallo, mein kleiner Schatz.« (Pause)
>»Na, wie geht es dir?« (Pause)
>»Hmmm?« (Pause)
>»Schaust du die Mami an?« (Pause)
>»Was siehst du denn da?« (Pause)
>»Ja, richtig, das ist Mamis Nase.«

Mit sieben bis acht Wochen fängt ein Baby an, die Pausen zu füllen: zuerst mit Gurrlauten, später beginnt es zu plappern, bis es schließlich ganze Worte und Sätze spricht. Je mehr Ausdrucksmöglichkeiten dem Kind zur Verfügung stehen, umso weniger Hilfestellung braucht es von den Eltern. Trotzdem wird die Kindesentwicklung durch die einfühlsame Unterstützung der Eltern gefördert, wobei Umfang und Inhalt des elterlichen »Gerüstebaus« immer variieren. Wenn Sie Ihr Baby aufmerksam beobachten und wohl überlegt auf es eingehen, sind Sie in der Lage, seine intellektuelle Entwicklung optimal zu unterstützen.

Vorsicht bei leeren Versprechungen und Tricks

Während der Siebziger- und frühen Achtzigerjahre schossen in den USA überall so genannte Kinderbildungszentren aus dem Boden (allgemein bekannt als »Better Baby Institutes«, »Institute für bessere Babys«). Mit dem zunehmenden Bewusstsein, dass Babys mehr Fähigkeiten besitzen, als man zuvor angenommen hatte, entwarf man Lehrpläne für Kleinkinder und hielt ein reichhaltiges Kursangebot bereit. Eltern, die sich die Gebühren leisten konnten, und auch viele, denen sie eigentlich zu hoch waren, strömten in diese Zentren, um sich und ihre Babys für Kurse in Lesen, Mathematik, Fremdsprachen, Kunstgeschichte und Musiklehre einzuschreiben. Die Stunden und Lehrmaterialien kosteten viel Geld, der Unterricht war streng strukturiert und zeitaufwändig.

Zwar schienen die Babys einige der versprochenen Fähigkeiten zu erlernen, doch im Großen und Ganzen hielten die Ergebnisse nicht lange an. Die Eltern – und die Babys – merkten bald, dass die »Lektionen« und der gelernte Stoff nicht in ihren normalen Alltag passten. Nun erkannten die Babys zwar russische Worte, ein Konzert von Bach und ein Meisterwerk Monets wieder – aber was soll ein Zweijähriger mit diesen Fähigkeiten anfangen? Das Schlimmste war, dass die Eltern wertvolle Zeit verschwendeten, wenn sie ihren Babys Lernkarten zeigten, Kassetten vorspielten und Unterrichtsmaterialien bearbeiteten. Kein Wunder, dass solche Tricks und Spielereien größtenteils im Sande verliefen.

Die darauf folgende Gegenreaktion barg wiederum die Gefahr, das Kind »mit dem Bade auszuschütten«. Fachleute verkündeten, die Liebe sei das einzig Wahre und Wichtige. Natürlich ist es falsch, aus unseren Kindern Superbabys machen zu wollen. Wir sollten ihnen aber immerhin kindgerechte Lernerfahrungen bieten, die ihrem natürlichen Tagesablauf entsprechen. Es ist ein großer Unterschied, ob Sie Ihrem einjährigen Kind eine Rosine abwechselnd unter verschiedenen Tassen verstecken, während Sie mit ihm im Restaurant aufs Essen warten (wie wir es in diesem Buch vorschlagen), oder ob Sie zweimal täglich dreißig Minuten mit Lernkarten operieren.

Wie können Sie nun aber feststellen, ob das, was Sie tun, für Ihr Baby richtig ist? Wenn etwas seinen Tagesablauf durcheinander bringt, Lernkarten oder andere spezielle Materialien erfordert oder wenn die versprochenen Lernergebnisse für die Welt Ihres Zweijährigen keine Bedeutung haben, dann können Sie davon ausgehen, dass es sich um einen »Super-Baby«-Trick handelt. Die einfachste Regel ist: Macht es Ihrem Baby keinen Spaß, dann hat die ganze Sache wahrscheinlich auch keinen Sinn.

Spaß und Lebensfreude statt Perfektionismus

Angesichts der Fülle an Informationen und der vielen Möglichkeiten, wie Sie Ihrem Baby in den ersten Lebensjahren anregende Lernerfahrungen bieten können, werden Sie beim Lesen der folgenden Kapitel manchmal vielleicht zwischen Begeisterung und Verzweiflung schwanken. Denken Sie aber bitte daran, dass Sie nicht jeden Vorschlag umsetzen können und auch gar nicht sollen! Wir hoffen vielmehr, dass Sie aus den angebotenen Hilfsmitteln die Tipps auswählen, die sich für Sie und Ihr Kind richtig anfühlen und die ihren individuellen Interaktionsmustern entsprechen. Nicht alle Anregungen passen für alle Familien. Lernen Sie das Temperament Ihres Babys, seine Interessen und sein persönliches optimales Lernumfeld (ZNE) kennen. Bemühen Sie sich darum, seine Entwicklung unterstützend zu begleiten, und achten Sie auf Anzeichen von Überforderung, wie zum Beispiel absichtliches Wegdrehen des Kopfes, um Augenkontakt zu vermeiden, und/oder das Herumfuchteln mit den Armen. Das Wichtigste jedoch ist: Bleiben Sie ganz entspannt, haben Sie Spaß und denken Sie daran, dass es keine »perfekten Eltern« gibt, sondern nur fürsorgliche und hingebungsvolle »gute Eltern«. Allein die Tatsache, dass Sie dieses Buch gekauft haben, ist ein Zeichen für Ihre Liebe und Fürsorge Ihrem Kind gegenüber und für Ihre Bereitschaft, ihm zu helfen, sein volles Potenzial zu entwickeln.

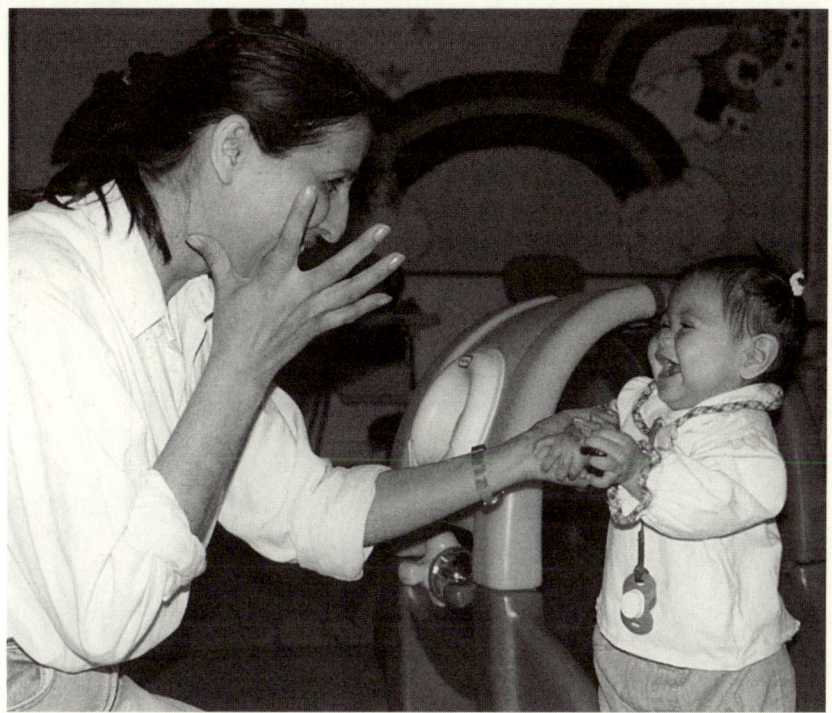

Suhaila beim Kuckuckspielen mit der neun Monate alten Destiny. Bald wird Destiny aktiv an diesem Spiel teilnehmen können. Es ist jedoch deutlich zu sehen, dass sie auch bis dahin jede Minute genießt.

3. Die Welt begreifen: Probleme lösen

NACHRICHTEN AUS DER FORSCHUNG:

Drei Monate altes Baby macht »weltbewegende« Entdeckungen

Newark, New Jersey. Letzten Mittwoch saß Janine Casden, Mutter der drei Monate alten Angela Casden, auf dem Boden ihres Wohnzimmers und schrieb Einladungen für die Geburtstagsparty ihres fünfjährigen Sohnes. Nach 15 Minuten intensiver Arbeit verschloss Janine den letzten Umschlag, klebte eine Briefmarke darauf und erhob sich, um ihre Beine zu dehnen. Und wo war die kleine Angela während dieser Zeit? Schlief sie in ihrem Bettchen? Oder war sie bei einem Babysitter? Hatte sie schaukelnd in ihrem Babystuhl gesessen? Nein. Angela lag zufrieden auf dem Wohnzimmerboden neben ihrer Mutter und war eifrig damit beschäftigt, das Problem zu lösen, wie sie die hübschen Glöckchen über ihrem Kopf zum Klingeln bringen konnte.

Was genau hatte Angela nun aber über die Glöckchen herausgefunden? Janine erklärt: »Ich habe einfach ein breites Satinband locker um Angelas rechten Fuß gebunden und das andere Ende an den über ihr hängenden Glöckchen befestigt. Das ist alles. Jedes Mal, wenn sie mit dem rechten Bein strampelt, klingeln die Glöckchen. Ich beobachtete sie während meiner Arbeit und sah, dass sie schon nach fünf Minuten den Dreh heraus hatte – und seitdem macht es ihr einen Riesenspaß, wie wild mit diesem Bein zu strampeln. Mal kickt sie mit schnellen Bewegungen, mal langsam, als ob sie ausprobiert, wie die Klänge sich verändern. Ein Blick und man sieht, wie lustig sie das findet. Sie schiebt sogar ihre kleine Zunge zwischen die Lippen vor lauter Konzentration. Und schauen Sie nur, wie selig sie lächelt! Sie freut sich ganz offensichtlich über ihre Fähigkeit, die Glöckchen kontrollieren zu können. Wenn sie das nicht täte, hätte ich es mit ziemlicher Sicherheit schon zu hören bekommen.«

Das Geheimnis des Mobiles

Für die Forscherin Carolyn Rovee-Collier von der Rutgers-Universität sind Janines Erlebnisse mit ihrer Tochter nicht verwunderlich. In einem entwicklungspsychologischen Seminar erfuhr Janine von ihren Studien. Dr. Rovee-Collier bewies in Zusammenarbeit mit ihren Studenten und anderen Kollegen nicht nur, dass Babys schon im Alter von zwei bis drei Monaten herausfinden, wie sie Dinge wie die oben erwähnten Glöckchen in Bewegung setzen, sondern dass sie solche Erfahrungen wirklich genießen. Dies wurde anhand von Untersuchungen an Hunderten von Babys deutlich, die, wie Angela, die Möglichkeit erhielten, die Bewegungen eines Mobiles über ihrem Bettchen zu steuern. Die dabei eingesetzte »Technologie« bestand im Gegensatz zu vielen anderen heute üblichen Forschungsstudien aus-

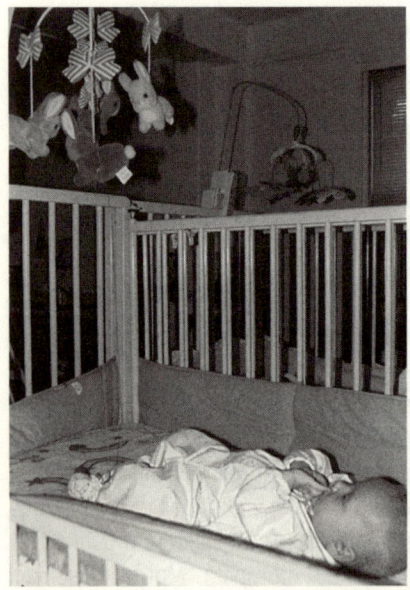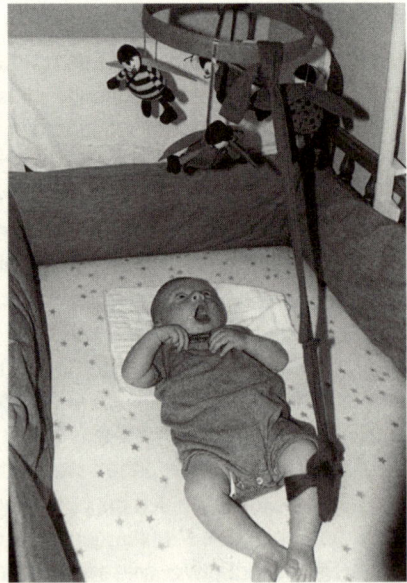

Aktives und passives Lernen im Vergleich: Eltern, die ihrem Baby einfach ein Mobile übers Bett hängen (linkes Bild), verpassen die wunderbare Gelegenheit, den aktiven Prozess einer Problemlösung mitverfolgen zu können. Wenn Sie Ihr Baby durch ein weiches Band mit dem Mobile verbinden (wie im rechten Bild), kann es das Mobile selbstständig bewegen. Zwei bis drei Monate alte Babys besitzen nicht nur die Fähigkeit, die Bewegungen eines Mobiles gezielt zu steuern; Forschungsergebnisse haben auch gezeigt, dass sie diese Beschäftigung als äußerst befriedigend erleben.

schließlich aus einem schlichten Band, mit dem das Baby mit den Glöckchen verbunden ist. Das Baby strampelt mit einem bestimmten Bein, das Mobile bewegt sich und schon ist das Problem gelöst. Und das ganz ohne ausgefeiltes Computerprogramm.

Nachdem Dr. Rovee-Collier beobachtet hatte, wie schnell die von ihr untersuchten Babys hinter das Geheimnis des Mobiles kamen, gelangte sie zu der Überzeugung, dass Menschenkinder Problemlösungen »fest im Griff« (oder zumindest »am Bein«) haben. Kleine Kinder müssen nicht dazu gedrängt werden, sich mit einem Problem auseinander zu setzen. Sie sind von ganz allein dazu bereit, wenn sie dadurch ihre Umwelt besser verstehen lernen. Die Faszination, ein Mobile steuern zu können, ist so groß, dass sich sogar Downsyndrom-Babys anstrengen, um dem Mechanismus auf die Spur zu kommen.

Andere Forscher waren so von der Befriedigung, die mit dieser Lernerfahrung einherzugehen schien, beeindruckt, dass sie das »bewegungsgesteuerte« Mobile (dessen Bewegungen von denen des Babys abhängen) zur Behandlung von emotional gestörten Kindern einsetzten. Ein acht Monate altes Baby, das sich kaum bewegte und noch nie gelächelt hatte, änderte sein Verhalten innerhalb von zwei Stunden mit dem Mobile vollkommen. Es strampelte heftig, um das Mobile zu bewegen, und das erste Mal in seinem Leben lag ein breites Lächeln auf seinem Gesicht! Gibt es einen besseren Beweis für einen angeborenen Forscherdrang im Menschen?

Problemlösungen:
hier und da und überall

Bei genauer Überlegung vergeht wohl kaum eine Stunde, ohne dass wir ein Problem lösen. Zum Glück gibt es relativ wenige schwerwiegende Probleme wie die Frage, wie Geschwisterrivalitäten vermieden werden können oder wie man die Bedürfnisse der Kinder und die Erfordernisse am Arbeitsplatz unter einen Hut bringen kann. Die meisten Alltagsprobleme sind weniger bedeutsam, was nicht heißt, dass sie nicht trotzdem gewisse Anforderungen an uns stellen: Wie schaffen wir es, dass sich unser drei Monate altes Kind so lange ruhig mit sich selbst beschäftigt, bis wir unsere Einkäufe verstaut haben? Womit entfernen wir die hartnäckigen Karottenflecken von seinem Strampelanzug?

Egal wie weit reichend die Probleme sind, mit denen Sie sich – und später auch Ihr Kind, in und außerhalb der Schule – konfrontiert sehen, sie erfordern von Ihnen überlegtes Verhalten, das heißt Einsicht. »Ach so!«, rufen wir erfreut, wenn wir über die Lösung eines Problems stolpern, als wäre sie einfach irgendwo aus unserem Unterbewusstsein aufgetaucht. In Wirklichkeit ist die Lösung eines jeden Problems das Ergebnis altbewährter, anstrengender Arbeit, weit entfernt also von der Vorstellung eines Geistesblitzes aus dem Nichts. Natürlich handelt es sich dabei um geistige Arbeit, doch Arbeit ist es trotzdem, wie Sie im Folgenden erkennen können:

- Verschiedene Facetten eines Problems müssen vollständig verstanden und abgespeichert werden, damit sie jederzeit abrufbereit zur Verfügung stehen.
- Eventuell relevante, neue Informationen müssen gesammelt und ausgewertet werden.
- Alle Informationen müssen gegliedert und zusammengefasst werden, damit das Problem aus immer neuen Perspektiven beleuchtet werden kann.
- Scheint schließlich eine gangbare Lösung gefunden, muss zunächst einmal geprüft werden, ob sie auch angemessen ist. Wenn ja, darf man sich gratulieren. Wenn nein, so gilt: »Klappt's beim ersten Mal nicht, dann...«

Wem das alles kompliziert vorkommt, der hat Recht. Lehrer wissen, wie schwierig es sein kann, Probleme zu lösen. Dies ist mit ein Grund dafür, warum sie den Kindern ab dem Vorschulalter so viele »Hausaufgaben-Probleme« stellen. Natürlich erhöht dieses Vorgehen die Wahrscheinlichkeit, dass ein Kind später leichter Probleme lösen kann. Andererseits wird Ihnen jeder Lehrer bestätigen, dass die entsprechenden Übungen Ihr Kind nicht weiterbringen, bevor es nicht den Wunsch verspürt, das jeweilige Problem zu lösen. Für gewisse Aufgaben sind Kinder relativ leicht zu begeistern (»Wie kann ich die Keksdose öffnen?«). Andere wiederum sind nicht so verführerisch (»Wie räume ich das Wohnzimmer auf?«). Glücklicherweise hat Mutter Natur uns Menschen mit dem Wunsch ausgestattet, Probleme zu lösen. Deshalb müssen Eltern das Bedürfnis danach nicht erst wecken, sondern »lediglich« erhalten.

Das Rätsel mit dem Licht

Ein Mobile in Bewegung zu versetzen ist nicht die einzige Form von »Kontingenz«, die Babys in Angelas Alter Spaß macht. Andere Wissenschaftler entdeckten dieses Verhaltensmuster – nach dem Schema »Wenn ich das tue, dann passiert das« – in ganz unterschiedlichen Bereichen. Der ungarische Forscher Hanus Papousek beobachtete zwei Monate alte Babys, die herausfinden sollten, wie sie ein rotes Lämpchen zum Leuchten brachten. Die Babys kamen schnell auf die Antwort: Sie mussten nur ihren Kopf leicht nach rechts wenden. Dies war jedoch bei weitem nicht alles.

Zuerst wirkten die Babys interessiert. Sie drehten mit Begeisterung ihre Köpfe nach rechts und sahen das Licht aufleuchten. Doch bald begann sie das Spiel zu langweilen. Sie verlangsamten ihre Bewegungen und wandten ihre Köpfe nur noch ab und zu, wie um zu prüfen, ob sie das Lämpchen noch unter Kontrolle hatten.

Die Welt kann voll spielerischer Zusammenhänge, so genannten Kontingenzen, sein (»Wenn ich das tue, dann geschieht das«), die Babys mit Begeisterung entdecken und die ihnen die Möglichkeit geben, ihre Problemlösungsfähigkeit zu üben. Lynn und der sieben Monate alte Brandon spielen mit einer Plastikwasserflasche. Jedes Mal, wenn Brandon den Trinkhalm nach oben klappt, drückt Lynn ihn wieder nach unten. Später tauschen die beiden die Rollen und Lynn klappt den Halm nach oben, während Brandon ihn nach unten drückt. Wie man sieht, muss gutes Spielzeug nicht teuer sein!

Nachdem Papousek dieses Verhalten eine Zeit lang beobachtet hatte, änderte er heimlich die Versuchsanordnung, so dass die Babys ihre Köpfe plötzlich nach links drehen mussten, damit das Licht aufleuchtete. Sobald sie entdeckten, dass eine Rechtsdrehung des Kopfes nicht mehr den gewünschten Erfolg hatte, machten sie sich daran, eine neue Lösung für das Problem zu finden. Nachdem sie erkannt hatten, dass sie den Kopf nun nach links drehen mussten, und dies einige Male getan hatten, begann ihr Interesse allmählich wieder nachzulassen.

Papousek wollte die Babys ein letztes Mal testen, indem er die Regel insgeheim so veränderte, dass einer Rechtsdrehung des Kopfes eine Linksdrehung folgen musste, damit das Licht anging. Als seine kleinen Wissenschaftler merkten, dass eine dritte Lösung erforderlich war, drehten und wendeten sie sich so lange auf der Suche nach der richtigen Kombination, bis sie die Antwort herausgefunden hatten. Sie führten die erforderlichen Drehungen ein paar Mal aus und hörten dann auf, zufrieden, dass sie das Problem ein weiteres Mal gelöst hatten. Sie würden sich von keinem Forscher unterkriegen lassen und wenn er noch so trickreich war!

Was brachte die Babys dazu, sich so anzustrengen? Das rote Licht allein war es offensichtlich nicht, sonst hätte ihr Interesse daran nicht so schnell nachgelassen. Nein, was diese Babys – schon im zarten Alter von zwei Monaten! – bei der Stange hielt, war das Rätsel hinter dem Licht. Sie hatten eindeutig Spaß an der Aufgabe, das Problem zu lösen, und genossen das Gefühl, wenigstens einen kleinen Teil ihrer Welt kontrollieren zu können. Sobald Eltern begreifen, dass Babys und Kleinkinder sich erst durch derartige Herausforderungen voll entfalten können, fällt es ihnen auffallend leicht, mit Hilfe von alltäglichen Materialien kleine »Kontingenzspiele« zu erfinden. Dazu brauchen sie keine raffinierten Hilfsmittel. Hier geben wir Ihnen einige Anregungen für den Anfang.

Tipps für Eltern

■ Geburt +

Sorgen Sie für interaktive Erfahrungen, indem Sie simple Spielsachen (oder auch Küchengeräte wie Messlöffel u. Ä.) über das Bett Ihres Babys hängen und sie mit Hilfe eines weichen Bandes mit Ihrem Kind verbinden. Sie brauchen dafür keine gekauften Mobiles, auch wenn diese perfekt aussehen. Die Gegenstände können an Gymnastikbändern, am Verdeck des Kinderwagens, an Hutständern oder im Freien sogar an niedrigen Baumästen aufgehängt werden. Ähnlich wie in Papouseks Versuchen können Eltern das Interesse ihrer Babys aufrechterhalten, indem sie den Fuß (oder auch die Arme) abwechseln, die bewegt werden müssen. Das Schöne an dieser Art von Spiel ist, dass selbst neugeborene Babys Spaß daran haben. Vielleicht verstehen sie ihre Rolle und ihren Anteil an der Bewegung der Spielsachen noch nicht, aber die Tatsache, dass sie sich automatisch bewegen, gibt dem Baby etwas Interessantes zum Anschauen. (Natürlich sollten Sie in der Nähe bleiben und aufpassen, dass Ihr Baby sich nicht in dem Band verheddert.)

■ 6 Monate +

Spielen Sie einfache Kontingenzspiele mit Ihrem Baby. Dadurch nutzen Sie die Faszination Ihres Kindes an Spielen, die dem Grundsatz folgen: »Wenn ich das mache, dann machst du das!« Das Kuckkuck-Spiel ist ein gutes Beispiel hierfür: Mami legt ein Tuch über ihren Kopf und sagt: »Kuck...«, während sie darauf wartet, dass Ihr Baby das Tuch fortreißt. Sobald es dies tut, ruft die Mutter: »...kuck!« Alle lachen und es dauert nicht lange, bis das Baby seine Rolle gelernt hat und das Tuch mit einem Ruck selbst wegzieht. Ein weiteres Beispiel: Der Vater verschwindet hinter der Tür, bis das Kind sie langsam öffnet – dann springt er hervor. Als Variante kann der Vater sein Erscheinen nach ein paar Wiederholungen hinauszögern – gerade so lange, dass sich das Baby fragt, ob sich etwas geändert hat, und sich dann riesig freut, weil doch alles beim Alten geblieben ist.

■ 9 Monate +

Jedes Baby liebt Gesichter mit ihren wunderbar interessanten, sich bewegenden Teilen – Augen, Nasen, Münder etc. Sie können dieses Interesse nutzen, indem Sie kleine Kontingenzspiele erfinden. Ermuntern Sie Ihr Kind zum Beispiel, Ihre Nase zu berühren. Sobald es dies tut, überraschen Sie es, indem Sie gleichzeitig Ihre Zunge herausstrecken. Hat es eine Zeit lang an dieser Kontingenz seinen Spaß gehabt, ändern Sie den Spielverlauf, indem Sie nun nicht mehr die Zunge herausstrecken, sondern Ihr Kind stattdessen unvermutet kitzeln. Eine andere be-

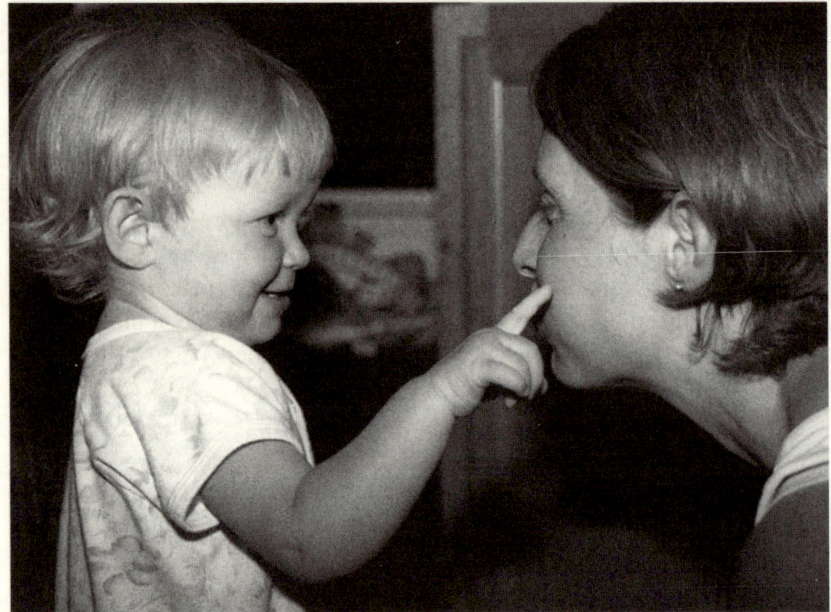

Das gute, alte »Backen-Aufblasspiel« ist ein anschauliches Beispiel dafür, wie viel Spaß Kinder an Kontingenzspielen haben. Jedes Mal, wenn Mami die Wangen aufbläst, drückt die zwölf Monate alte Micaelan darauf.

kannte Version ist das »Backen-Aufblasspiel«, bei dem Sie die Backen aufblasen und das Kind auffordern, mit seinen Zeigefingern die Luft herauszudrücken. Strecken Sie dabei die Zunge heraus. Sobald das Kind seine Finger wegnimmt, verschwindet Ihre Zunge plötzlich wieder. Es gibt unendlich viele Variationen dieses Spiels.

■ 18 Monate +

Mittlerweile hat Ihr Kind einige Erfahrung im Auffinden von Kontingenzen und ist immer auf der Suche nach interessanten Auswirkungen seiner Handlungen auf die Umwelt. Spielzeughersteller haben dies intuitiv erkannt und zur Grundlage von einigen altbewährten Spielen gemacht. Man dreht an einem Griff und schon springt der Kastenteufel aus seiner Schachtel; man drückt einen Griff herunter, schon dreht sich der Kreisel; man schiebt Puzzleteile in die richtige Position, schon passen sie in die Lücken. Derartige Spiele sind wunderbar, weil das Kind sich anstrengen und überlegen muss, um ans Ziel seiner Wünsche zu gelangen.

■ 18 Monate +

Wir möchten hier noch einmal darauf hinweisen, dass gekaufte Spielsachen nicht das einzig Wahre sind. Ermuntern Sie Ihr Kind zum Beispiel zu dem Versuch, einen Keks in eine Streichholzschachtel zu legen, die sich auf und zu schieben lässt. Oder stellen Sie es vor die Aufgabe, eine Plastiktüte mit Zippverschluss zu öffnen, um an die Rosinen darin zu kommen. Legen Sie das Lieblingsspielzeug Ihres Kindes außerhalb seiner Reichweite auf den Wohnzimmertisch, so dass es überlegen muss, welche Hilfsmittel es benutzen kann, um daran zu kommen. Den ersten Preis für erzieherischen Einfallsreichtum verdient eine Mutter, die einen genialen Geistesblitz hatte, als sie gerade eine aufgebrauchte Papiertücherrolle wegwerfen wollte. Um ihrer 30 Monate alten Tochter eine einfache Aufgabe zu stellen, schob sie einen Marshmallow in die Mitte der Rolle. Nachdem ihre Tochter eine Zeit lang vergeblich versucht hatte, mit ihren Fingern an die begehrte Süßigkeit heranzukommen, reichte ihre Mutter ihr einen langen Teelöffel. Die Kleine dachte einen Moment nach, dann ging ihr ein Licht auf. Sie nahm den Löffel, stocherte damit in der Rolle herum und der Marshmallow gehörte der Vergangenheit an.

Kontingenzspiele zur Ablenkung

Wie leicht es sein kann, sich einfache Kontingenzspiele auszudenken, und wie einfallsreich selbst sehr kleine Kinder sind, entdeckte Linda auf einem Langstreckenflug. Im Flugzeug stellte sie fest, dass sie den Platz neben einer jungen Mutter und deren Sohn Noah hatte.

Eltern, die schon einmal einen längeren Flug mit einem Kleinkind unternommen haben, wissen, dass es fast unmöglich ist, ein aktives Kind so zu beschäftigen, dass es sich auf einer sechsstündigen Reise im Flugzeug nicht langweilt und frustriert reagiert. So saß Linda, eine Expertin in der Erforschung der Kindesentwicklung, da und beobachtete den verzweifelten Kampf der Mutter mit ihrem Sohn. Was konnte sie angesichts der begrenzten Bewegungsfreiheit tun, um zu helfen? Hier ihre Lösung, an die sie sich gerne erinnert:

Als ich den kleinen Aschenbecher in der Armlehne zwischen Noah und mir bemerkte, kam mir eine Idee. Ich drückte den Klappdeckel an einer Seite herunter und er sprang auf. Anschließend legte ich meinen Finger auf die gegenüberliegende Seite. Klick – der Deckel klappte wieder zu. Dies wiederholte ich einige Male, und als Noah die Klickgeräusche vernahm, hörte er auf herumzuhampeln und schaute auf den Aschenbecher. Ohne ein Wort zu sagen, machte ich weiter. Doch dieses Mal ließ ich den Deckel aufspringen und zog dann meine Hand weg, um zu sehen, ob Noah sich für dieses Spiel interessierte. Er blickte mir aufmerksam in die Augen und fragte sich wohl, was ich als Nächstes tun würde. Ich tat nichts. Er schaute auf den Aschenbecher, streckte ganz vorsichtig einen Finger aus und drückte den Deckel zu. Dann sah er mich wieder an. Nun war ich an der Reihe – ich öffnete den Deckel. Jetzt war Noah voll bei der Sache.

Immer wieder wechselten wir uns ab und jeder schaute den anderen erwartungsvoll an, um zu sehen, was er als Nächstes tun würde. Als ich den Eindruck hatte, Noah langweilte sich allmählich, änderte ich mein Verhalten. Jetzt öffnete ich den Deckel und schloss ihn gleich wieder. Noahs Augen weiteten sich erstaunt, aber als er nach kurzem Zögern die neue »Regel« begriffen hatte, streckte er die Hand aus, öffnete den Aschenbecher und schaute mich mit einem breiten Grinsen an. Er war offensichtlich begeistert! Wir spielten etwa 20 Minuten, bevor er müde wurde und einschlief.

Für die junge Mutter und Linda, aber auch für viele in der Nähe sitzende Passagiere war das Spiel eine willkommene Ablenkung in einer schwierigen Situation. Für Noah wiederum war es eine Aufgabe, die es zu lösen galt, und deshalb eine gute Gelegenheit für den Einjährigen, eine Anforderung aus seiner Umgebung zu meistern.

NACHRICHTEN AUS DER FORSCHUNG:

Säugling streckt seinem
Vater die Zunge raus

Vancouver, Canada. James, stolzer Vater des einen Tag alten Timothy, beugte sich über den Babykorb und betrachtete entzückt das winzige Gesicht seines Sohnes. In dem Bemühen, Timothys Aufmerksamkeit zu erregen, streckte James immer wieder seine Zunge heraus und schob sie leicht von einer Seite zur anderen. »Es klappt«, dachte James, als er sah, dass Timothy ihn anschaute. Zu seiner großen Überraschung geschah jedoch Folgendes: Timothy streckte James seinerseits die Zunge heraus! James blinzelte ungläubig, weil er glaubte, dass ihm seine Fantasie einen Streich spielte. Doch da schob Timothy, der seinen Blick nicht vom Gesicht des Vaters abwandte, erneut seine kleine Zunge zwischen die Lippen. »Das ist bestimmt nur ein Zufall«, dachte James. »Er ist ein Säugling, er kann mich unmöglich nachahmen.«

Ganz im Gegenteil! Hier handelt es sich weder um Einbildung noch um einen Zufall. Wissenschaftler können mittlerweile belegen, dass Timothy tatsächlich das Verhalten seines Vaters nachahmt. In einer Aufsehen erregenden Untersuchung fand Andy Meltzoff von der Universität von Washington heraus, dass Säuglinge schon ab dem ersten Tag nach ihrer Geburt versuchen, einfache Bewegungsabläufe zu imitieren. Indem sie die Veränderungen im Gesichtsausdruck ihrer »Kommunikationspartner«, zum Beispiel Herausstrecken der Zunge, Schürzen der Lippen oder das weite Öffnen des Mundes, beobachten, lassen sich Babys begeistert auf dieses Spiel ein.

Sollten Sie an dieser Fähigkeit eines Neugeborenen zweifeln, interessiert es Sie vielleicht, dass auch die meisten Experten auf dem Gebiet der Kinderpsychologie diesen Erkenntnissen zunächst mit totalem Unglauben begegneten. Nach wiederholten, weltweiten Untersuchungen an neugeborenen Kindern gibt es heutzutage jedoch nur noch wenige Zweifler. Offensichtlich kommen Neugeborene von Amerika bis Schweden und von Israel bis Nepal mit der erstaunlichen Fähigkeit auf die Welt, einfache Verhaltensweisen anderer Menschen zu imitieren.

Wie der Vater, so der Sohn

Was für eine erstaunliche Leistung! Um die Komplexität dieser Verhaltens-
weise zu verstehen, müssen wir uns in die Lage des Kindes versetzen.
Wenn Sie schon einmal die faszinierenden Veränderungen im Gesichtsausdruck eines kleinen Babys verfolgt haben, dann wissen Sie, wie schwer wir
Erwachsene dem Impuls widerstehen können, sie nachzuahmen. Wenn das
Neugeborene den Mund zu einem großen Gähnen öffnet oder ihn zu einem
ersten schiefen und zaghaften Lächeln verzieht, dann verspüren Mama und
Papa große Lust, es ihm gleichzutun. Nur wenige denken darüber nach,
was hier eigentlich abläuft. Damit der Vater Timothy nachahmen kann,
muss er zunächst Timothys Bewegungen wahrnehmen, dann erkennen,
welche Teile seines Gesichts denen seines Sohnes entsprechen, und diese
Teile schließlich genauso wie Timothy bewegen. Als Erwachsener meistert
der Vater diese Aufgabe mit Leichtigkeit. Kein Wunder, er hat ja auch jahrzehntelange Übung in solchen Dingen.

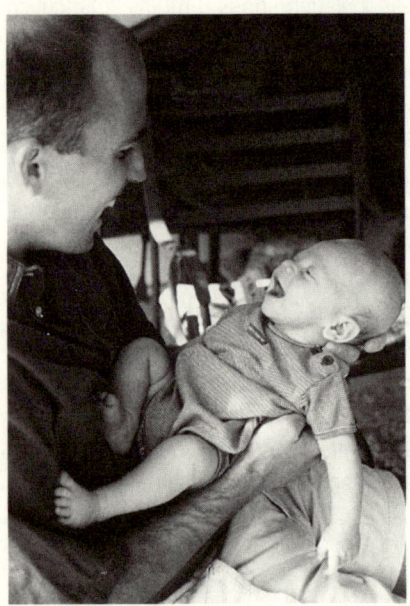 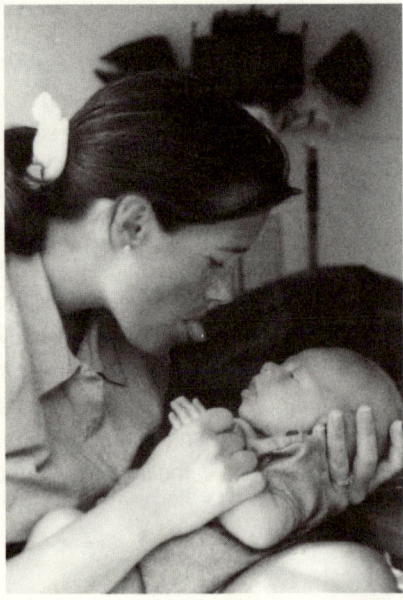

*Babys leisten Erstaunliches, wenn es um Nachahmung geht. Sogar Neugeborene imi-
tieren einfache Veränderungen des Gesichtsausdrucks. Und wie man an dem kleinen
Henry sehen kann, ist es ihnen ganz egal, wen sie nachahmen.*

Wie ist es aber möglich, dass ein neugeborenes Baby einen so komplexen Vorgang nachvollzieht? Immerhin hatte der einen Tag alte Timothy, der bislang meistens schlief, noch nie sein eigenes Gesicht gesehen, geschweige denn die Gelegenheit gehabt, sich darüber bewusst zu werden, wie es mit dem anderer Menschen korrespondiert. Hier kommt das Problemlösungsverhalten zum Einsatz. Zuerst sind die Anstrengungen eines Babys noch ziemlich unbeholfen – zum Beispiel eine kaum sichtbare Zunge oder leicht geöffnete Lippen. Es scheint also genau zu wissen, was es möchte, aber noch nicht ganz, wie es sein Ziel umsetzen kann. Fährt sein Gegenüber jedoch mit dem jeweiligen Verhalten fort, dann empfindet es nicht nur eine tiefe Befriedigung durch diese Interaktion, sondern lernt auch immer mehr, seine eigenen Reaktionen zu verfeinern. Durch diesen faszinierenden Austausch kommen die Babys dem »Problem« allmählich auf die Spur und ihre Nachahmungsversuche werden den Vorbildern immer ähnlicher. Doch dies ist noch nicht alles.

Mit Hilfe hoch komplizierter Videotechnik überwachten Andy Meltzoff und seine Mitarbeiter in sorgfältigen Untersuchungen zahlreiche Kleinkinder und fanden heraus, dass diese schon ab dem zweiten Tag nach der Geburt in der Lage sind, die Kopfbewegungen eines Erwachsenen zu imitieren. Aufrecht in einem gepolsterten Kinderstuhl sitzend, verfolgten die von Dr. Meltzoff beobachteten Babys, wie ein Erwachsener seinen Kopf im Uhrzeigersinn drehte. Wie vermutet, folgten die Babys seinem Beispiel. Und auch wenn ihre Kopfbewegungen noch etwas unbeholfen aussahen, war deutlich erkennbar, dass sie ihr Bestes gaben und einmal mehr einen Nachweis ihrer angeborenen Fähigkeiten lieferten. Deshalb achten Sie darauf: Vielleicht entdecken Sie Ihre eigenen Verhaltensweisen schon viel früher bei Ihrem Kind, als Sie dachten!

Warum Nachahmung für Babys so wichtig ist

Obwohl ein Kleinkind sicherlich nicht nur durch Nachahmung lernt, hängen viele seiner späteren Leistungen von dieser Fähigkeit ab. Die Sprachentwicklung basiert beispielsweise zu einem Großteil auf der Nachahmung der Sprachlaute, die wir in unserer Umgebung hören. Jeder Lernvorgang, vom Löffelhalten bis zum Auf-den-Topf-Gehen, wird in hohem Maße von der Nachahmungsfähigkeit beeinflusst. Nach Ansicht von Forschern wird die »Kommunikation« zwischen den Partnern auch dadurch in Gang gehalten, dass das Nachahmungsverhalten die Interaktion für beide Seiten anregend gestaltet.

Der Nachahmungstrieb fördert lösungsorientiertes Verhalten bei Babys. Und wie wir gesehen haben, ist das Lösen von Problemen der beste Weg zu einer optimalen Entwicklung der Fähigkeiten von Kindern. Durch die Nachahmung wird der Vater motiviert, die »Unterhaltung« fortzuführen, und das Baby hat seinen Spaß daran. Nachahmung ist für die Entwicklung eines Kindes so wichtig, dass Mutter Natur in dieser Hinsicht nichts dem Zufall überlässt. Sie sorgt dafür, dass wir Menschen unseren Lebensweg mit dem nötigen Rüstzeug beginnen.

Auf den nächsten Seiten erhalten Sie Anregungen, wie Sie den Nachahmungstrieb eines Kindes nutzen können.

Tipps für Eltern

■ Geburt +

Spielen Sie von der Geburt an einfache Nachahmungsspiele mit Ihrem Baby. Achten Sie darauf, ausreichend lange Pausen zu machen, damit es die Informationen aufnehmen und darauf reagieren kann. Seien Sie geduldig. Warten Sie, bis Ihr Baby aufnahmebereit und zufrieden ist. Außerdem sollte es nicht zu weit von Ihrem Gesicht entfernt sein, damit es Sie gut sehen kann. Auch wenn Ihr Kind bei der Geburt alles andere als blind ist, nimmt es seine Umgebung doch noch ziemlich verschwommen wahr. Der optimale Abstand beträgt daher 20 bis 30 Zentimeter, was in etwa dem Abstand zwischen Ihrem Gesicht und Ihrem Kind entspricht, wenn Sie es sicher im Arm halten. Beginnen Sie während der ersten Wochen mit einfachen Grimassen: Strecken Sie die Zunge heraus, spitzen Sie die Lippen oder öffnen Sie den Mund weit. Später können Sie dann Kopfbewegungen einführen. Drehen Sie den Kopf beispielsweise im Kreis, als würden Sie mit den Augen dem Sekundenzeiger einer Uhr folgen.

■ Geburt +

Beobachten Sie die Bewegungen Ihres Babys und ahmen Sie seine einfachen Verhaltensweisen nach. Im Allgemeinen imitieren Erwachsene nur den Gesichtsausdruck und selten Bewegungen anderer Körperteile wie Schultern, Arme, Hände oder Finger. Spreizt Ihr Baby zum Beispiel seine Fingerchen, dann machen Sie es ihm nach. Beobachten Sie Ihr Baby anschließend genau, damit Sie selbst den leisesten Versuch, die Bewegung zu wiederholen, wahrnehmen. Belohnen Sie seine Anstrengungen bei diesem Spiel mit einem Lächeln und aufmunternden Worten. Auch wenn es Ihre Worte noch nicht versteht, wird es mit Sicherheit ihren Sinn erfassen: dass Sie sich nämlich wie ein Schneekönig darüber freuen, dass es seine Umwelt immer mehr in den Griff bekommt.

■ 12 Monate +

Je älter Ihr Kind ist, desto einfallsreichere und anspruchsvollere Nachahmungsspiele können Sie mit ihm machen. Erinnern Sie sich noch an das Spiel »Simon sagt ...« aus Ihrer Kindheit? »Simon sagt: Klatsch in die Hände (zweimaliges Klatschen). Simon sagt: Stampf mit den Füßen

Der angeborene Nachahmungstrieb half den Menschen dabei, zu überleben und sich einen Vorteil gegenüber anderen Arten zu verschaffen. Der 18 Monate alte Adam lernt, wie man ein Auto wäscht, indem er es seinem Vater nachmacht. Dabei hat er auch noch einen Riesenspaß.

(zweimaliges Stampfen). Klopf auf deinen Bauch (zweimaliges Tätscheln) ... Haha, erwischt! Ich habe nicht ›Simon sagt‹ gesagt!« Ziel dieses Spieles ist es, seine Mitspieler auch ohne die Worte »Simon sagt« zur
Nachahmung zu bringen. Mit einer kleinen Veränderung können Sie es
bereits mit zwölf bis 24 Monate alten Kleinkindern spielen. Der Trick
besteht dann einfach darin, die Worte »Simon sagt« immer zu verwenden, statt sie ab und zu wegzulassen.

■ 24 Monate +

Bereitet das »Simon-sagt«-Spiel Ihrem Kind keine Probleme mehr, können Sie allmählich wieder zu seiner ursprünglichen Version übergehen.
Dadurch verbessert sich nicht nur das Nachahmungsverhalten Ihres Kindes, sondern es lernt auch, aufmerksam zuzuhören. Egal welche Spiel-
variante Sie wählen, während Sie sich immer wieder neue lustige und
ausgefallene Gesten ausdenken, werden Sie sicher eine Menge Spaß
zusammen haben. Sie können auch zwei oder mehr Bewegungsabläufe
kombinieren und beispielsweise Ihren Kopf tätscheln, während Sie
gleichzeitig den Mund öffnen. Auf diese Weise wird das Spiel nie langweilig und ist immer wieder lustig. Achten Sie darauf, gelegentlich die
Rollen zu tauschen, so dass Sie zur Abwechslung Ihrem Kind etwas
nachmachen müssen. Das ist wichtig, denn kein Kind auf dieser Welt
würde es nicht genießen, wenn es einem Erwachsenen vorschreiben
darf, was er tun soll!

NACHRICHTEN AUS DER FORSCHUNG:

Drei Monate altes Baby sieht in die Zukunft

Denver, Colorado. Lichter aus, Vorhang auf – die Show beginnt. Die drei
Monate alte Trina lehnt sich zufrieden in ihrem Babystuhl zurück, bereit, die Vorführung zu genießen. Was für eine Vorführung? Auch wenn es sich nach Erwach-
senenmaßstäben nicht um einen Oscar-gekrönten Film handelt, ist der zweimi-
nütige Streifen, den Trina gleich sehen wird, der Renner bei dem zwei bis drei
Monate alten Publikum. »Das Geheimnis der verschwundenen Bilder«, wie der Titel des Films lauten könnte, sorgt nicht nur dafür, dass Trinas Augen gebannt auf

den Bildschirm gerichtet sind, sondern regt sie dazu an, vorherzusehen, was als Nächstes passieren wird – ein eindeutiges Kennzeichen für ein gutes Drehbuch.

Das Lob an Produzent und Regisseur gebührt in diesem Fall Marshall Haith, Naomi Wentworth und ihren Kollegen von der Universität von Denver, die seit einigen Jahren Tests mit Babys wie Trina durchführen. Ihre Filme folgen alle dem gleichen Muster. Einfache Bilder (Schachbrettmuster, Zielscheiben und Gesichter) tauchen nacheinander auf und verschwinden dann wieder, entweder auf der rechten oder auf der linken Seite des Bildschirms. Währenddessen zeichnet ein Computer die Blickrichtung der Babys genau auf. Die Aufgabe scheint ganz einfach: Die Kleinen sollen herausfinden, wohin sie ihren Blick wann richten müssen, um das nächste Bild auftauchen zu sehen. In manchen Filmen erscheinen die Gegenstände immer aus derselben Richtung (zum Beispiel immer von rechts oder von links), in anderen folgen sie einer bestimmten, vorhersehbaren Ordnung (zum Beispiel links-rechts-links-rechts usw.) und manchmal ist überhaupt kein Schema zu erkennen. Jeder Film dauert zwei Minuten, in denen jede Bilderfolge etwa zwanzigmal wiederholt wird.

Erwachsene würden in dieser Situation höchstwahrscheinlich nach einem Muster suchen und es, falls vorhanden, schnell entdecken und infolgedessen ihr Sehverhalten so rationell wie möglich gestalten: »Aha! Links-links-rechts. Alles klar!« Solche Voraussagen erfordern jedoch ein gewisses Maß an Erinnerungsvermögen, Planung und zielgerichteten Bewegungen. Können Babys im Alter von zwei bis drei Monaten eine komplizierte Abfolge begreifen, genau vorhersehen, wo das Bild auftauchen wird, und ihren Blick in die entsprechende Richtung wenden – und das alles, noch bevor das Bild wirklich auf dem Bildschirm erscheint? Sie können es! Und was noch erstaunlicher ist: Wenn der Zeitraum zwischen den Bildern sehr kurz ist, begreifen dreimonatige Babys sofort, dass

Selbst sehr kleinen Babys macht es Spaß, bestimmte Muster zu erkennen und somit vorherzusehen, was als Nächstes passieren wird. Bei diesem Test soll das Baby erkennen, wo der Lichtpunkt als Nächstes aufleuchten wird. Wie sich herausstellte, meistern sogar drei Monate alte Babys diese Aufgabe ohne Schwierigkeiten.

sie ihre Augen ebenfalls sehr schnell bewegen müssen. Außerdem sind sie nicht nur auf die Richtungen links und rechts beschränkt. Die Forscher aus Denver führten vor kurzem Tests mit Bilderfolgen aus vier verschiedenen Richtungen durch – von oben, links, rechts und von unten. Die Babys hatten auch damit keine Probleme.

Trinas »Kristallkugel«

Diese Art des Problemlösens ist ungeheuer wichtig, und zwar weil diese Vorstufe von »weiser Voraussicht« einer bedeutsamen menschlichen Eigenschaft zugrunde liegt: der Fähigkeit, auf etwas vorbereitet zu sein. Natürlich freuen wir uns über gelegentliche Überraschungen. Treten sie jedoch zu häufig auf, sprechen wir von Chaos – und dauerhaftes Chaos tut niemandem gut. Da Voraussicht eine bedeutsame Rolle für unser Überleben spielt, erscheint eine andere Entdeckung von Janette Benson (Universität von Denver) nicht weiter verwunderlich. In Übereinstimmung mit der Erkenntnis, dass frühkindliche Erfahrungen Konsequenzen auf das spätere Leben haben, fand Dr. Benson heraus, dass die Leichtigkeit, mit der Babys im Alter von acht Monaten lernen, Bilderfolgen vorherzusehen, Rückschlüsse auf ihren späteren IQ zulässt. Beide Tests, so stellte sich heraus, hängen unter anderem von schneller Informationsverarbeitung, gutem Erinnerungsvermögen und rationeller Wahrnehmungsfähigkeit ab. Da Übung den Meister macht, kann man davon ausgehen, dass Trina von diesem lustigen »Kinonachmittag« profitierte und dabei zudem eine Menge Spaß hatte. Ohne ihr Wissen erhielt sie ungewöhnlich früh die Gelegenheit, ihre Fähigkeit, Probleme zu lösen, zu trainieren.

Vom Musterdetektiv zum Nachwuchswissenschaftler

Gegen Ende des ersten und zu Beginn ihres zweiten Lebensjahres verändert sich Trinas Verhalten gegenüber ihrer Umwelt deutlich. Diese Verhaltensänderung kann ihre Eltern zum Wahnsinn treiben, solange sie deren Bedeutung nicht verstehen. Dabei geht es hier einfach um Trinas Weiterentwicklung: Statt Probleme nur noch zu lösen (die Fähigkeit, Muster und Regelmäßigkeiten zu erkennen und die Folgen vorherzusehen), beginnt sie

Wie alle Kleinkinder in ihrem Alter wirft die zehn Monate alte Destiny gern Gegenstände auf den Boden, egal, ob aus ihrem Bettchen, ihrem Laufstall oder wie hier vom Ablagetischchen an ihrer Schaukel. Ihre Eltern überrascht es vielleicht zu erfahren, dass sie dies mit ziemlicher Sicherheit nicht tut, um sie zu ärgern. Viel wahrscheinlicher ist, dass sie ausprobiert, welche Eigenschaften die Dinge besitzen und wie sie sich verhalten.

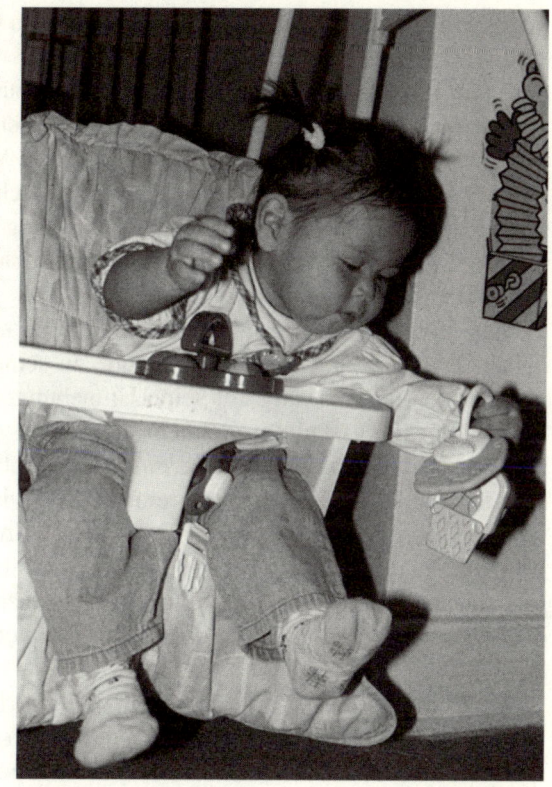

nun, Probleme zu schaffen – und zwar mit größter Begeisterung! Mit einem Kind, das »Probleme schafft«, meinen wir eines, das ganz bewusst etwas über seine Umwelt lernen möchte, indem es herumexperimentiert, Erfahrungen sammelt und die Ergebnisse analysiert. Mit anderen Worten, das Kind beginnt sich zu fragen: »Was passiert wohl, wenn ...?« Und statt sich mit Antworten auf Probleme zu begnügen, die Erwachsenen wichtig erscheinen (zum Beispiel eine bestimmte Abfolge von Lichtpunkten zu erkennen), wählt sich das Kind die Fragen jetzt selbst. Leider erkennen viele Eltern die Bedeutung dieses Verhaltens nicht und blockieren immer wieder unbewusst den natürlichen Forscherdrang ihrer Kinder.

Stellen Sie sich den zwölf Monate alten Hudson vor, wie er in seinem Bettchen spielt. Natürlich macht es ihm Spaß, mit seinen alten Rasseln zu spielen und auf seinem Lieblingsbeißring herumzukauen, aber es ist noch lustiger, sie aus dem Kinderbett auf den Boden zu werfen. Den Rasseln und dem Beißring folgen Kissen, Socken, Trinkflasche und alles, was nicht niet- und nagelfest ist. Bestimmt verstehen Sie nun, was gemeint ist, wenn wir davon sprechen, dass ein solches Verhalten Eltern zum Wahnsinn treibt ... Allzu oft missdeuten Eltern derartige Verhaltensweisen als bewussten Versuch, ihnen das Leben schwer zu machen. Dem Kind scheint es richtig Spaß zu machen, gerade verbotene Dinge zu tun. Manche Eltern meinen darin erste Anzeichen von Autoritätsmissachtung zu erkennen – etwas, das entschieden unterbunden werden muss.

Dies stimmt nicht, auch wenn solche Eltern in einem Punkt Recht haben: Das Kind hat tatsächlich Freude an seinem Verhalten, allerdings nicht wegen der Wirkung auf seine Umgebung. Kinder genießen in diesem Entwicklungsstadium vielmehr die Fähigkeit, Fragen zu stellen und Antworten dafür zu finden, wie die Welt funktioniert. Wenn der zwölf Monate alte Hudson Sachen aus seinem Bett wirft, vermitteln ihm diese »Mini-Experimente« wertvolle Einsichten. »Hm ... die Rassel und der Ring prallen am Boden ab, aber das Kissen und die Socken nicht. Warum? Mal sehen, ob sich etwas ändert, wenn ich das nächste Mal das Kissen von oben über meinen Kopf werfe und die Rassel von weiter unten, näher am Boden ...«

Wenn Sie einmal Vorlesungen in Entwicklungspsychologie gehört haben, werden Sie in den obigen Ausführungen vielleicht ein Phänomen wiedererkennen, das der Schweizer Psychologe Jean Piaget »tertiäre Kreisreaktionen« nannte. (Offen gestanden fanden wir es immer schade, dass er einen so komplizierten, schwer zu merkenden Begriff für dieses nette, leicht nachvollziehbare Verhalten von Kindern verwendet hat.) Wesentlich ist hier das Wort »Kreis«. Das Verhalten eines Babys ist »kreisförmig«, da es sich immer wiederholt, zwar in leichten Variationen, aber immer mit dem Ziel vor Augen, die Funktionsweise unserer faszinierenden Welt besser zu verstehen.

Dies heißt allerdings nicht, dass Sie nur liebevoll lächeln sollen, wenn Ihr Kind Sachen durchs Zimmer schleudert oder Löcher in die Möbel bohrt. Dann ist eindeutig eine andere Form von Lernerfahrung vonnöten. Aber bitte bedenken Sie, dass vieles, was auf den ersten Blick wie widerspenstiges Verhalten aussieht, in Wirklichkeit einfach zu den normalen Aktivitäten eines Babys gehört. Kleinkinder arbeiten hart als angehende junge Wissenschaftler, um so viel wie möglich von Ihrer Umwelt zu begreifen.

Vergangenheit und Zukunft –
das Zeitverständnis

Kehren wir kurz zu Trina und dem »Kinderkino« in Denver zurück. Die
Lektion für Forscher und Eltern bestand in der Erkenntnis, dass Babys
schon im zarten Alter von zwei bis drei Monaten aufgrund von Erfah-
rungswerten aus der Vergangenheit die Zukunft vorhersehen können.
Denn im Prinzip tat Trina genau das, als sie die Reihenfolge herausfand, in
der die Gegenstände an bestimmten Stellen des Bildschirms auftauchten,
und dieses Wissen daraufhin nutzte, um die folgenden Ereignisse vorherzusehen. Durch Dr. Haith und seine Mitarbeiter wissen wir auch, dass
Babys derartige Probleme aus eigenem Antrieb und mit großer Begeisterung lösen.

Mit ähnlichem Enthusiasmus ging der zwölf Monate alte Hudson an die
Aufgabe, mit seinen Spielsachen (oder Töpfen und Pfannen aus dem Küchenschrank, Büchern aus dem Regal, Windeln aus dem Windeleimer)
Chaos zu schaffen. Damit lieferte er einen eindrucksvollen Beweis der
normalen Weiterentwicklung von Trinas rudimentären Problemlösungsfä-
higkeiten. Statt zukünftige Ereignisse aufgrund vergangener Erfahrungen
vorherzusehen, war Hudson nun dazu in der Lage, eine ganz bestimmte
»Vergangenheit« (Spielsachen aus dem Bett werfen) zu gestalten, um anschließend genau zu beobachten, wie die »Zukunft« (wie verhalten sich die
Spielsachen, wenn sie auf den Boden fallen?) aussieht. Hier schließt sich
der Kreis und das aus diesen kleinen Experimenten gewonnene Wissen vergrößert Hudsons stetig wachsende Datenbank, wodurch er die Zukunft immer leichter vorausberechnen kann.

Kinder wie Trina und Hudson sind ziemlich geschickt darin, kleinere
Probleme zu lösen. Selbst aus ihren einfachsten Verhaltensweisen können
wir einiges über die Entwicklung ihres Gehirns lernen. Und je mehr wir
darüber erfahren, umso leichter können wir ihnen bei ihren Bemühungen
helfen, die individuellen Schwierigkeiten zu bewältigen, denen sie auf ihrem Lebensweg begegnen werden. Im Folgenden finden Sie wieder einige
Tipps, wie Sie Ihr Baby auf seinem Weg unterstützen können.

Tipps für Eltern

■ Geburt +

Mit Puppen oder anderen für Ihr Kind reizvollen Spielsachen können Sie Ihr eigenes »Baby-Kino« veranstalten. Lassen Sie die Gegenstände einfach von rechts oder links (außerhalb des Blickfeldes des Babys) auftauchen – unter dem Tisch, hinter dem Rücken oder über den Bettrand hervor. Beobachten Sie die Augen Ihres Babys und Sie werden nach und nach Anzeichen von »Voraussicht« entdecken. Mit zunehmendem Alter

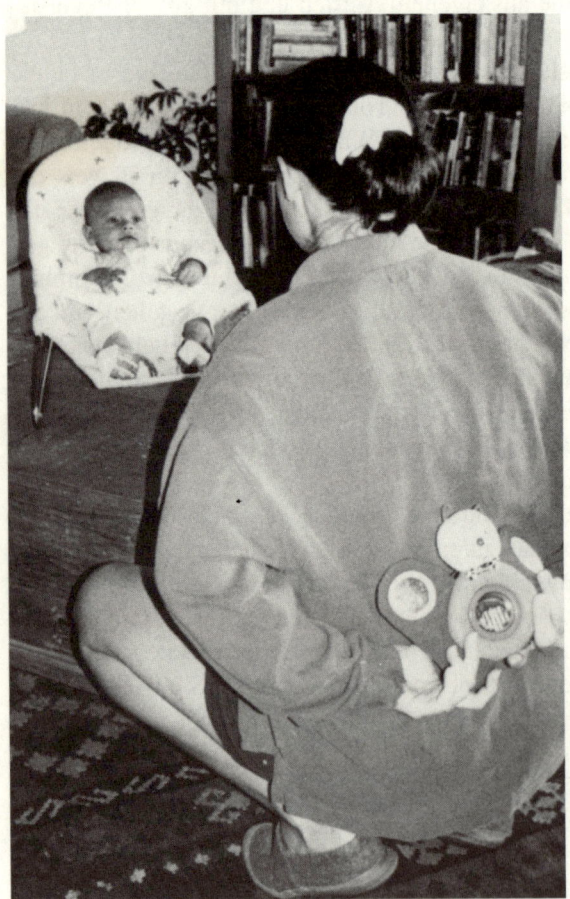

Spiele wie das »Baby-Kino« aus Denver sind ganz leicht zu erfinden. Sie verstecken einfach ein Spielzeug hinter ihrem Rücken und lassen es in einer vorhersehbaren Abfolge (zum Beispiel links-rechts) immer wieder auftauchen. Seien Sie geduldig, dann wird Ihr Baby bald seinen Blick vorausschauend in die entsprechende Richtung wenden.

Ihres Kindes können Sie kompliziertere Abfolgen und andere Stellungen ausprobieren. Verwenden Sie unterschiedliche Spielsachen – eventuell auch solche, die Geräusche machen –, um das Interesse wach zu halten. Sie können auch ältere Geschwister bitten, als »Schauspieler« zu agieren. Selbst ein Vierjähriger kann bei diesem Spiel mitwirken!

■ 12 Monate +

Ab diesem Alter können Sie mit Ihrem Baby eines der beliebtesten und bekanntesten Kinderspiele überhaupt spielen: Verstecken Sie etwas in einer Hand und halten Sie beide Hände hinter Ihren Rücken. Zeigen Sie Ihrem Kind anschließend Ihre beiden geschlossenen Fäuste. Es muss nun herausfinden, in welcher Hand sich die »Belohnung« befindet. Da Sie inzwischen wissen, wie viel Spaß Ihr Baby daran hat, Muster und Regelmäßigkeiten zu entdecken, wird Ihnen sicher auch die folgende leichte Abwandlung dieses altbewährten Spiels gefallen: Überlegen Sie sich einfach eine bestimmte Abfolge (zum Beispiel links-rechts-links-rechts), die Sie so lange wiederholen, bis Ihr Baby sie aufgenommen hat. Das Schöne an diesem Spiel ist, dass man es überall spielen kann – zum Beispiel auch während enervierender Minuten im Restaurant, wenn Ihr Kind unruhig auf seinem Stuhl herumzappelt und das Essen endlos auf sich warten lässt. Nehmen Sie einfach einen Keks oder irgendetwas anderes Greifbares als Belohnung und schon kann's losgehen.

■ 12 Monate +

Machen Sie sich bewusst, wie wichtig es für Ihr Kind ist, die Welt zu erforschen, und bieten Sie ihm viele Gelegenheiten zum Herumexperimentieren. Das bedeutet nicht nur, ein wenig mehr Verständnis aufzubringen, wenn es Dinge fallen lässt (auch hier kann übrigens ein vierjähriges Geschwisterkind sehr nützlich sein). Genauso hilfreich ist es, wenn Sie mit Ihrem Kind über seine Handlungen und Beobachtungen sprechen, während Sie die Gegenstände wieder aufsammeln: »Schau mal, wie weit der Ball diesmal gerollt ist!« Berücksichtigen Sie auch andere physikalische Gesetze, an denen Ihr Kind interessiert ist: Dinge in verschiedene Behälter hineinlegen und wieder herausholen, Schachteln oder Dosen öffnen und schließen, dem knisternden Geräusch von zusammengeknülltem Papier lauschen oder Wackelpudding durch die Finger pressen. Und bedenken Sie: Alle diese »Spielsachen« sind völlig umsonst zu haben ...

■ 24 Monate +

In diesem Alter sind Motorik und Sprachvermögen so weit entwickelt, dass Klatschspiele leicht verstanden und ausgeführt werden können. Ihr Kind sollte Ihnen gegenübersitzen, so dass Sie sich anschauen. Geben Sie eine vorhersagbare, regelmäßige Klatschfolge vor, die Ihr Kind erkennen und vorausschauend ausführen soll. Richten Sie Tempo und Schwierigkeitsgrad des Klatschrhythmus nach dem Können Ihres Kindes. Vielleicht schlagen Sie zunächst zweimal auf Ihre Knie, klatschen dann zweimal in die Hände und lassen zum Abschluss Ihre Handflächen zweimal mit denen Ihres Kindes zusammentreffen. Wiederholen Sie diesen Rhythmus so lange, bis Ihr Kind ihn ohne Schwierigkeiten nachvollziehen und jede Bewegung ausführen kann. Wenn es die Abfolge im Kopf hat, können Sie das Muster leicht verändern, zum Beispiel indem Sie Ihre Hände überkreuzen, bevor Sie in die Hände Ihres Kindes klatschen. Lassen Sie Ihrer Fantasie freien Lauf. Ihr Kind wird schnell lernen, Sie genau zu beobachten. Sie können dieses Spiel nicht nur endlos variieren, sondern auch problemlos ältere Geschwister mit einbeziehen. Man kann sogar ein richtiges Kreisspiel mit einer beliebigen Anzahl Mitspieler daraus machen.

Problemlösen und die Zukunft
Ihres Babys

Viele verbinden das Wort »Problem« mit unangenehmen Bildern – anstehende Arbeiten, lästige Angelegenheiten, die geregelt werden müssen, schwierige Entscheidungen. In diesem Kapitel wurde hoffentlich deutlich, dass Menschen zu Beginn ihres Lebens eine ganz andere Einstellung dazu haben. Eines unserer wichtigsten Anliegen ist, Ihnen zu zeigen, dass Babys und Kleinkinder Spaß am Lösen von einfachen Problemstellungen wie den oben genannten haben. Unabhängig vom Alter ist es ein befriedigendes Gefühl, einer Herausforderung gewachsen zu sein. Wenn Sie Ihrem Kind zu Beginn seines Lebens Erfolgserlebnisse vermitteln, steigt die Chance, dass es auch in seinem späteren Leben eine positive Einstellung beibehalten wird. Die Fähigkeit, Probleme zu lösen, spielt auch im öffentlichen Bildungssystem – von Arithmetik bis zum Zoologiestudium – eine zentrale Rolle. Daher wird ein Kind, das Freude am Entdecken von Zusammenhängen hat, mit Sicherheit erfolgreicher – und glücklicher – als andere Schüler sein.

4. Grundlagen für erfolgreiches Lernen: das Gedächtnis

NACHRICHTEN AUS DER FORSCHUNG:

Erstaunliches Detailgedächtnis bei drei Monate alten Babys

Minneapolis, Minnesota. Das Kinderzimmer ist neu tapeziert, die Bettwäsche passt farblich genau zum Kinderbettchen und das kuschelige Lämmchen mit der »Schlaf, Kindchen, schlaf«-Melodie wartet nur darauf, geknuddelt zu werden. Mit anderen Worten: Alles ist bereit für den großen Tag, an dem Baby Quinn aus dem Krankenhaus nach Hause kommt. Aber wozu der ganze Aufwand? Spielt es wirklich eine Rolle, ob Quinn von Märchenszenen oder Kinderliedern umgeben ist? Bemerkt er dies überhaupt? Wir wissen, dass alle Babys, unabhängig von ihrem Alter, gern Dinge betrachten, die direkt vor sie hingelegt werden. Wie steht es aber mit ihrer weiteren Umgebung, in der sie ihre erste Zeit verbringen? Nehmen sie diese überhaupt wahr? Die Antwort der meisten Eltern lautet: »Wahrscheinlich nicht!« – und trotzdem tapezieren sie die Wände.

Doch weit gefehlt! Man weiß mittlerweile, dass Quinn sich seiner Umgebung sehr wohl bewusst ist, zumindest wenn er drei Monate alt ist. Genau wie Erwachsene erinnern sich Babys häufig an ganze Szenen, wenn sie an ein bestimmtes Ereignis zurückdenken. Diese Erkenntnis verdanken wir Carolyn Rovee-Collier und ihren Kollegen von der Rutgers-Universität, die ganz zufällig darauf stießen. Bei einem Experiment verbanden sie drei Monate alte Babys mit einem Mobile (durch ein Band zwischen Mobile und Babybein), um herauszufinden, ob Babys in diesem Alter schon lernen können, das Mobile durch Strampeln zu bewegen. Innerhalb weniger Minuten strampelten die Babys wie verrückt. Aber nicht nur das: Als Rovee-Collier Wochen später zurückkam, wussten sie immer noch, was zu tun war. Sie hatten es nicht vergessen – vorausgesetzt, ihre Umgebung war gleich geblieben. Wurde auch nur das Geringste verändert (zum Beispiel der Bettbezug oder der Geruch des Raumes), dann waren keine Voraussagen über ihr Verhalten mehr möglich – selbst wenn nur ein einziger Tag dazwischenlag! Babys sind also sehr wohl in der Lage, ihre Umgebung wahrzunehmen. Die Wahrscheinlichkeit liegt nahe, dass Quinn die Tapete seines Schlafzimmers im Zusammenhang mit den wichtigen Ereignissen, die dort passieren, in sich aufnimmt. Auch wenn er vielleicht noch keine eigene Meinung dazu hat, ob seine Eltern die Wände seines Zimmers mit einem Hasen- oder einem Segelschiffmuster schmücken sollen, besteht kein Zweifel daran, dass er die Dekoration bemerkt.

Gedächtnis

Wie wir in diesem Bericht gesehen haben, besitzen Babys eindeutig die Fähigkeit, sich an etwas zu erinnern. Und das ist gut so. Denn wenn sie von ihren Erfahrungen nicht profitieren, also nichts daraus lernen würden, dann kämen sie nie auf die Idee, am Daumen zu lutschen oder Mama und Papa zu erkennen, geschweige denn zu laufen, zu sprechen und das ABC aufzusagen.

Bei näherer Betrachtung ist das Gedächtnis die Grundvoraussetzung für sämtliche Lernvorgänge, vom Tag unserer Geburt an bis zu unserem Lebensende. Natürlich spielt es während der Schulzeit eine besonders wichtige Rolle. In der Schule geht es vor allem darum, so viele nützliche Informationen wie möglich im Gedächtnis abzuspeichern. Das Gedächtnis nimmt jedoch nicht nur Fakten und Zahlen auf. Wir brauchen es auch, um ein Problem möglichst rational anzugehen, logisch argumentieren zu können und altes Wissen auf neue Situationen anzuwenden. Wie sollen Sie die Fläche eines Kreises berechnen, wenn Sie sich nicht mehr erinnern, wie man multipliziert? Und wie groß ist die Wahrscheinlichkeit, dass Sie den »Hummelflug« auf der Geige spielen können, wenn Sie sich nicht daran erinnern, welche Fingersätze welche Noten erzeugen? Sicher nicht sehr hoch!

Die Fähigkeit, Informationen im Gedächtnis abzuspeichern, ist der entscheidende Schlüssel zu jeglicher Art von Leistung und Erfolg. Doch die Frage bleibt: Besteht eine Verbindung zwischen frühkindlichem Erinnerungsvermögen und den Gedächtnisleistungen im späteren Leben? Neuesten Erkenntnissen zufolge muss diese Frage bejaht werden. Forscher wie Joe Fagan von der Case-Western-Reserve-Universität und Susan Rose vom Albert-Einstein-College für Medizin sind der Meinung, dass Kinder, die bei Gedächtnistests im Kleinkindalter gute Werte erzielen, bei herkömmlichen Intelligenztests als Zwei-, Drei- und sogar Sechsjährige in der Regel besser abschneiden als andere.

So misst man die Gedächtnisleistung

Es ist nicht einfach, eine Messmethode für die Gedächtnisleistung eines Kleinkindes zu finden, denn im Ausfüllen von Fragebögen sind Babys bekanntlich nicht besonders gut. Sehr beliebt ist folgende Vorgehensweise: Man zeigt den Babys auf einem Bildschirm 40 Sekunden lang ein bestimmtes Bild (zum Beispiel ein Gesicht). Nach einer kurzen Pause erscheinen zwei Bilder, neben dem alten befindet sich nun ein neues, unbekanntes Bild. Wie allen Menschen, unabhängig vom Alter, wird es auch Kleinkindern schnell langweilig, immer die gleichen Dinge zu betrachten – vorausgesetzt, sie erinnern sich, dass es sich um das Gleiche handelt. Wenn wir die Wahl haben, erforschen wir alle lieber Dinge, die neu und andersartig sind. Die Forscher messen daher, wie lange das Baby das neue Gesicht betrachtet. Je länger es das unbekannte Bild anschaut, umso leistungsfähiger scheint sein Erinnerungsvermögen zu sein. Natürlich ist diese Methode keineswegs unfehlbar, aber dennoch ist sie ziemlich ausgeklügelt.

Um das Erinnerungsvermögen eines Kleinkindes zu dokumentieren, macht man die Babys zunächst mit einem bestimmten Bild vertraut (wie in der Zeichnung links). Im nächsten Schritt zeigt man das erste Bild zusammen mit einem neuen (wie in der Zeichnung rechts). Da Babys im Allgemeinen wie wir alle lieber etwas Neues anschauen, schließt man von der Betrachtungsdauer auf das Erinnerungsvermögen: Je länger sie das neue Bild anschauen, umso besser scheinen sie sich an das alte erinnern zu können.

Vielleicht fragen Sie sich trotzdem, warum die Höhe des Intelligenzquotienten Jahre später möglicherweise in Relation zu der Zeit steht, die ein Baby mit dem Betrachten eines Bildes verbracht hat. Wenn Sie sich jedoch genauer ansehen, was ein Baby alles leistet, um das Gesicht als »identisch und bekannt« wieder zu erkennen, erscheint das Ganze nicht mehr so verwunderlich. Die erste Hälfte der Leistung wird erbracht, wenn das Gesicht zum ersten Mal auftaucht. Bedenken Sie, dass dem Kind weniger als eine Minute Zeit bleibt, bevor es wieder verschwindet. Es muss sich nicht nur voll auf das Bild und die einzelnen Besonderheiten des Gesichtes konzentrieren, sondern diese spezifischen Merkmale auch dauerhaft in seinem Gehirn abspeichern. Die zweite Hälfte der Schlacht spielt sich ab, wenn neben dem neuen das alte Gesicht erscheint. Nun muss es die beiden Gesichter vergleichen – und zwar miteinander, aber auch mit den im Gedächtnis abgespeicherten Informationen. Je besser ein Baby diese beiden Aufgaben bewältigt, umso schneller wird es seine Aufmerksamkeit dem neuen Bild zuwenden. Sie müssen sich aber nicht nur auf unsere Aussagen verlassen, was die Verbindung zwischen dem oben Gesagten und dem IQ von Sechsjährigen angeht. Wolfgang Schneider und David Bjorklund, zwei führende Gehirnforscher, kommen zu demselben Schluss: »Diese Prozesse sind wesentliche Voraussetzungen für die Gedächtnisleistungen in der späteren Kindheit und auch für die meisten anderen intellektuellen Fähigkeiten.«[3]

Woran erinnert sich der kleine Quinn?

Wenn Sie finden, das Erinnern der Kinderzimmertapete sei schon beeindruckend genug, sollten Sie nicht vergessen, wozu Babys vor dem dritten Lebensmonat sonst noch in der Lage sind. Die wahrscheinlich sensationellsten Entdeckungen unserer Zeit stammen aus dem Institut von Anthony DeCaspers, der an der Universität von North Carolina in Greensboro forscht. In einer faszinierenden Studie (die wir in der Einführung schon zitiert haben) ließen DeCasper und seine Mitarbeiterin Melody Spence einige Mütter zweimal am Tag sechs Wochen lang die bekannte amerikanische Geschichte »The Cat in the Hat« von Dr. Seuss laut vorlesen. Ein paar Tage nach der letzten Lesung durften die Kinder wählen, ob sie einige Zeilen aus »The Cat in the Hat« oder lieber eine andere Kindergeschichte hören

---

[3] Übersetzung von Birgit Baader.

Babys erinnern sich nicht nur an das, was sie sehen, sondern auch an das, was sie hören – selbst daran, wer zu ihnen spricht. Das kann manchmal für Überraschungen sorgen: Ist das wirklich Oma?!

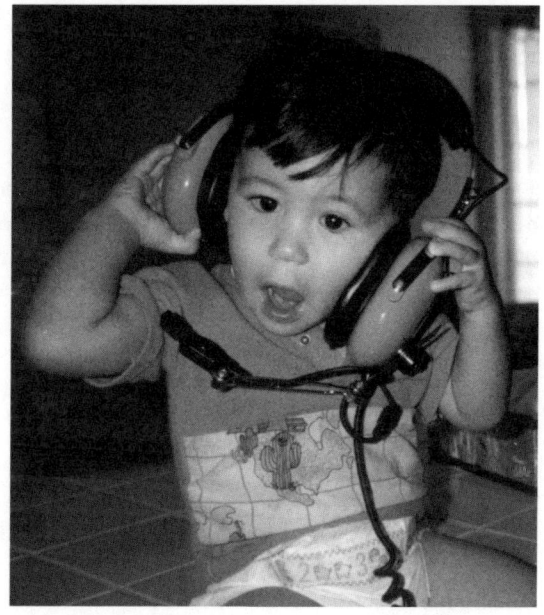

wollten. Die Kinder gaben ganz eindeutig »The Cat in the Hat« den Vorzug. DeCasper schloss daraus, dass sie sich an die Geschichte, die sie sechs Wochen lang gehört hatten, erinnerten (zumindest insoweit, dass sie sie beim nächsten Hören wieder erkannten). Auf den ersten Blick mögen diese Erkenntnisse nicht sonderlich aufregend erscheinen – bis man berücksichtigt, wann die Geschichten vorgelesen wurden. Die Mütter in DeCaspers Studie lasen »The Cat in the Hat« nämlich während der letzten anderthalb Monate vor der Geburt der Babys!

Das Interessante an DeCaspers Untersuchung ist auch die Entdeckung, dass die zwei Tage alten Babys, deren Erinnerungsvermögen er testete, die Stimmen ihrer Mütter den Stimmen fremder Frauen eindeutig vorzogen. Mit anderen Worten: Irgendwo in ihrem jungen Gehirn besitzen sie bereits eine so genaue Vorstellung von der individuellen Stimme ihrer Mutter, dass sie sie als vertraut wieder erkennen. Berücksichtigt man, wie viel Neugeborene während der ersten Tage schlafen, ist diese Leistung besonders beachtlich. Die Babys profitierten wahrscheinlich genau wie im Fall der Geschichte »The Cat in the Hat« davon, die Stimme ihrer Mutter bereits vor ihrer Geburt gehört zu haben.

Aber wie machen sie das? Klingen Stimmen im Mutterleib nicht ganz anders? Im Allgemeinen beurteilen wir Stimmen nach ihrem Klang und der Tonhöhe. Auch Babys können diese wichtigen Merkmale wahrnehmen, allerdings erst nach der Geburt. Angefangen bei Mamis Herzschlag bis hin zum Rumoren in ihrem Bauch – um nur einige der Geräusche zu nennen, von denen das Baby umgeben ist – ist der Mutterleib nämlich ein sehr geräuschvoller Ort. Woran erkennen Babys also Stimmen und Geschichten? Am wahrscheinlichsten an Eigenschaften wie Sprachrhythmus und Modulation – individuelle Schwankungen von Tempo und Tonlage, die immer vorhanden sind, selbst beim Verlangsamen oder Beschleunigen einer Bandaufnahme. Wie auch immer: Durch diese erste »Gedächtnisleistung« geben Babys ihren Mamis gleich von Anfang an das Gefühl, einzigartig zu sein.

»Woher kenne ich nur dieses Gesicht?«

Alle bisher beschriebenen, beachtlichen Gedächtnisleistungen haben eines gemeinsam: Die Leistung des Babys besteht immer darin, etwas nach vorherigem Sehen oder Hören wieder zu erkennen. Der kleine Quinn macht genau dasselbe wie wir, wenn wir jemandem begegnen, dessen Gesicht uns bekannt vorkommt. Doch wir alle wissen nur allzu gut: Es ist nicht dasselbe, sich daran zu erinnern, *dass* wir das Gesicht schon einmal gesehen haben, und genau sagen zu können, *wo* oder *wann* wir es gesehen haben oder gar welcher Name dazugehört. Dafür benötigen wir das so genannte »reproduzierende Gedächtnis«. Reproduktionsprozesse erfordern die Fähigkeit, eine bestimmte Erinnerung aktiv von einem tief im Gehirn verborgenen Ort ins Bewusstsein zu holen (»Das ist doch Frau Siegler aus der Buchhandlung!«) und etwas nicht nur vage als bekannt einzustufen. Letzteres nennen die Forscher »wieder erkennendes Gedächtnis«.

Obwohl das Gedächtnis des drei Monate alten Quinn besser entwickelt ist, als die meisten von uns vermutet hätten, werden wir zum reproduzierenden Gedächtnis noch eindrucksvollere Leistungen gezeigt bekommen. Damit beschäftigen wir uns im Anschluss ausführlicher. Zunächst einmal möchten wir Ihnen ein paar Anregungen geben, wie Sie das wieder erkennende Gedächtnis Ihres Babys nutzen und schulen können.

Tipps für Eltern

■ Geburt +

Nachdem Sie nun wissen, dass das Gedächtnis Ihres Babys von Anfang an aktiv ist, ist es für Sie sicher einfacher, Zeit und Mühe aufzuwenden, um Ihrem Kind das Leben zu erleichtern. Beginnen Sie gleich, wenn Sie mit ihm aus dem Krankenhaus nach Hause kommen, damit, die Weichen für spätere Lernerfolge zu stellen. Hängen Sie ein Mobile über sein Bettchen. Nehmen Sie das Baby mit zum Einkaufen. Postieren Sie seinen Kinderwagen so, dass es aus der Vogelperspektive den Kindern im Park beim Spielen zuschauen kann. Stellen Sie seinen Babysitz beim Abendessen so auf den Tisch, dass es die anderen Familienmitglieder anschauen kann. Dass das Baby Ihnen seine Erfahrungen nicht mitteilen kann, heißt noch lange nicht, dass es keine Erfahrungen macht. Vielleicht kommen Babys ja deshalb wie kleine Schwämme, die über Augen, Ohren und ihre Aktivitäten Informationen aufsaugen, auf die Welt, weil sie während ihres Lebens so viel zu lernen haben.

■ 6 Monate +

Ist Ihnen schon einmal aufgefallen, wie viele Gewohnheiten Sie entwickeln, wenn es darum geht, Ihr Baby irgendwo »abzustellen«? Mit großer Wahrscheinlichkeit werden Sie Ihr Kind zum Beispiel regelmäßig so hinlegen, dass sich sein Kopf immer an einem bestimmten Bettende befindet, und seinen Hochstuhl in der Küche immer an denselben Platz stellen. Warum das so ist, weiß niemand genau. Doch man weiß, dass Ihr Baby als Folge davon mit der Zeit erwartet, bestimmte Dinge zu sehen, wenn es seinen Kopf nach rechts dreht (beispielsweise die Tür), und ganz andere Dinge, wenn es seinen Kopf nach links wendet (beispielsweise das Fenster). Solche räumlichen Beziehungen graben sich in sein Gedächtnis ein, es merkt sich, wo sich was abspielt. Diese Form von Vorhersagbarkeit hat, egal in welchem Alter, sogar etwas Tröstliches an sich. Doch warum sollte man die Sicht der Dinge nicht trotzdem ab und zu ein wenig durcheinander bringen, indem man seine Position verändert? Indem Sie Ihr Baby vor die Aufgabe stellen, seine räumlichen Erinnerungen noch einmal zu überdenken, bieten Sie ihm »Gedankenfutter« und helfen ihm dadurch, sich noch differenzierter und umfassender an seine räumliche Umgebung zu erinnern.

■ 12 Monate +

Wie oft kann eine einzelne Person dasselbe Buch lesen, ohne verrückt zu werden? Das kommt ganz auf ihr Alter an. Wenn Sie älter als fünf sind, werden Sie die Wiederholungen wahrscheinlich an den Fingern einer Hand ablesen können. Sind Sie jedoch jünger, vor allem jünger als drei Jahre, dann gibt es nach oben keine Grenzen. Zumindest in den Augen müder Eltern, die beim Zubettgehen ihrer Kinder verzweifelt stöhnen: »Du möchtest ›Die drei kleinen Schweinchen‹ noch mal hören? Die lesen wir doch schon seit vierzehn Tagen!« Es gibt auch Situationen, besonders wenn die Eltern schläfriger sind als ihre Zuhörer, in denen sie den zaghaften Versuch machen, die Geschichte etwas zu verkürzen: »... und dann rannte der große böse Wolf zu dem Haus und pustete es um!« Wahrscheinlich kennen Sie das Ergebnis bereits. In den allermeisten Fällen protestiert eine Stimme in vorwurfsvollem Ton: »Nein, Papa! Es heißt: ›Ich huste, ich pruste und dann puste ich das ganze Haus zusammen!‹«

Und wie soll der Vater darauf reagieren? Die Antwort ist leicht: lächeln und hinnehmen. Denn für Kinder ist es wichtig, dieselbe Geschichte immer und immer wieder zu hören. Auch wenn es Ihnen wie eine besonders ausgeklügelte Form von Elternmissbrauch vorkommen mag, wartet Ihr Kind sehnsüchtig auf eine weitere Gelegenheit, sein Erinnerungsvermögen zu trainieren. Ein- bis dreijährige Kinder geben sich aus eigenem Antrieb große Mühe, um alle möglichen Informationen in ihrem Langzeitgedächtnis zu speichern, egal ob es sich dabei um die Handlung einer bestimmten Geschichte, die Worte eines beliebten Kinderreimes oder den Ablauf beim täglichen Bad handelt. Kinder lieben Herausforderungen und genießen den Erfolg, wenn sie etwas richtig verstanden haben. Durch mehrmaliges Vorlesen derselben Geschichte geben Sie ihnen mehr Gelegenheiten, »ihren Text« zu lernen. Und bald werden Sie beim Lesen der Geschichte »Die drei kleinen Schweinchen« merken, dass Ihr Kind die fehlenden Stellen mindestens ebenso gut ergänzen kann wie Sie selbst, wenn nicht sogar besser. Sie werden zugeben müssen, dass der große böse Wolf tatsächlich »Ich huste, ich pruste, und dann puste ich das ganze Haus zusammen!« sagte. Nehmen Sie also von heute an das allzu bekannte Buch mit echter Begeisterung statt mit Resignation in die Hand und achten Sie darauf, wie viel mehr Ihr Kind bei jedem erneuten Vorlesen weiß.

NACHRICHTEN AUS DER FORSCHUNG:

Erstaunte Wissenschaftler stellten fest: Kinder erinnern sich an die unglaublichsten Dinge

Amherst, Massachusetts. »Wer hat das Licht ausgeschaltet?« Dies ist wohl die natürlichste Frage der Welt, wenn Sie plötzlich in völliger Dunkelheit sitzen. Trotzdem schien die zweieinhalbjährige Miriam etwas anderes zu beschäftigen, als während ihres Besuches im Labor des psychologischen Instituts der Universität von Massachusetts die Lichter ausgingen. Statt Fragen zu stellen, zu weinen oder nach ihrer Mutter zu tasten, streckte Miriam vertrauensvoll ihre Hände vor, als würde sie gleich vor ihren Fingerspitzen etwas Interessantes erwarten.

Aber warum sollte sie einen Gegenstand vor sich erhoffen, sobald es dunkel wurde, wenn bei Licht nichts zu sehen gewesen war? Das scheint keinen Sinn zu ergeben. Doch dann erfahren wir, dass Miriam sich bereits zum zweiten Mal in diesem dunklen Laborraum aufhielt. Gemeinsam mit anderen Kindern war sie schon einmal dort gewesen, um an einer Studie über das Hörvermögen bei Kleinkindern teilzunehmen, die von den Wissenschaftlerinnen Eve Perris, Nancy Myers und Rachel Clifton durchgeführt wurde. Bei ihrem ersten Besuch bestand Miriams Aufgabe darin, nach einem Spielzeug zu greifen, das Geräusche von sich gab. Bei Licht konnte sie sich sowohl mit ihren Augen als auch mit ihren Ohren orientieren. Doch als das Licht plötzlich ausgeschaltet wurde, blieb ihr nur noch das Gehör für diese Aufgabe. Trotz der Dunkelheit hatten Miriam und ihre Altersgenossen keine Schwierigkeiten, das Spielzeug ausfindig zu machen. Ihre Ohren waren der Anforderung eindeutig gewachsen.

Aber zurück zu Miriams aktuellem Besuch. Durch ihre früheren Erfahrungen in dem dunklen Raum wird verständlich, warum Miriam einen Gegenstand vor sich in der Dunkelheit erwartet. Wahrscheinlich würden auch wir uns an ein derart einschneidendes Erlebnis erinnern. Miriams Unerschrockenheit angesichts der plötzlichen Dunkelheit und ihr vertrauensvolles Ausstrecken der Hände erscheint uns deshalb kaum bemerkenswert – bis wir erfahren, dass das Erlebnis, an das Miriam sich erinnert, zwei Jahre zurückliegt, sie damals also erst sechseinhalb Monate alt war!

»Das erinnert mich an ...«

Als Eve Perris und ihre Mitarbeiterinnen die Studie mit Miriam und anderen Babys zum ersten Mal veröffentlichten, reagierten viele Entwicklungspsychologen erstaunt. Wie war es möglich, dass Babys (die noch nicht einmal sprechen gelernt hatten) sich ein Ereignis zwei Jahre lang merken konnten, während wir Erwachsene uns manchmal kaum daran erinnern, wo wir am Vorabend unsere Schlüssel hingelegt haben? Eine sehr interessante Frage. Seit ihrem Bericht im Jahre 1992 forschte man fieberhaft weiter und konnte in einer ganzen Reihe von Untersuchungen ihre grundsätzlichen Theorien bestätigen: Schon Kinder, die jünger als ein Jahr sind, merken sich Ereignisse über einen erstaunlich langen Zeitraum. Aufgrund der von ihnen erinnerten Einzelheiten vermutet man, dass ihr Erinnerungsvermögen weit mehr vermag, als etwas nur als bekannt wieder zu erkennen. Ihre Gedächtnisleistung gehört eher in die Kategorie des weiter oben beschriebenen freien Reproduzierens. Vielleicht erinnern Sie sich noch an unser Beispiel: Der Unterschied liegt darin, ein Gesicht zu sehen und zu erkennen, *dass* man es schon einmal irgendwo gesehen hat, oder aber dasselbe Gesicht zu sehen und sich genau daran zu erinnern, *wo* man es gesehen hat.

Nach unserem heutigen Kenntnisstand wird das Detailgedächtnis bei Babys fast immer durch ein plötzliches oder außergewöhnliches Ereignis ausgelöst, wie in Miriams Fall durch die abrupte Dunkelheit im Untersuchungsraum. Hier ein weiteres Beispiel, dieses Mal nicht aus der Welt der Forschung. Während unsere Verlegerin Toni das erste Mal mit uns über dieses Kapitel sprach, erzählte sie uns eine Erfahrung mit ihrem Sohn Jonathan. Als Jonathan zwei Jahre alt war, reiste die Familie zum zweiten Mal an einen bestimmten Ferienort in den Bergen. Bald nach der Ankunft begann Jonathan nachdrücklich zu fordern: »Schaukeln! Schaukeln!« Toni hielt nach einer Schaukel Ausschau, da sie dachte, ihr Sohn hätte irgendwo eine entdeckt, die ihr entgangen war. Ohne Erfolg: Nirgends gab es eine Schaukel. Das Rätsel wurde gelöst, als Toni sich erinnerte, dass bei ihrem letzten Aufenthalt eine Schaukel auf der Wiese gestanden hatte. Durch den Spaß, den Jonathan damals beim Schaukeln gehabt hatte, wurden offensichtlich seine Gedächtnisfunktionen ausgelöst. Und das Erstaunliche: Dies geschah zwölf Monate früher, als er ein knappes Jahr alt war und noch bevor er sprechen konnte.

Die Tatsache, dass Babys sich besser an etwas erinnern können, wenn sie einem Teil einer bereits gesammelten Erfahrung begegnen, ist eigentlich nicht besonders verwunderlich. Überlegen Sie einen Moment, dann werden Sie feststellen, dass dies im Allgemeinen auch auf Erwachsene zutrifft. Beim Besuch des Zoos, in dem Sie als Kind waren, erinnern Sie sich plötzlich daran, dass Sie damals ein Löwe wütend anfauchte. Oder Sie finden sich am Eingang Ihrer ehemaligen Grundschule wieder und die Erinnerung daran, wie Sie Ihrem besten Freund oder Ihrer besten Freundin einen Frosch in den Rucksack schmuggelten, taucht in ihrer ganzen Deutlichkeit wieder auf. So funktioniert unser Gedächtnis – egal, wie alt wir sind.

Woran erinnert sich Miriam noch?

Es ist sicher ein denkwürdiges Erlebnis, sich plötzlich in totaler Dunkelheit zu befinden, und ebenso lohnenswert scheint es, die Erinnerung an einen Riesenspaß auf der Schaukel langfristig abzuspeichern. Können Babys sich jedoch nur an solche herausragenden Ereignisse erinnern? Offensichtlich nicht, denn immer mehr Untersuchungen belegen, dass Babys sich einfache Handlungsabläufe genauso gut merken, die sie bei anderen Personen beobachtet haben. Pat Bauer von der Universität von Minnesota zeigt Babys, wie sie mit kleinen Alltagsgegenständen Dinge tun können, auf die sie aus eigenen Stücken nicht kommen würden – zum Beispiel aus einer Eistüte, einem kleinen Ballon, einem Aufkleber oder einem Stirnband einen Clownhut zu machen. Anschließend verschwindet sie mit diesen Gegenständen für einige Wochen oder Monate aus dem Leben der Kleinen. Bei ihrer Rückkehr dürfen die Babys und eine neue Kontrollgruppe (deren Mitglieder die Gegenstände zum ersten Mal sehen) mit denselben ungewöhnlichen »Hilfsmitteln« tun, was sie wollen. Dabei geht Pat Bauer der Frage nach, ob die bereits »instruierten« Babys eine stärkere Tendenz aufweisen, Clownhüte zu machen, als die anderen. Die Antwort lautet: Ja – selbst wenn die Babys beim ersten Treffen mit Pat 13 Monate alt sind und beim zweiten 21 Monate!

Einer der Gründe, warum Pat Bauer und andere Forscher bei ihren Studien so erfinderisch sein müssen, liegt darin, dass Kinder im Allgemeinen nicht erzählen können, woran sie sich erinnern, bevor sie nicht sprechen gelernt haben (wie zum Beispiel der kleine Jonathan). Wenn man ihnen nun aber helfen würde, indem man ihnen Kommunikationsmöglichkeiten aufzeigt, mit denen sie sich ohne Worte mitteilen können? Genau das haben wir in unserem eigenen Forschungslabor mit 15 Monate alten Babys getestet. Bei einem Besuch in unserem Spielzimmer an der Universität von Kalifornien hatten alle Kinder die Gelegenheit, mit Mickey, einer echten Maus in einem bunten Häuschen, zu »kommunizieren«. In den darauf folgenden Tagen lernten sie von ihren Müttern ein paar einfache Zeichen (die von uns erfundene Babysprache[4]). Diese Zeichen konnten sie anstelle von Worten, die noch zu schwierig waren, benutzen. So mussten sie zum Beispiel an ihre Nase tippen, um das Wort »Maus« zu symbolisieren. Zwei Monate später kamen die Kinder wieder in das Spielzimmer. Doch diesmal war Mickey nirgends zu sehen. Bemerkten die Kinder die Veränderung, konnten sie sich also daran erinnern, dass Mickey damals in diesem Raum gewesen war? Größtenteils ja: Mit fragenden Augen und hochgezogenen Brauen drehten sich die Kinder zu ihren Müttern und tippten sich an die Nase, was so viel hieß wie: »Wo ist Mickey?«

Hier verraten wir Ihnen weitere Insider-Tricks und sagen Ihnen, wie Sie das Erinnerungsvermögen Ihres Kindes sonst noch fördern können, außer ihm die Babysprache (siehe 5. Kapitel) beizubringen.

Tipps für Eltern

■ Geburt +

Aus Miriams Reaktion beim zweiten Testlauf können wir eine interessante Erkenntnis ableiten. Da sie aufgrund ihrer früheren Erfahrung etwas Positives erwartete (das Auffinden und Spielen mit einem Spielzeug), reagierte sie eher mit *Interesse* als mit Angst, als die Lichter zwei Jahre später ausgingen. Das bedeutet, dass Eltern, die ihre Kinder schon früh viele verschiedene Erfahrungen machen lassen, ihnen dadurch helfen, sich in ihrem weiteren Leben in einem immer größer werdenden

---

[4] Der Begriff bezieht sich im vorliegenden Buch ausschließlich auf die von den beiden Autorinnen entwickelte Babyzeichensprache, meint also nicht eine besonders kindliche Form der Elternsprache im Umgang mit Kleinkindern (Anm. d. Ü.).

Babys merken sich bestimmte Erlebnisse viel länger, als die meisten Eltern vermuten. Die lustigen Ausflüge während der ersten drei Lebensjahre – wie Jordans Zoobesuch mit ihrem Vater – helfen Kindern, sich in ihrem späteren Leben in einem weiteren Umfeld zurechtzufinden.

Umfeld zu Hause zu fühlen. Eine einfache Methode, um ein Gefühl von Vertrautheit entstehen zu lassen, besteht darin, ein Baby an viele verschiedene Orte mitzunehmen, wo es unterschiedliche Dinge sieht, riecht und hört. Für Säuglinge ist Vertrautheit nicht gleichbedeutend mit etwas Uninteressantem, sondern sie wirkt beruhigend und tröstend. Selbst sehr kleine Kinder erinnern sich vage an vergangene, vergnügliche Tage im Sand, wenn sie den Strand riechen. Das Geräusch der Regentropfen auf dem Dach ruft Bilder eines Familienausfluges in die Wälder wach. Daher gilt: Je mehr positive Erfahrungen ein Kind in der Vergangenheit gesammelt hat, umso wahrscheinlicher wird es sich in Zukunft neuen Erfahrungen öffnen. Und neue Erfahrungen liefern das für die intellektuelle Entwicklung wichtige »Gedankenfutter«.

■ 9 Monate +

Übersehen Sie nicht den Wert von einfachen Alltagserfahrungen, wenn Sie nach geeigneten Lerngelegenheiten für Ihr Kind suchen. Schaffen Sie tägliche Rituale. Indem Sie bestimmte Tätigkeiten immer in dersel-

Klein-Adam lernt die nötigen Schritte beim Keksebacken. Teigausrollen kommt zum Beispiel vor dem Ausstechen der Formen. Kleinkinder haben ihre Freude an solchen vorhersagbaren Handlungsabläufen, die von den Wissenschaftlern »Skript« oder »Drehbuch« genannt werden, denn sie bieten ihnen Gelegenheiten, ihr Erinnerungsvermögen zu trainieren.

ben Reihenfolge wiederholen, geben Sie Ihrem Kind die Möglichkeit vorherzusehen, was als Nächstes passieren wird. Schon bald ist nur noch ein kleiner Anstoß nötig, um den ganzen Handlungsablauf auszulösen, und das Langzeitgedächtnis Ihres Kindes ist um eine wichtige Erfahrung reicher. Lassen Sie uns kurz erklären, was wir meinen, wenn wir hier von »Routineabläufen« sprechen. In den meisten Familien gibt es zum Beispiel bestimmte Zubettgeh- und Baderituale. Eine Studie von Katherine Nelson und ihren Studenten von der City-Universität von New York hat andere Routinetätigkeiten beleuchtet, die für uns Erwachsene selbstverständlich sind, für Kinder jedoch ein wichtiges »Gedächtnistraining« darstellen. Eine Fahrt zu McDonald's verläuft beispielsweise nach einem ganz bestimmten, vorhersagbaren Muster: Wir fahren mit dem Auto; wir öffnen die Tür; wir gehen zur Kasse; wir bekommen unser Essen; usw. Das Gleiche gilt für den allmorgendlichen Weg zum Kindergarten oder das Abendessen mit der Familie. Sie können diese Abläufe »erzählen« wie das Lieblingsmärchen Ihres Kindes und schon bald wird es die »Seiten« der Geschichte in seinem Kopf selbstständig umblättern.

■ 12 Monate +

Eltern, die im Besitz einer Videokamera sind, nehmen regelmäßig wichtige Ereignisse auf (Geburtstagspartys, Zoobesuche und Ähnliches). Meistens werden solche Filme als dauerhaftes Zeugnis aufbewahrt, über das man sich Jahre später freuen kann. Wir wollen auf diese Weise wenigstens einen kleinen Teil des Wunders lebendig erhalten, wenn unsere Kinder ihre ersten Schritte machen oder zum ersten Mal Eiskrem essen. Natürlich ist das wichtig. Aber viel zu wenige Eltern nutzen die wertvollen Filmaufnahmen, um ihren Kleinen dabei zu helfen, ihre eigenen Erinnerungen an die Vergangenheit zu prägen und zu erhalten. Holen Sie die Videokassetten regelmäßig hervor, statt sie einfach wegzuräumen, und schauen Sie sie sich mit Ihrem Kind an. Schildern Sie ihm, was passiert, stellen Sie Fragen und zeigen Sie ihm Ihre Freude über eine besondere Leistung, an die Sie sich erinnern. Dadurch erlebt das Baby die Erfahrungen erneut, was ihm hilft, seine Erinnerungen daran wach

Viele Eltern nehmen ihre Kinder auf Video auf, doch nur wenige erkennen den Wert dieser Aufnahmen als Mittel, das Erinnerungsvermögen der Kinder zu trainieren. Und im Gegensatz zu vielen anderen Videos, die die Kleinen üblicherweise anschauen, machen diese Filme auch den Eltern Spaß – wie Aidan und seine Mutter hier anschaulich demonstrieren.

zu halten. Derartige Gedächtnisstützen rufen Teile und Bruchstücke aus der Erinnerung hervor, die wiederum andere Erinnerungsfetzen auftauchen lassen. Am Ende fügen sich diese Teile zu einer zusammenhängenden Geschichte, die immer leichter im Ganzen erinnert werden kann. Abgesehen davon werden Sie eine Menge Spaß beim gemeinsamen Videoschauen haben. Babys lieben es, andere Babys zu beobachten – egal wie alt sie sind. Auch wenn es sich auf dem Bildschirm noch nicht erkennt, wird Ihr Kind von dem »Programm« bestimmt begeistert sein. Und je öfter es Aufnahmen mit Menschen und Orten, die es wieder erkennt, ansieht, desto eher entwickelt es allmählich eine Vorstellung von sich selbst und seiner eigenen Persönlichkeit. »He, schau mal! Das bin ich!«

Der letzte Tipp macht uns deutlich, dass das Bewusstsein für die eigene Persönlichkeit sehr wichtig für das so genannte autobiografische Gedächtnis ist: die Erinnerung an die eigene Lebensgeschichte. Wie Sie jedoch aus den folgenden »Nachrichten aus der Forschung« ersehen können, gibt es auch noch weitere wesentliche Bestandteile.

NACHRICHTEN AUS DER FORSCHUNG:

Nachdenken über Vergangenheit, Gegenwart und Zukunft – ein »Kinderspiel«, auch für Eltern

Brooklyn, New York. Gesellen wir uns zu dem achtjährigen Anthony und seiner Mutter, die von ihrer Veranda aus den Sonnenuntergang betrachten. Beide scheinen völlig in den Anblick versunken zu sein, bis Anthony plötzlich sagt: »Mami, erinnerst du dich noch, als ich ein Baby war und du mich im Kinderwagen mit ins Museum genommen hast, wo wir die tollen Körbe von den Indianern gesehen haben? Da habe ich viel gelernt.«

Wahrscheinlich werden Sie jetzt nur müde lächeln und denken: »Ja, das möchte ich mal erleben …« Bestimmt brauchen Sie keine Forscher, die Ihnen bestätigen, dass derartige Dankesbezeugungen für Ihre Erziehungsanstrengungen so gut wie nie vorkommen. In Wirklichkeit vertrauen Eltern einfach darauf, dass Museums- oder Zoobesuche und die Vorlesestunde in der Bücherei irgendeine positive Wirkung auf die geistige Entwicklung ihrer Kleinkinder haben. Dies stimmt auch tatsächlich. Kinder profitieren von jeder Erfahrung (oder leiden darunter). Sie lernen den Unterschied zwischen Körben und Schalen, Giraffen und Zebras und zwischen Vorlese- und Essenszeit. Und was vielleicht noch wichtiger ist: Sie lernen, dass Mama und Papa gern mit ihnen zusammen sind und dass sie mit den Eltern in den meisten Fällen viel Spaß haben können.

Allem Anschein nach sind Kinder jedoch nicht in der Lage, über ihr Leben nachzudenken und sich an bestimmte denkwürdige Ereignisse aus den ersten drei oder vier Lebensjahren zu erinnern. Darum klingt Anthonys Rückerinnerung an seinen Museumsbesuch als Baby unglaubwürdig. Auch Erwachsene haben diese Gedächtnislücke. Ihre Mutter kann sich vielleicht noch an die Einzelheiten des Tages erinnern, an dem Sie mit 18 Monaten den Hund des Nachbarn gebissen haben, Sie hingegen mit Sicherheit nicht. Wissenschaftler haben jahrelang über das Geheimnis der fehlenden Erinnerungen gerätselt, ohne eine zufrieden stellende Erklärung dafür zu finden. Inzwischen scheint sich zum ersten Mal eine Einigung darüber abzuzeichnen, dass wir wahrscheinlich lernen müssen, uns zu erinnern, ebenso wie wir lernen müssen, einen Löffel zu halten oder Fahrrad zu fahren. Und von wem lernen wir das? Natürlich von unseren Eltern. Sie führen nicht nur den Löffel und stützen das Fahrrad, sondern bringen uns neuesten Forschungsergebnissen zufolge auch die Kunst bei, uns an das Leben zu erinnern.

Der Stoff, aus dem Erinnerungen sind

Die Tatsache, dass wir nur wenige oder gar keine Erinnerungen an unsere ersten Lebensjahre haben, war für Psychologen schon immer ein faszinierendes Thema. Dieses Phänomen hat sogar einen besonderen Namen: »infantile Amnesie«. Im Durchschnitt reichen die frühesten Eindrücke eines Menschen bis in ein Alter von etwa dreieinhalb Jahren zurück; unter zwei Jahren gibt es keine zuverlässigen Erinnerungen. Selbst wenn derart frühe Erlebnisse im Gedächtnis haften geblieben sind, sind sie ziemlich unzusammenhängend. Nur selten haben sie Anfang, Mitte und Schluss – eine Gliederung, die wir bei späteren Erinnerungen als selbstverständlich voraussetzen und die unsere Eltern immer parat zu haben scheinen. (»Weißt du noch, wie sich Gretchen bei der Hochzeit von Cousine Cindy übergeben musste? Alles begann mit dem Früchtepunsch ...«)

Der frühkindliche Gedächtnisverlust ist zwar leicht zu beschreiben, doch es zeigte sich, dass er nur sehr schwer zu erklären ist. Sigmund Freud war einer der Ersten, die einen Versuch wagten. Er war von dieser »Lücke« in

unserer persönlichen Geschichte so beeindruckt, dass er das Phänomen benutzte, um seine Behauptung zu stützen, wir alle schleppten unbewusste,
dunkle Geheimnisse aus unseren Kindheitstagen mit uns herum, die wir
vor uns selbst nicht eingestehen wollen. Diese Geheimnisse sind seiner
Meinung nach so schmerzhaft und bedrohlich, dass wir sie aktiv verdrän-
gen, um unser Bewusstsein davor zu schützen, diese beunruhigenden Erfahrungen noch einmal zu erleben. Natürlich erklärt das nicht, warum wir
uns mit sieben Jahren sehr lebhaft an unangenehme Eindrücke wie den Tod
eines Haustieres oder die Mandeloperation erinnern können. Aber Freud
gehörte nicht zu den Menschen, die sich durch derartige Widersprüche stö-
ren ließen. Wahrscheinlich verdrängte er sie ...

Die Hypothese, die als Nächstes aufkam, war sehr einfach: Das Gehirn
von Kindern unter fünf oder sechs Jahren sei noch nicht ausreichend entwickelt. Man vermutete, Kleinkinder könnten ihre Wahrnehmungen erst
dann speichern, wenn nicht näher beschriebene Teile der dazu notwendi-

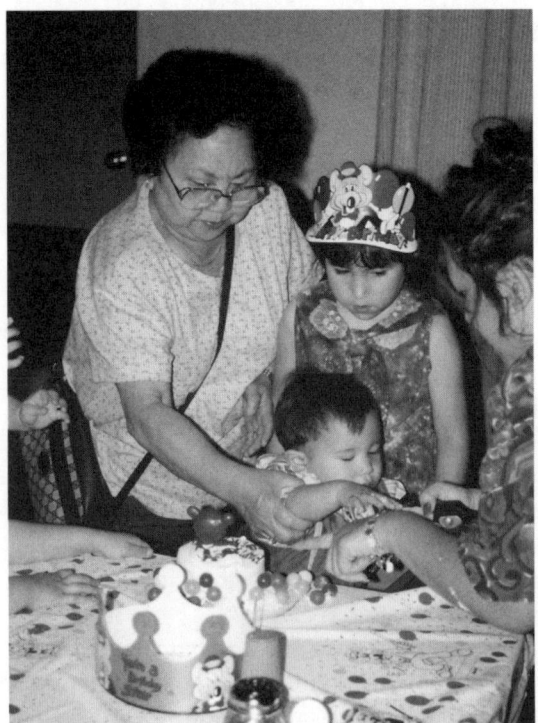

*Spencer hatte an seinem ers-
ten Geburtstag viel Spaß. Es
war ein denkwürdiger Tag
für ihn. Warum kann er sich
später dann höchst wahr-
scheinlich nicht mehr an
dieses Ereignis erinnern?
Neueste Forschungsergeb-
nisse werfen endlich Licht
auf das Rätsel, das Wissenschaftler »infantile Amnesie« nennen.*

gen neuronalen »Leiterplatten« ausreichend entwickelt wären. Dies, so dachte man, träfe erst ab einem Alter von vier bis fünf Jahren zu. Sicher liegt Ihnen bereits ein Widerspruch auf der Zunge: Wie wir weiter vorn gesehen haben, können sich Babys nämlich sehr wohl an frühere Erlebnisse erinnern. Außerdem scheinen sie in der Lage zu sein, sich ihre Eindrücke über einen beeindruckend langen Zeitraum zu merken – im Beispiel mit der kleinen Miriam, die plötzlich in einem dunklen Raum saß, sogar zwei Jahre lang.

Dessen ungeachtet gibt es eine bestimmte Zeit in unserer frühen Kindheit, an die wir uns nicht erinnern können (infantile Amnesie). Auch wenn wir die meisten Eindrücke beachtlich lange irgendwo in unserem Gehirn speichern, können wir sie anscheinend später nicht mehr willentlich in unser Bewusstsein zurückholen. Die zweieinhalbjährige Miriam hat zwar genügend Informationen aus ihrer früheren Erfahrung im Gedächtnis behalten, um im Dunkeln vertrauensvoll die Hände auszustrecken, trotzdem wird sie im Alter von zwölf Jahren bei einem Stromausfall nach einem Sturm wahrscheinlich nicht mehr darauf zurückgreifen. Die frühkindlichen Eindrücke setzen sich in unserer »autobiografischen Datenbank« einfach nicht durch, auch wenn sie eine Zeit lang erhalten bleiben.

Trotz der Aufsehen erregenden Berichte über die Merkfähigkeit von Kindern bleibt das Rätsel um die infantile Amnesie also ungelöst – zumindest bis vor kurzem. Die überzeugendste Antwort kam nach langer, akribischer Forschungsarbeit von Katherine Nelson von der City-Universität in New York und zwei ihrer ehemaligen Studenten, Judy Hudson und Robin Fivush. Unabhängig voneinander trugen sie zu nachstehendem Erklärungsversuch bei, der nun vollständig genug ist, um seine Entstehung zu schildern. Sie kamen zu folgendem Schluss: Das »Rezept« für ein autobiografisches Gedächtnis (das Eindrücke des eigenen Lebens speichert) enthält zwei wesentliche Zutaten – Sprache und Eltern. Hier ist ihre Geschichte, die vor langer, langer Zeit begann ...

■ Erster Akt: Am Anfang waren die Wildschweine ...

Wir müssen zunächst einmal erkennen, dass unser Erinnerungsvermögen sich nicht entwickelt hat, damit wir uns beim Abendessen gegenseitig mit amüsanten Anekdoten unterhalten können. Durch die Fähigkeit, vergangene Erfahrungen im Gedächtnis abzuspeichern, sind wir in der Lage, die Zukunft vorauszuberechnen und Fehler zu vermei-

den, die uns (und unsere Gene) den Tod kosten könnten. Mit anderen
Worten: Wenn wir uns daran erinnern, wozu ein Wildschwein imstande
ist, wenn wir ihm zu nahe kommen, ist das unter Umständen sehr hilfreich ...

■ Zweiter Akt: Die Handlung (und die Gehirnentwicklung) wird interessant

Fragen Sie ein paar tausend Jahre später eine Dreijährige nach Wild-
schweinen, wird sie Sie nur verständnislos anstarren. Wenn Sie sich jedoch nach McDonald's erkundigen, kann sie Ihnen erstaunlich genau
aufzählen, was auf einem typischen Familienausflug dorthin passiert.
Der Grund dafür ist, dass wir Menschen dazu neigen, wiederholte Erfahrungen zu »Erinnerungs-Gruppen« zusammenzufassen, um unsere
Eindrücke (von all den individuellen »Wildschwein«-Begegnungen)
sinnvoll zu ordnen. Dabei bleibt das grundlegende »Skript« ziemlich
unverändert im Gedächtnis erhalten, auch wenn die Details einzelner
Erlebnisse verblassen. Diese »Drehbücher«, die zum Beispiel einen typischen Ausflug zu McDonald's schildern, erlauben unserem Gehirn einen schnellen Zugriff auf bestimmte Erinnerungen, wenn wir sie brauchen. Ebenso machen wir es beim Sortieren der Wäsche, wenn wir die
Socken in die Schublade und die Pullover in den Schrank räumen. Da
wir unsere Kleider ordnen – genau wie unser Gehirn unsere Eindrücke –, finden wir das Gesuchte später viel leichter. Wird eine Erfahrung
allerdings nicht wiederholt, dann geht unser rationell arbeitendes Gehirn davon aus, dass es nicht der Mühe wert ist, dieses Erlebnis zu speichern, und wir vergessen es zweckmäßigerweise.

■ Dritter Akt: Auftritt der Sprache

Solange Kinder sehr klein sind, werden Erinnerungen ausschließlich
»automatisch« abgespeichert. Mit dem Sprechenlernen erhält das Erinnerungsvermögen jedoch eine völlig neue Bedeutung. Die Kinder bekommen jetzt Lust, sich an den Unterhaltungen in ihrem Umfeld aktiv
zu beteiligen. Allmählich verstehen sie, was man zu ihnen sagt, und hören die ihnen wichtigen Menschen über die Vergangenheit reden: »Erinnerst du dich daran, was wir heute gemacht haben? Wir waren im Zoo!
Und weißt du noch, welche Tiere wir gesehen haben?« Außerdem mer-

ken die Kinder, dass diese Menschen sich ganz besonders darüber freuen, wenn sie sich selbst auch daran erinnern. Die Schlussfolgerung ist klar: Wenn ich bei diesen großen Leuten mitreden will, muss ich lernen, wie man ihr »Erinnerungs-Spiel« spielt. Kinder lernen dieses Spiel normalerweise, indem sie aufmerksam zuhören, wenn Erwachsene Beispiele guter Erzählkunst geben. Erwachsene sollten auf eine sinnvolle Gliederung ihrer Erzählungen achten, um ihren Kindern den strukturellen Aufbau einer Geschichte in Einleitung, Mittelteil und Schluss beizubringen: »Weißt du noch, wie wir die Flamingos gesehen haben, gleich nachdem wir durch das Zootor gegangen sind? Und anschließend sind wir im Schlangenhaus gewesen und wir haben uns gegruselt!«

■ Vierter Akt: Finale

Wir können also Folgendes festhalten: Wenn ein Kind sprechen lernt, dann lernt es gleichzeitig, wie es sich Erlebnisse in seinem Leben in Form einer vollständigen Geschichte merken kann. Dadurch erhöht sich die Wahrscheinlichkeit, dass seine Erinnerungen die Zeit überdauern. Je

Weiß der zwölf Monate alte Carlos, dass er sein Spiegelbild küsst? Es dauert eine gewisse Zeit, bis sich ein Bewusstsein für das eigene »Selbst« entwickelt, doch dann erfährt das Erinnerungsvermögen eines Kindes gewaltigen Auftrieb.

besser es die Menschen in seinem Leben kennen lernt, umso genauer begreift es, dass große Leute es genießen, sich spätabends über die Ereignisse des Tages zu unterhalten. Und so *hebt* sich der sprichwörtliche Vorhang am Schluss dieses Stückes (statt wie bei den meisten anderen zu fallen) und markiert den Anfang vom Ende infantiler Amnesie.

Das Wichtigste, das wir unserer Meinung nach aus diesem »Theaterstück« lernen können, ist, dass die elterliche Leistung Anerkennung erfährt – nicht nur für ihre Bemühungen, ihrem Kind unvergessliche Erfahrungen zu vermitteln, sondern auch dafür, dass sie es dabei unterstützen, sich daran zu erinnern. Indem Sie mit Ihrem Kleinkind über vergangene Ereignisse und Erfahrungen sprechen, helfen Sie ihm, nach und nach ein Gefühl für die zeitlichen Abläufe in seinem Leben zu entwickeln. Zunächst ist diese Zeitvorstellung sehr undifferenziert – »das war damals, das ist heute«. Aber mit der Zeit werden einzelne Ereignisse chronologisch geordnet: Der Zirkus kommt nach dem Zoobesuch, aber vor dem Sturz die Treppe hinunter, bei dem das Knie aufgeschürft wurde. Kinder brauchen dieses Bewusstsein einer geordneten, persönlichen Lebensgeschichte, die ihnen einen Rahmen liefert, damit sie sich jederzeit daran erinnern können, wer was wann in ihrem Leben getan hat.

Aus alldem wird deutlich, dass Wiederholungen vergangener Erfahrungen (egal ob unvermutet oder nicht) Kindern dabei helfen, ein autobiografisches Gedächtnis zu entwickeln. Im Folgenden erhalten Sie einige Anregungen, wie Sie diese Ausflüge in die Tiefen des Gedächtnisses lustig und wirkungsvoll zugleich gestalten können.

Tipps für Eltern

■ Geburt +

Nur weil Ihr drei Monate altes Baby keine Fragen über seine Vergangenheit beantwortet, heißt das noch lange nicht, dass Sie dieses Thema nicht »zur Diskussion« bringen können. Wir werden im 5. Kapitel näher darauf eingehen, warum es so wichtig ist, dass Eltern ihren Babys von Geburt an bereits vergangene Ereignisse erzählen. Statt nur zu schildern, was momentan gerade passiert, können Sie Ihrem Kind genauso gut etwas über die schöne Zeit berichten, die Sie mit ihm verbracht haben. Oder können

Sie sich eine bessere Methode vorstellen, um Ihr Baby mit einem sprachlichen Informationsangebot zu umgeben, das es braucht, um sprechen zu lernen? Auch wenn Sie im ersten Lebensjahr Ihres Kindes wahrscheinlich meist beide Rollen in diesem »Theaterstück« spielen müssen, können Sie sicher sein, dass es Ihnen aufmerksam zuhört und sich anstrengen wird, so bald wie möglich seinen Text selbst zu übernehmen.

■ 12 Monate +

Wenn Sie Ihr Kind nach der Vergangenheit fragen, sollten Sie eher kreativ als pragmatisch vorgehen. Diese Begriffe benutzen Forscher heutzutage, um zwei ganz unterschiedliche Gesprächsstile über vergangene Ereignisse zu definieren. »Kreative« Mütter und Väter verhalten sich so, wie wir es oben beschrieben haben, wenn sie über Erinnerungen sprechen, die für ihre Kinder von großer Bedeutung sind – zum Beispiel der Besuch im Zirkus. Im Gegensatz dazu sehen »pragmatische« Eltern die Vergangenheit nicht als unterhaltsames Gesprächsthema, sondern fast ausschließlich als nützliche Informationsquelle für die Gegenwart: »Wo hast du deine Schuhe hingestellt?« »Warst du auf der Toilette?« »Warum bist du nicht auf die Toilette gegangen, als du Gelegenheit dazu hattest?« Das Kind wird durch solche praktischen Fragen zwar gezwungen zurückzudenken, aber nicht angeregt, über vergangene Erfahrungen als zusammenhängendes Ganzes nachzudenken. Daher ist die wissenschaftliche Erkenntnis, dass Kinder von kreativen Eltern später einen beträchtlichen Vorteil haben, wenn sie beginnen, über die Vergangenheit zu sprechen, nicht verwunderlich.

■ 18 Monate +

Fördern Sie die Sprachentwicklung. Wie wir im 5. Kapitel sehen werden, gibt es hierfür zahlreiche verschiedene Möglichkeiten. Bei vielen schönen, aber auch herausfordernden Erlebnissen des Lebens spielt die Sprache eine zentrale Rolle. Deshalb macht es sich unweigerlich bezahlt, wenn Sie Ihrem Baby helfen, den sprachlichen Kode zu knacken. Sobald Ihr Kind genügend Worte versteht, um Ihnen zu folgen, wenn Sie vergangene Ereignisse erzählen, und Ihre Fragen dazu beantworten kann, besitzt es das beste Werkzeug, um Erinnerungen lebendig zu erhalten, das Mutter Natur je erfunden hat.

■ **24 Monate +**

Fügen Sie Ihrem üblichen Ritual beim Zubettgehen ein Gespräch über verschiedene Erlebnisse des zu Ende gegangenen Tages hinzu. Kuscheln Sie sich gemütlich mit Ihrem Kind ins Bett und sprechen Sie miteinander über schöne oder traurige Ereignisse, die Sie beide während des Tages erlebt haben. Wenn Ihr Kind ein wenig älter ist, können Sie zusätzlich subtilere Emotionen hinzufügen, zum Beispiel etwas, über das Sie sich beide geärgert haben oder ein besonders lustiges Erlebnis. Linda begann mit diesem Ritual bei ihrer Tochter Kate, als sie erst 24 Monate alt war, und als Kate zwölf wurde, sprachen sie immer noch jeden Abend miteinander. Auf diese Weise über Gefühle zu reden hat verschiedene Vorteile. Es ist nicht nur eine wunderbare Gelegenheit zu einem offenen Gespräch, wenn das Leben Ihres Kindes komplizierter wird.

Neuere Forschungsberichte belegen außerdem, dass das Reflektieren der emotionalen Seite vergangener Erfahrungen die Entwicklung des autobiografischen Gedächtnisses wesentlich beschleunigt. Warum das so ist, erklärt eine aktuelle Studie von Melissa Welch-Ross von der Georgia-State-Universität: Wenn wir über unsere Gefühle bei einem bestimmten Erlebnis nachdenken (zum Beispiel bei einem Besuch des Reptilienhauses im Zoo), dann beschäftigen wir uns automatisch intensiver mit uns selbst, als wenn wir uns nur an einzelne Gegenstände erinnern würden (zum Beispiel, dass wir eine Boa constrictor und eine Klapperschlange gesehen haben). Und je mehr ein Kind über sich selbst nachdenkt, umso größer ist die Wahrscheinlichkeit, dass es ein Bewusstsein für die eigene Vergangenheit entwickelt – die Voraussetzung für ein autobiografisches Gedächtnis.

Das Gedächtnis und die Zukunft Ihres Kindes

Das Gedächtnis ist eine der erstaunlichsten menschlichen Fähigkeiten – und auch eines der nützlichsten. Im Gegensatz zu vielen Tieren kommen Menschenkinder nicht mit genetisch genau festgelegten Verhaltensmustern auf die Welt. Stattdessen müssen sie aus ihren Erfahrungen lernen und dieser Lernvorgang beginnt sogar noch vor der Geburt (wie die Untersuchungen von DeCasper zeigen). Lernen setzt Merkfähigkeit voraus. In diesem Kapitel wollten wir Ihnen in erster Linie deutlich machen, dass Ihr Baby –

genauso wie die untersuchten Säuglinge, über die wir berichtet haben – ständig neue Informationen in seinem Gehirn aufnimmt, was sich in Veränderungen seiner neuronalen Netze äußert (siehe 1. Kapitel). Außerdem wollten wir Sie davon überzeugen, dass Sie Ihrem Baby, indem Sie sein Erinnerungsvermögen besser nutzen, genau die »Fitnessübungen« liefern, die es für seinen weiteren Lebensweg benötigt. Wenn man berücksichtigt, wie wesentlich das Gedächtnis in allen Lebensbereichen ist, erstaunt es nicht, dass frühkindliche Gedächtnisleistungen Vorhersagen auf den IQ im Alter von sechs Jahren zulassen. Nach unserem heutigen Kenntnisstand über die Gehirnentwicklung wäre es erstaunlicher, wenn dem nicht so wäre. Lernen ist ein kumulativer Prozess, bei dem neues Wissen von der Erinnerung an vorher Erlebtes abhängt. Wenn Sie die leicht durchzuführenden Tipps aus diesem Kapitel umsetzen – zum Beispiel, indem Sie für viele verschiedene Lernerfahrungen sorgen, über die Vergangenheit sprechen oder einfach dasselbe Buch immer wieder vorlesen –, helfen Sie Ihrem Kind, für seine Zukunft ein umfangreiches Grundwissen aufzubauen.

5. Babysprache und erste Worte: Sprachentwicklung

NACHRICHTEN AUS DER FORSCHUNG:
Eltern begeistert von Babyzeichensprache

Los Angeles, Kalifornien. Der 13 Monate alte Sam spricht erst wenige Worte. Das hält ihn jedoch nicht davon ab, seinen Eltern genau mitzuteilen, was ihm durch den Kopf geht. Auf die Frage nach dem letzten Ferienausflug an Weihnachten nach Colorado erklärt seine Mutter Julie: »Wir wussten, dass die Kinder auf der Piste viel Spaß hatten. Aber erst als das Flugzeug wieder in Los Angeles landete, erhielten wir einen Eindruck, wie sehr Sam von den Skihängen beeindruckt war. Er blickte aus dem Fenster, drehte sich dann mit einem bestürzten Gesichtsausdruck zu mir und fragte: ›Wo ist der Schnee?‹ Eine große Leistung für ein 13 Monate altes Kind, das diese Worte nicht aussprechen kann.«

Aber halt! Wenn Sam nicht sprechen kann, wie konnte Julie dann wissen, was er dachte? »Ganz einfach«, sagt sie. »Er benutzte zwei Zeichen seiner Babysprache: die Handflächen nach oben für ›Wo ist es?‹ und rieselnde Bewegungen mit den Fingern für ›Schnee.‹« So einfach konnte Sam also seiner Mutter mitteilen, was er dachte, als er aus dem Flugzeugfenster schaute. »Sam benützt die Babyzeichensprache, um mit uns zu sprechen, seit er zehn Monate war«, erklärt Julie weiter. »Mittlerweile verfügt er über mindestens fünfundzwanzig Zeichen. Das heißt, er kann über fünfundzwanzig verschiedene Dinge mit uns ›sprechen‹, wozu er normalerweise nicht in der Lage wäre. Es ist wirklich erstaunlich.«

Sam ist nicht das einzige Kind, das heute die Babysprache beherrscht. Seit die Forscherinnen Linda Acredolo und Susan Goodwyn ihr Buch *Baby-Sprache* veröffentlich haben, stieg die Anzahl der Familien, die Spaß an dieser frühkindlichen Kommunikationsform haben, sprunghaft an. Kein Wunder, denn welche Eltern möchten nicht wissen, was im Kopf ihres Babys vorgeht? Besorgte Eltern werden vielleicht fragen, ob es auf lange Sicht wirklich eine gute Idee ist, dem Kind eine

nonverbale Sprache beizubringen. Verzögert die Zeichensprache den Spracherwerb nicht? Müsste Julie nicht Angst haben, dass Sam keine Lust mehr hat, sich
anzustrengen, um wirklich sprechen zu lernen, wenn er seine Bedürfnisse auch
mit Hilfe einfacher Zeichen und Gesten äußern kann? »Keinesfalls«, meinen Acredolo und Goodwyn. »Unsere Erfahrungen aus sechzehn Jahren Forschungsarbeit
belegen sogar das Gegenteil. In überwachten Labortests zeigte sich, dass Babys,
die die Zeichensprache verwenden, sogar so viel über die Sprache lernen und
bereits so früh Spaß an ›Gesprächen‹ haben, dass die meisten früher sprechen
lernen.«

Sprachentwicklung

Besorgte Eltern müssen sich vielleicht keine Sorgen machen, dass die Zeichensprache die Sprachentwicklung ihrer Kinder verzögert, in anderer
Hinsicht haben sie jedoch vollkommen Recht: Der Spracherwerb ist im Leben eines Babys so wichtig, dass es gut ist, wenn Eltern in diesem Punkt
besonders wachsam sind. Einerseits können sie sich mit dem Gedanken
trösten, dass ein Kind genetische Anlagen zum Erlernen einer Lautsprache
besitzt. Auf der ganzen Welt gibt es keinen einzigen Kulturkreis, in dem die
Kinder nicht sprechen lernen! Dabei spielt der technologische Fortschritt
eines Landes überhaupt keine Rolle; Kinder erlernen überall die gleiche
komplexe Sprache. Die grammatischen Regeln in Borneo sind nicht weniger kompliziert als in England oder Amerika. Doch die Tatsache, dass jedes
Kind mit einem gesunden Verstand und einem gesunden Körper letztendlich sprechen lernt, heißt nicht, Eltern hätten keinen Einfluss auf die
Sprachentwicklung. Im Gegenteil: Das sprachliche Umfeld, das die Eltern
bieten oder nicht bieten, hat eine große Wirkung darauf, wie schnell ein
Kind sprechen lernt. Eltern, die Wert auf Kommunikation legen und ihr
Kind dazu anleiten, helfen ihm, die Schwierigkeiten beim Erlernen einer
Sprache zu überwinden.

Wo ist das Problem?

An dieser Stelle werden manche fragen: Wenn alle Kinder letztendlich
sprechen lernen, warum ist es dann wichtig, in welchem Alter sie damit beginnen? Ist das nicht wieder ein Beispiel für überehrgeizige Eltern, die ih-

Buch · Vogel · Trinken · Hund

Babys würden gern über Vieles reden, können es aber nicht, da sie die zur Aussprache von Worten nötige Kontrolle über ihre Muskeln noch nicht haben. Eltern können ihren Kindern die Möglichkeit geben, aktiv an Gesprächen teilzunehmen, und ihre Frustration mindern, indem sie ihnen einfache Gesten für bestimmte Dinge vormachen.

re Babys anspornen, um das Kind des Nachbarn zu übertrumpfen? Die Antwort lautet: Nein. Denn in Wirklichkeit spielt es tatsächlich eine Rolle, wie früh und leicht Ihr Kind sprechen lernt. Die Sprache ist seine Eintrittskarte für viele der wichtigsten Lebenserfahrungen, angefangen beim Spielen mit anderen Kindern bis hin zum Lernen in der Schule.

Sobald Eltern und Kinder miteinander kommunizieren, verändert sich auch ihre Beziehung positiv. Der Frustrationslevel sinkt, wenn Kinder ihre Bedürfnisse endlich äußern können, ohne in Tränen auszubrechen oder einen Wutanfall zu bekommen. Auch die Eltern empfinden es als befriedi-

gender, ihren Kindern Wissen über die Welt zu vermitteln, sich Zeit zu nehmen, um mit ihnen über die Kuh auf der Wiese oder den Käfer im Gras zu
reden. Wenn die Kinder sprechen, können wir auch mehr von ihnen lernen
und die Welt mit ihren Augen entdecken. Sie erzählen uns Geschichten,
singen uns Lieder vor und denken rückblickend über ihre Erlebnisse des
Tages nach. Ihre Meinungen sind uns wichtig und wir hören uns interessiert an, wie die Welt in ihrer Vorstellung funktioniert. Die Sprache öffnet
ein Fenster, durch das wir Einblick in die Gedanken eines Kindes erhalten
und durch das wir Eltern mit völliger Faszination schauen. »Gestern hat
Billy so etwas Nettes gesagt!« – diese Eröffnung haben wir alle sicher
schon von stolzen Eltern gehört. Je schneller ein Kind sprechen lernt, desto früher durchlebt es auch all die anderen beeindruckenden Veränderungen seines jungen Lebens.

Die Sprache bietet außerdem Zugang zu der Welt außerhalb der Familie.
Wann hören Babys auf, allein zu spielen, und suchen sich Spielkameraden?
Wenn sie sprechen können. Wann haben Kinder wirklich Spaß an Kinderreimen? Wenn sie sprechen können. Wann beginnen Kinder, Dinge mit
anderen zu teilen? Wenn sie sprechen können. Kurz: Sprache ist im Leben
eines Kindes ebenso wichtig wie im Leben eines Erwachsenen.

Natürlich gilt diese verallgemeinerte Feststellung auch für die Schule,
wo die Fähigkeit, Anweisungen zu befolgen und Fragen zu beantworten,
von grundlegender Bedeutung ist. Ein Kind, das gut sprechen kann, hat jedoch nicht nur in der Schule Vorteile, sondern zum Beispiel auch auf dem
Spielplatz. Denn die Fähigkeit, Anweisungen zu befolgen, Fragen zu stellen und seine Meinung zu sagen, ist beim Fußball- oder anderen Ballspie-
len ebenso wichtig wie bei Interaktionen mit dem Lehrer im Klassenzimmer. Auf die elterliche Frage, warum man auf die Sprachentwicklung eines
Kindes achten solle, weisen wir daher immer auf Folgendes hin: Ein gutes
Sprachvermögen gibt, unabhängig vom Alter, Selbstvertrauen und macht
die Welt insgesamt zu einem interessanteren Aufenthaltsort.

Auf die Plätze, fertig – stopp!

Überraschenderweise beginnt der wundersame Prozess des Spracherwerbs
eigentlich schon bei der Geburt. Wir wissen zum Beispiel, dass ein Neugeborenes, bis es vier Tage alt ist, seine Muttersprache von einer anderen
Sprache unterscheiden kann. Ebenso wissen wir, dass ein Baby ab etwa

sechs Wochen kehlige Gurrlaute von sich zu geben beginnt. Sie weichen im Alter von vier Monaten differenzierteren Tonfolgen, die wir im Allgemeinen mit »Lallen« bezeichnen. Am Ende ihres ersten Lebensjahres lallen viele Babys lange Lautfolgen mit solcher Ausdruckskraft, dass es sich fast anhört, als würden sie eine Fremdsprache sprechen.

Das größte Ereignis jedoch, das die Eltern mit ziemlicher Sicherheit in das Tagebuch ihres Babys eintragen, tritt normalerweise um den ersten Geburtstag herum auf: »Babys erstes Wort«. Wir haben ganz bewusst »normalerweise« geschrieben, da es in diesem Punkt wie auch in den meisten anderen Bereichen der Sprachentwicklung gewaltige Unterschiede gibt. Jeder Zeitpunkt zwischen zehn und etwa 22 Monaten gilt als normal für dieses wichtige Ereignis im Leben eines Menschen.

Für Eltern und Babys frustrierend ist die Tatsache, dass es nach dem ersten Wort nicht leichter wird, weitere zu lernen. Auch wenn dem Kind vielleicht das sprichwörtliche Licht aufgegangen ist (»Aha! So funktioniert das also mit der Sprache!«), kann es trotzdem noch sechs Monate dauern, bis es die 25-Worte-Grenze erreicht. Das liegt nicht etwa daran, dass es nichts zu sagen hat oder die Worte nicht wieder erkennt, wenn es sie hört. Kleinkinder verstehen sogar sehr viele Worte und deuten ohne Schwierigkeiten auf Tiere mit komplizierten Namen wie zum Beispiel Dinosaurier oder Elefanten. Trotzdem können sie diese Worte nicht aussprechen, da sie den komplexen Vorgang, die nötigen Sprachlaute hervorzubringen, noch nicht beherrschen.

Wir Erwachsene vergessen gern, dass die Aussprache eines Wortes ein ziemlich komplizierter Prozess ist. Er erfordert nicht nur den präzisen Einsatz einer unglaublichen Anzahl feiner Muskeln des Bewegungsapparates. Der Ablauf dieser Muskelbewegungen muss zudem im Gedächtnis abgespeichert sein. Immer, wenn von einem bestimmten Gegenstand die Rede ist, muss genau derselbe Bewegungsablauf abgerufen werden. Um die Sache noch schwieriger zu machen, sind die meisten der feinen Muskelbewegungen, die Mama und Papa vormachen, wenn sie ihrem Kleinkind ein neues Wort beibringen wollen (»Schau mal, Robbie, ein Wauwau«), gar nicht sichtbar. Was soll das arme Kind also tun?

Babysprache – die Rettung!

Erinnern Sie sich an den kleinen Sam, der mit 13 Monaten seine Mutter am Flughafen von Los Angeles so vorwurfsvoll fragte, wo denn der ganze Schnee hingekommen sei? Im Gegensatz zu den meisten anderen Kleinkindern in seinem Alter war er nicht völlig hilflos, weil ihm noch »die Worte fehlten«. Durch die 25 Zeichen der Babysprache, die er beherrschte (und viele weitere, die er noch lernen würde), konnte er mit seinen Eltern wirkungsvoll über viele Dinge kommunizieren. Der Frustrationslevel in der Familie sank und Sam hatte einen Riesenspaß daran, jedem, der es »hören« wollte, von seiner Sichtweise der Welt zu berichten.

Sams Fähigkeiten sind jedoch nichts Außergewöhnliches. Alle Kinder besitzen sie und lernen zum Beispiel ganz selbstverständlich, beim Abschied mit der Hand zu winken, für »Nein« den Kopf zu schütteln und für

Der 14 Monate alte Adam teilt seiner Mutter mit, was sich in dem großen Topf befindet: durch »Schnüffeln« mit der Nase, das Zeichen für »Blume«. Dieses Zeichen ist eines von 40, die Adam im Alter von zehn bis zwölf Monaten erlernte. Er benutzt sie, um Fragen zu stellen, zu beschreiben, was er sieht, und seinen Eltern zu erzählen, an was er sich erinnert.

»Ja« zu nicken, lange bevor sie die entsprechenden Worte sagen können. Aus unserer 16-jährigen Forschungsarbeit mit Hunderten von Familien, die die Babysprache einsetzten, wissen wir, dass Winken (»Auf Wiedersehen«), Kopfschütteln (»Nein«) und Nicken (»Ja«) nur die Spitze des Eisbergs sind. Mit Unterstützung der Eltern können Babys lernen, Dutzende von Zeichen mit bestimmten Dingen zu assoziieren: zum Beispiel mit den Armen flattern für »Vogel«, sich die Lippen lecken für »Fisch«, pusten für »heiß« oder sich an die Brust klopfen für »Ich habe Angst«. Und wie die »Nachrichten aus der Forschung« zu Beginn dieses Kapitels zeigen, sind Babys, die die Babysprache verwenden, nicht weniger am Erlernen »echter« Worte interessiert als andere Kinder, sondern lernen sogar früher sprechen.

Diese Behauptung können wir belegen, da wir durch die großzügige Förderung der »National Institutes of Health« (das amerikanische Gesundheitsamt) über drei aufeinander folgende Jahre hinweg die Fortschritte einer Gruppe von Babys verfolgen konnten, denen die Babysprache beigebracht worden war. Im selben Zeitraum beobachteten wir die Entwicklung von Babys, die nicht mit der Zeichensprache in Berührung kamen. Und das Ergebnis? In endlosen Tests – deren Ziel es war, verschiedene Momentaufnahmen der sprachlichen Entwicklung während der ersten drei Lebensjahre festzuhalten – zeigte sich, dass »Babysprachler« schnellere Fortschritte machten als ihre »sprachlosen« Altersgenossen. Sie lernten im Durchschnitt eher früher als später sprechen. Hier einige Gründe dafür:

- Die Babysprache fördert die Gehirnentwicklung, vor allem die Hirnzentren, die für Sprache, Gedächtnis und konzeptionelles Denken eine Rolle spielen. Jedes Mal, wenn ein Kind sich mit Hilfe der Babysprache erfolgreich verständigt, entstehen neue synaptische Verbindungen oder es werden bereits bestehende stabilisiert, was alle späteren Sprachversuche erleichtert. Ohne die Babysprache fänden diese Veränderungen erst statt, wenn das Kind die Worte tatsächlich aussprechen kann, das heißt häufig erst Monate danach.
- Die Babysprache regt Eltern dazu an, häufiger mit ihren Kindern zu reden, und je größer das Sprachangebot, umso schneller lernt ein Baby sprechen. Mehr noch: Es ist dann in der Lage, das Gesprächsthema selbst zu bestimmen. Schauen wir uns die folgende Reaktion eines Elternteils an, dessen elf Monate altes Kind gerade einen Vogel im Vogel-

bad gesehen und sein Zeichen für »Vogel« benutzt hat, um ihm dies mitzuteilen: »Aha! Du siehst einen Vogel! Ja, du hast Recht, da ist wirklich
ein Vogel. Und dort ist noch ein Vogel. Sie plantschen im Wasser herum.
Schau nur, jetzt fliegen die Vögelchen davon ...« Verstehen Sie, was wir
meinen? Hier wurde eine Sprachlektion erteilt und vom Kind angenommen.

■ Durch die Babysprache lernen Babys die Sprache als ein Mittel kennen,
Kontakt zu anderen Menschen aufzunehmen. Zum ersten Mal in ihrem
Leben sind sie in der Lage, aktiv an Gesprächen teilzunehmen und ihre
Bedürfnisse zu äußern. Wir weisen häufig darauf hin, dass Babys, die
die Babysprache beherrschen, vom Thema Kommunikation ebenso fasziniert sind wie Kleinkinder von ihrer neuen Fortbewegungsmöglich-
keit, wenn sie krabbeln lernen. Niemand wird sich darüber Sorgen machen, dass das Krabbeln einem Baby die Lust zum Laufenlernen nimmt.
Ebenso haben wir festgestellt, dass Babys durch die Babysprache nicht
weniger motiviert sind, richtig sprechen zu lernen.

Seit wir unsere Forschungsergebnisse zum ersten Mal veröffentlichten, fragen uns die Leute immer wieder, was aus den Kindern der beiden Testgrup-
pen in den nachfolgenden Jahren wurde. Wie kamen sie zum Beispiel in
der Schule zurecht? Waren die Babysprachler den Anforderungen in ir-
gendeiner Form besser gewachsen als ihre Altersgenossen? Diesen Fragen
wollten wir nachgehen und daher versammelten wir während der Sommer-
ferien nach ihrem zweiten Grundschuljahr so viele der ursprünglich untersuchten Kinder wie möglich. Den Maßstab bildete ein allgemein üblicher
IQ-Test, WISC-III genannt. Zu unserer großen Freude übertrafen die Leistungen der Babysprachler die ihrer einstigen Kameraden immer noch, und
zwar in beachtlichem Umfang. Die Kommunikationsfähigkeit eines Menschen ist offensichtlich von so großer Bedeutung, dass sich ein »Blitzstart«
noch Jahre später in Form von Entwicklungsunterschieden bemerkbar
macht.

Die Babysprache bringt einem Baby jedoch nicht nur große Vorteile, sie
ist auch ganz einfach in den Alltag zu integrieren. Natürlich können wir in
diesem Rahmen nicht so viele Informationen wie in unserem Buch *Baby-
Sprache* geben. Trotzdem erhalten Sie im Folgenden ein paar Tipps für den
Anfang.

Tipps für Eltern

■ Geburt +

Verwenden Sie die Babysprache bereits in den ersten Lebensmonaten im täglichen Umgang mit Ihrem Baby. Niemand wird warten, bis ein Kind neun Monate alt ist, um zum Abschied zu winken oder den Kopf zu schütteln bzw. zu nicken, wenn er Nein oder Ja meint. Das Baby verfolgt diese drei Gesten in Verbindung mit den entsprechenden Worten von Geburt an. Daher lernt es sie auch so schnell und leicht. Wählen Sie also einige Worte, von denen Sie denken, dass Sie für Ihr Baby wichtig sind (»mehr«, »Hund«, »Katze« und »trinken« sind beliebte Beispiele), entscheiden Sie sich für bestimmte dazugehörige Gesten und verwenden Sie sie so oft wie möglich in Verbindung mit den jeweiligen Worten. Auch wenn Ihr Kind den Zusammenhang nicht sofort begreift, wird es Ihren Handlungen mit Interesse folgen. Wenn später (irgendwann zwischen zehn und 14 Monaten) das Verständnis hinzukommt, verfügt es bereits über eine Auswahl an Zeichen, die es zu seinem Vorteil einsetzen wird – vor allem wenn die Begeisterung der Eltern es anspornt. Bis dahin werden Sie außerdem selbst ein so erfahrener Babysprachler sein, dass es Ihnen keine Mühe mehr bereitet, neue Gesten zu erfinden. Wir

Da die Gesten der Babysprache Worte nur vorübergehend ersetzen, ist ihre Form völlig unwichtig. Hauptsache, das Baby kann die Bewegung leicht nachahmen. Die beiden Zeichnungen zeigen zwei verschiedene Gesten für das Wort »Katze«, die wir bei unterschiedlichen Familien gesehen haben.

haben immer wieder festgestellt, dass Babys, deren Eltern sich am meisten für die Zeichensprache begeistern ließen, letztlich auch den größten Spaß daran hatten.

■ 9 Monate +

Achten Sie darauf, dass die Gesten der Babyzeichensprache für Ihr Kind leicht nachzumachen sind. Unserer Erfahrung nach ist es hilfreich, wenn die gewählte Geste einen Bezug zu dem Gegenstand hat, den sie repräsentiert. Sie könnten zum Beispiel eine krallende Hand für das Wort »Katze« verwenden oder den Arm hin- und herschwenken für »Hund« (wie das Schwanzwedeln eines Hundes). Denn sowohl die Eltern als auch das Baby erinnern sich viel leichter an ein Zeichen, das einen Bezug zu dem jeweiligen Objekt hat, als wenn es vollkommen willkürlich ausgewählt wurde. Wenn Sie zum Beispiel mit dem Zeigefinger wackeln, um das Wort »Raupe« zu symbolisieren, so bleibt das wahrscheinlich leichter im Gedächtnis haften, als wenn Sie sich einen Finger ins Ohr stecken. Sie werden bestimmt keine Schwierigkeiten haben, selbst eine geeignete Babysprache zu entwickeln. Falls Sie trotzdem einige Anregungen suchen, finden Sie eine ganze Reihe von Vorschlägen in unserem Buch *Baby-Sprache*. Wenn Sie schon mit anderen Zeichensprachen (zum Beispiel Taubstummensprache) vertraut sind, können Sie selbstverständlich auch deren Gesten ausprobieren. Wir haben jedoch beobachtet, dass die meisten Eltern die größere Flexibilität der Babysprache vorziehen, bei der sie selbst auswählen können, welche Gesten ihnen sinnvoll erscheinen. Ein weiterer Vorteil ist, dass sie spontan auf bestimmte Themen eingehen können, wo und wann immer sie auftauchen: »Ah, du siehst eine Raupe. Hmm ... Mal überlegen ... Ich hab's! ... *Raupe!* (Wackeln mit dem Zeigefinger)«

■ 12 Monate +

Wie bei allen Lernvorgängen ist auch hier die Wiederholung der Schlüssel zum Erfolg. Je häufiger Ihr Baby sieht, wie Sie ein bestimmtes Zeichen in Verbindung mit einem bestimmten Wort benutzen, umso schneller wird es den Zusammenhang begreifen. Am einfachsten ist es, die Gesten in Ihre täglichen Routinen wie Windelwechseln, Mahlzeiten, Baden usw. einfließen zu lassen. Hängen Sie zum Beispiel ein Blumenbild über dem Wickeltisch auf oder geben Sie Ihrem Kind während dem Wickeln eine künstliche Blume zum Spielen (natürlich müssen Sie aufpassen, dass dabei nichts passiert), wenn Sie ihm das Zeichen für »Blume« einprägen wollen. Deuten Sie, so oft Sie es für richtig halten, auf die Blume, sagen Sie das Wort »Blume« und führen sie die entsprechende Geste (Schnüffeln) aus. Bei den Mahlzeiten können Sie Untersetzer mit Abbildungen von verschiedenen Gegenständen benutzen, die Sie Ihrem Baby in Zeichensprache beibringen möchten. Verzweifeln Sie nicht, wenn Sie im Handel keine geeigneten Untersetzer finden. Schneiden Sie einfach Bilder aus Zeitschriften aus und kleben Sie sie auf vorhandene Untersetzer. Der Vorteil davon ist, dass Sie die Bilder problemlos auswechseln können, sobald Ihr Kind das erste Zeichen sicher beherrscht. Ältere Geschwister sind hier gut einzubeziehen: Lassen Sie sie Bilder von interessanten Objekten zeichnen oder suchen, die Sie dann am Kühlschrank oder an den Wänden im Spielzimmer aufhängen, und zeigen Sie ihnen, wie sie dem Baby die entsprechenden Gesten vormachen können. Es ist leicht nachzuvollziehen, wie stolz sie sind, wenn ihre Bemühungen sich auszahlen und das Baby beginnt, sie nachzuahmen! Und auch Ihnen wird es sicher nicht anders gehen.

■ 18 Monate +

Viele Eltern meinen, es würde nichts nützen, weitere Zeichen der Babysprache einzuführen, sobald ihr Kind über eine gewisse Anzahl an gesprochenen Worten verfügt. Dies stimmt jedoch nicht. Viele Dinge, für die Babys sich interessieren, sind sehr schwer auszusprechen – auch für ein wortgewandtes, 18 Monate altes Kleinkind. Das Zeichen für »Nilpferd« (weites Öffnen des Mundes) wird höchstwahrscheinlich noch eine ganze Zeit lang von Nutzen sein, genauso wie das Zeichen für »Krokodil« (Zusammenklappen der Handflächen) oder »Hubschrauber« (in der Luft kreisender Finger). Überlassen Sie es daher Ihrem Baby, Ihnen mitzuteilen, wann die Zeit der Babysprache vorüber ist, statt es selbst besser wissen zu wollen. Dabei sollten Sie immer wieder daran denken, dass die Zeichensprache auch in diesem Alter *nicht* dazu führt, dass Sie irgendwann einem stummen Dreijährigen gegenübersitzen. Denn wie bereits erwähnt fördert die Babysprache den Spracherwerb, statt ihn zu behindern.

Aus diesem Grund möchten wir Ihnen die Babysprache wärmstens ans
Herz legen. Versuchen Sie es! Wir garantieren Ihnen, dass Sie überrascht
sein werden, wie intelligent Ihr Baby ist, wie genau es seine Umwelt wahr-
nimmt und wie befriedigend es für Sie beide ist, wenn es Ihnen »erzählen«
kann, was in seinem Kopf vorgeht. Mit Hilfe der Babysprache gehören die
Tage, in denen Ihr Kind verzweifelt auf etwas deutete und Weinanfälle
bekam, schneller der Vergangenheit an und in seine Gegenwart – und Zukunft – werden gesprochene Worte früher Einzug halten.

NACHRICHTEN AUS DER FORSCHUNG:

Mehr als nur ein Hirngespinst – der Wert von Rollen- und Symbolspielen

Abilene, Kansas. »Polly, stell den Kessel auf, dann trinken wir den Tee darauf.«
So lautet ein alter Kinderreim, der die Geschichte von »Mother Goose« (»Mutter
Gans«) vor über 100 Jahren berühmt gemacht hat. Auch wenn die 19 Monate al-
te Kayla diesen speziellen Vers vielleicht nicht in ihrem Repertoire hat, ist die
Wahrscheinlichkeit groß, dass sie tatsächlich schon einmal »den Kessel aufs
Feuer« gestellt und nicht nur Tee, sondern auch eine Menge anderer leckerer Spe-
zialrezepte für ein imaginäres Kaffeekränzchen zubereitet hat. Kayla und ihre
Mutter Joanna genießen diese gemeinsamen Spiele. Sie trinken nicht nur Tee aus
kleinen Teetässchen, sondern lassen es sich bei (imaginären) Keksen, Eis und
Kuchen gut gehen. Einmal zauberte Kayla sogar eine Pizza (in typischer »Abra-
kadabra«-Manier) herbei und rief mit ihrem Spieltelefon ihre Oma an, um sie zum
Kaffeekränzchen einzuladen.

Schon seit Jahrhunderten lieben Kinder solche Spiele. Durch Bilder und Ge-
dichte erfahren wir von kleinen Jungen, die auf ihren Steckenpferden herumga-
loppieren und mit ihren Spielzeugsoldaten und Segelbooten Schlachten zu Lande
und zu Wasser gewinnen, während die Mädchen ihre Babypuppen füttern, Kaffeekränzchen veranstalten und sich mit Mamas Kleidern verkleiden. Und seit der
Erfindung des Telefons ist es allgemein üblich, dass Jungen wie Mädchen ihre
Oma anrufen, um imaginäre Gespräche mit ihr zu führen.

Fantasiespiele gehören so sehr in die Kindheit, dass nur wenige Eltern über
den Nutzen nachdenken, den sie neben ihrem Unterhaltungswert haben. Auf die

Frage danach lautet die Antwort meistens, die »Vorstellungskraft« werde gefördert. Nur wenige Eltern sehen hingegen einen Zusammenhang zwischen Fiktionsspiel und Spracherwerb. Das ist der Grund, warum die Forscherinnen Susan Goodwyn und Linda Acredolo von der Universität von Kalifornien Eltern ihre neuesten Forschungsergebnisse zugänglich machen wollen, denn Symbolspiele in der frühen Kindheit unterstützen die Sprachentwicklung bei Kleinkindern.

Als-ob-Spiele und Sprache

Wie im obigen Artikel erwähnt, kamen wir aufgrund eigener Untersuchungen zu der Überzeugung, dass Fantasiespiele die Sprachentwicklung fördern. Wir begannen mit der Beobachtung einer Gruppe elfmonatiger Babys, kurz bevor sie sprechen lernten. Während der nächsten drei Jahre luden wir sie immer wieder in unser Labor ein, wo sie mit verschiedenen Spielsachen spielen durften (mit und ohne ihre Mütter als Spielkameradinnen). Wir dokumentierten dabei, welche Fortschritte sie in Bezug auf das Verständnis und die Aussprache von Worten gemacht hatten. Die Ergebnisse waren eindeutig. Wie wir vermutet hatten, erzielten die Babys, deren Mütter Fantasiespiele (mit Puppen, Spielzeugautos, Verkleidungsmaterial usw.) anderen Spielen (mit Lochbrettern, Aufklappbüchern, Puzzles u. Ä.) vorzogen, bei den Standardtests zur Sprachentwicklung bessere Resultate.

Um dieses Ergebnis besser nachvollziehen zu können, bitten wir Sie, einmal folgende Analogie aus Ihrem eigenen Leben zu bedenken. Wann waren Sie das letzte Mal so schlecht gelaunt, dass Sie mit niemandem sprechen wollten? Was würden Sie in einem solchen »unsozialen« Gemütszustand am liebsten machen?

a. Ein Bild malen oder mit Tante Anna telefonieren?

b. Ein Puzzle machen oder Freunde zum Kaffeetrinken einladen?

c. Ein Vogelhaus zusammenbauen oder eine Autorallye mit einem Freund planen?

Mit Sicherheit wählen Sie in jedem der drei Fälle die erste der beiden Alternativen. Bei den zuletzt genannten Tätigkeiten – telefonieren, Kaffeeklatsch, Autorallye – müssten Sie sich auf lebhafte Gespräche mit anderen Menschen einlassen und genau dazu haben Sie gerade keine Lust.

In welcher Hinsicht hängt nun dieses kleine Gedankenspiel mit der Frage zusammen, wie Sie Ihrem Baby beim Spracherwerb helfen können? Wenn wir uns bewusst machen, dass jede der oben genannten Tätigkeiten ihre Entsprechung in unserem normalen Spielverhalten mit unseren Kleinkindern hat, können wir die Verbindung erkennen.

Bei den erstgenannten Tätigkeiten arbeitet man – mit verschiedenen Materialien – für sich allein. Entwicklungspsychologen sprechen von »Manipulationen«. Manipulative kindliche Tätigkeiten sind zum Beispiel altbekannte und beliebte Spiele wie Steckspiele, Puzzles, Kastenteufel und Formensortierer. Das Ziel dieser Spielsachen besteht darin, durch die Veränderung von einzelnen Komponenten des Spielgegenstandes etwas Interessantes herzustellen. Ein typisches Kinderspielbrett bietet zum Beispiel Griffe zum Ziehen, Fenster zum Öffnen, Schalter zum Drücken und Räder zum Drehen. Derartige Spielsachen machen Spaß und besitzen gleichzeitig einen hohen pädagogischen Wert. Daher gehören sie unbedingt in das Spielzimmer eines Kindes. Sie animieren das Kind dazu, »Kontingenzen« zu entdecken (siehe auch das 3. Kapitel): »Aha! Wenn ich das tue, dann passiert das! Interessant!« Für die Sprachentwicklung sind solche Spielsachen allerdings größtenteils nicht relevant, da sie keine sprachliche Kommunikation erfordern. Selbst wenn Sie geduldig bei Ihrem Kind sitzen und es ermutigen, das Geheimnis des Kastenteufels zu erforschen, wird ihre Unterhaltung wahrscheinlich sehr begrenzt sein: »Schau, ich zeige es dir!« »Versuch du's mal.« »Sehr gut! Kannst du das noch mal machen?« »Toll!« Dieser Wortwechsel wird das Vokabular Ihres Kindes kaum bereichern.

Demgegenüber entsprechen die zweitgenannten Tätigkeiten unseres Gedankenspiels dem so genannten »Als-ob-Spiel« (auch Fiktionsspiel) von Kindern. Bei Als-ob-Spielen spricht das Kind an einem fiktiven Telefon mit fiktiven Gesprächspartnern, lädt fiktive Freunde zum fiktiven Kaffeekränzchen ein oder plant die Route für ein fiktives Autorennen mit fiktiven Rennautos. Kinder, egal wie alt sie sind, lieben derartige Fantasiespiele. Wie wäre sonst die dauerhafte Anziehungskraft von Babypuppen, Arztkoffern, Spieltankstellen, Spielzeugsoldaten und Barbies zu erklären?

Viele Eltern übersehen jedoch, dass Als-ob-Spiele ihren Kindern nicht nur Spaß machen, sondern auch ihre Entwicklung fördern. Dies liegt hauptsächlich daran, dass Gespräche dabei kaum zu vermeiden sind, vor allem wenn Erwachsene mitspielen. Typische Dialoge hören sich zum Bei-

Unterschiedliches Spielzeug fördert unterschiedliche Spielformen. Auf dem linken Bild ordnet die 20 Monate alte Leannie die Teile eines einfachen Puzzles, während sie rechts mit ihrer Großmutter spricht. Forschungsergebnisse belegen, dass Als-ob-Spiele durch ihre stärkere Wortbezogenheit für die Sprachentwicklung förderlicher sind als Manipulationsspiele. Leannie ist das natürlich egal: Sie will vor allem eines – Spaß!

spiel so an: »Sag hallo zur Oma. Sie soll uns bald besuchen« oder »Mhm – der Tee schmeckt gut. Kann ich noch mehr haben, bitte?« oder »Ich brauche Benzin. Kannst du bitte voll tanken?« Bei Fiktionsspielen ist aber nicht nur der reine Gesprächsanteil höher als bei Manipulationsspielen, sondern es stehen auch viel mehr Themen zur Auswahl. Und jedes neue Thema bedeutet neue Worte. Im fiktiven Einkaufsladen können die Kunden alles Mögliche kaufen, von Äpfeln bis zu Walnüssen. Und in der Arztpraxis müssen die armen Patienten manchmal die unterschiedlichsten Behandlungen – von schmerzhaften Blinddarmoperationen bis hin zu Röntgenuntersuchungen – während eines einzigen Besuches über sich ergehen lassen! Es ist nicht ungewöhnlich, dass selbst sehr kleine Kinder beide Rollen übernehmen und sich mit sich selbst unterhalten, wenn die Eltern als Mitspieler gerade nicht zur Verfügung stehen.

Der neue Freund Ihres Kindes:
das Symbol

Der hohe Sprachanteil bei Als-ob-Spielen ist einer der Gründe, warum dabei die Sprachentwicklung angeregt wird. Es gibt jedoch noch einen weiteren, subtileren Zusammenhang. Der berühmte Schweizer Entwicklungspsychologe Jean Piaget betonte schon vor vielen Jahren, dass beide Spielformen vom Kind eine spezielle Form von geistiger Übung erfordern, die so genannte Symbolsetzung. Dieser Begriff bezieht sich auf die Fähigkeit zu verstehen, dass eine bestimmte Sache (zum Beispiel eine Lautfolge wie K-a-t-z-e) etwas anderes repräsentieren kann (zum Beispiel die Kategorie vierbeiniger Wesen mit Fell, die »Miau« sagen). Jedes Wort, unabhängig von der erlernten Sprache (einschließlich der Babysprache), symbolisiert einen ihm zugrunde liegenden Begriff, und bevor sich die Vorstellung sämtlicher Symbole für das Baby nicht zu einem sinnvollen Ganzen zusammenfügt (mit ungefähr neun bis zwölf Monaten), kann die Sprachentwicklung nicht einsetzen.

Die Symbolsetzung ist eine Voraussetzung für das Verstehen und Sprechen einer Sprache und bildet auch die Grundlage von Als-ob-Spielen. Viele Forscher ziehen daher den Begriff »Symbolspiel« vor, wenn sie die Handlungen von Kleinkindern an ihren bevorzugten Fantasieschauplätzen beschreiben. Jedes Mal, wenn Ihr Kind seine Puppe liebevoll ins Bett legt, als würde es sich um ein lebendes Baby handeln, mit seinem Spielzeugauto geräuschvoll über eine Fantasiestraße donnert oder »Tee« aus einer Spielzeugtasse trinkt, benutzt es Symbole! Jeder Spielgegenstand repräsentiert einen realen Gegenstand und das Kind lernt, diese Umdeutung während der gesamten Spieldauer aufrechtzuerhalten. Mehr noch: Es liebt dieses Spiel! Nachdem Piaget beobachtet hatte, wie viel Spaß seine eigenen drei Kinder dabei hatten, die Macht der Symbole zu entdecken, wies er immer wieder nachdrücklich auf den Unterhaltungswert neuer kognitiver Leistungen im Leben eines Kindes hin, wobei ihm die Fähigkeit der Symbolsetzung als Hauptbeispiel diente. Sobald Kinder realisieren, dass sie einen Gegenstand durch einen anderen ersetzen können, sind sie Feuer und s Vorschulkind verbringt einen Großteil seines Tages mit Aktivitäten, nicht nur in Form von Sprache und Als-ob-Spie- uch beim Malen, Rechnen und Lesenlernen. Hätten wir kei- Symbolspielen, wäre unser Leben wirklich langweilig.

Vor dem Hintergrund dieser allgemeinen Symbolbehaftung überraschte uns das Ergebnis unserer eigenen Untersuchungen, dass Babys, die zu Als-ob-Spielen angeregt wurden – deren Eltern sie also beim Backen fiktiver Kuchen, beim Fahren fiktiver Autos und beim Telefonieren mit fiktiven Telefonen unterstützten –, »blitzartig« zu sprechen begannen, nicht sonderlich. Da Symbole aufgrund ihrer Komplexität und Neuartigkeit hohe Anforderungen an Kinder in diesem Alter stellen, wirken Symbolspiele bereichsübergreifend. Zeigen Sie Ihrem Baby also, wie es mit fiktiven Autos, Pferden und Booten spielen kann, und ehe Sie sich's versehen, ist es auf und davon – und zwar in mehr als einer Hinsicht.

Schon allein dadurch, dass Sie die Vorteile von Als-ob-Spielen für die Sprachentwicklung kennen, unterscheiden Sie sich von vielen anderen. Hier geben wir Ihnen zusätzliche Tipps, wie Sie diese Informationen für sich und Ihr Baby am besten verwerten können.

Tipps für Eltern

■ Geburt +

Wie schon gesagt, unterstützen Als-ob-Spiele die Sprachentwicklung, da sie die Kommunikation zwischen Ihnen und Ihrem Kind fördern. Sie sollten natürlich nicht erst das erste gemeinsame Kaffeekränzchen abwarten, bis Sie mit Ihrem Baby sprechen. Unterhalten Sie sich von Geburt an mit ihm. Manche Eltern bezweifeln, dass ihre Handlungen tatsächlich einen Einfluss auf die Entwicklung ihres Kindes während seiner ersten Lebensmonate haben, ganz zu schweigen von den spezifischen Lauten, die sie ihm gegenüber äußern. Wir zitieren daher für die Zweifler unter Ihnen eine interessante Studie der Universität von Waterloo in Ontario (Kanada).

Mit Hilfe einer normalen Videokamera beobachtete Kathleen Bloom drei Monate alte Babys bei der Interaktion mit einer freundlichen, ihnen unbekannten Person. Wenn die Frau ganz normal mit ihnen sprach, statt Geräusche wie »tsk, tsk, tsk« zu machen, dann antworteten die Babys auch mit wortähnlichen Lauten. Daraus schloss Kathleen Bloom, dass sehr kleine Babys Töne ebenso gern nachahmen wie Handlungen (siehe 3. Kapitel). Wie immer beim Erlernen neuer Fertigkeiten gilt auch hier: Je mehr Übung ein Baby im Nachahmen von Sprachlauten hat, umso leichter wird ihm das Sprechen fallen. Deshalb ist es wirklich sehr wichtig, dass Sie mit Ihrem Baby reden. Denn genau wie der wohlerzogene Vierjährige reden auch drei Monate alte Babys nur, wenn man sie anspricht!

■ 9 Monate +

Bemühen Sie sich bewusst um Spielsachen, die Ihr Baby zu Als-ob-Spielen anregen. Heutzutage fällt es leider nur allzu leicht, ein Kleinkind vor einen Videofilm (oder gar einen Computer) zu setzen und die vielen Vorteile von Verkleidungsspielen, Sandburgenbauen oder Puppenspielen zu übersehen. Außerdem sollten Sie bei diesen kleinen Theaterstückchen selbst eine aktive Rolle übernehmen! Helfen Sie Ihrem Kind beim Wählen der Nummer auf seinem Spieltelefon und bei seinem Gespräch mit Papa. Stellen Sie ihm Fragen, auch wenn Sie die Antworten selbst liefern müssen. (»Sprichst du mit dem Papa? Sag: Hallo, Papa!« oder »Was für Kekse hast du heute gebacken? Schokoladenkekse?«) Eltern, die dem Sandkasten schon zu lange entwachsen sind, fühlen sich vielleicht zunächst noch etwas unsicher. Doch die Belohnung stellt sich bald ein. Denn Sie fördern mit diesen Spielen nicht nur die Sprachentwicklung Ihres Kindes, sondern haben auch die Gelegenheit, seinen Verstand arbeiten zu sehen, während es die einzelnen Routinetätigkeiten des täglichen Lebens übt. Außerdem bieten derartige »Aufführungen« den großen Vorteil, dass Sie sich keine Sorgen über ihren Ausgang machen müssen: Diesmal werden die Plätzchen sicher nicht verbrennen!

■ 9 Monate +

Sie brauchen jedoch nicht völlig auf manipulatorisches Spielzeug verzichten. Das wäre sogar ein Fehler. Spielbretter, Kastenteufel, Aufklappbücher und Ähnliches sind wunderbare Spiele, die die Problemlösungsfähigkeit fördern und zudem Spaß machen. Beachten Sie einfach, dass die Gespräche nicht zwangsläufig total langweilig werden müssen, sobald bewegliche Materialien ins Spiel kommen. Seien Sie kreativ und wachsen Sie über uninspirierte Sätze wie »Versuch's doch mal damit!« hinaus. Beschreiben Sie Farben und Bewegungsabläufe. Sprechen Sie über die Charaktere, die plötzlich aus der Schachtel auftauchen. Vergleichen Sie sie mit anderen Spielzeugfiguren. Fragen Sie Ihr Kind, welche

Teile es am liebsten mag. Sprechen Sie darüber, von wem es das Spielzeug geschenkt bekommen hat. Und achten Sie darauf, die Leistungen Ihres Babys nicht nur mit »Toll!« zu rühmen, wenn es etwas gut gemacht hat. Es kostet Sie nichts hinzuzufügen: »Siehst du, wie schnell du Micky Maus herausspringen lassen kannst! Sie taucht genauso schnell auf wie Donald Duck das letzte Mal. Erinnerst du dich noch, wie Donald herausgesprungen ist, als du an dem Rad gedreht hast? Das zeigen wir Papa, wenn er nach Hause kommt.« Was sagen wir Erwachsenen immer zu kleinen Kindern? »Benutz deine Worte!«

NACHRICHTEN AUS DER FORSCHUNG:
Bücherlesen als Schlüssel zum Spracherwerb

Houston, Texas. »Und was denkst du, wie Goldilocks[5] sich nun fühlt?«, fragte Juanita ihre 30 Monate alte Tochter Emilia. »Angst!«, lautet die prompte Antwort, die Emilias Sprachgewandtheit ebenso beweist wie ihre Fähigkeit, sich in die kleine Märchengestalt, die von Bären umzingelt ist, hineinzuversetzen. Dies war nur eine der Fragen zum Nachdenken, die Juanita Emilia während einer typischen Gutenachtgeschichte stellte. Andere Antworten, die Emilia stolz beisteuerte, lauteten zum Beispiel: »Griesbrei!«, als sie gefragt wurde, was Goldilocks aß, »Kaputt!« auf die Frage, was mit dem Stühlchen des kleinsten Bären passiert war, und »Rennt schnell Hause!«, als ihre Mutter wissen wollte, wie Goldilocks ihrer unangenehmen Situation entronnen war.

Wenn Sie und Ihr Kind die Gutenachtgeschichten beim Zubettgehen in ähnlicher Form genießen, dann haben Sie wahrscheinlich intuitiv herausgefunden, was sorgfältige Untersuchungen jetzt eindeutig beweisen: Zu gutem Vorlesen gehört mehr als nur die bloße Wiedergabe der Worte. Nach Ansicht von Grover Whitehurst von der State-Universität von New York in Stony Brook ist es bedauerlich, dass viele Eltern, die pflichtbewusst Zeit und Geld in Bilderbücher investieren, diese wunderbar einfache Methode nicht nutzen, um ihren Kindern das Sprechenlernen zu erleichtern. Statt die auf den Buchseiten gedruckten Worte einfach abzulesen, sollten Eltern ihr Kind auch in ein Gespräch über den vorgelesenen

---

[5] Aus der Geschichte »Goldilocks und die drei kleinen Bären«.

Text verwickeln. Dadurch, dass ein Kind in seinem Gedächtnis nach Antworten auf derartige Fragen suchen muss, lernt es, aufmerksam zuzuhören, über die Handlung der Geschichte nachzudenken und die richtigen Begriffe für eine Antwort zu finden. Und das Beste daran ist, dass die genannten Lektionen, die in anderem Zusammenhang vielleicht als anstrengende Arbeit angesehen werden könnten, in einem fröhlichen und spielerischen Umfeld stattfinden, da sie Teil des allabendlichen »Unterhaltungsprogramms« sind.

Grundlagen des Vorlesens

Halten wir einen Moment inne und betrachten wir das Thema einmal genauer. Als Erstes gilt: Wenn Sie Ihrem Kind überhaupt Geschichten vorlesen, haben Sie anderen Eltern bereits einiges voraus. Unzählige Studien belegen, dass Kinder, denen von klein auf vorgelesen wird (egal in welcher Form), im Allgemeinen früher sprechen lernen, besser lesen und komplexere Denkprozesse vollziehen als Kinder, deren Eltern dies nicht tun. Grover Whitehurst und seine Kollegen weisen auf die zusätzlichen Vorteile hin, die entstehen, wenn Sie mehr tun, als nur den reinen Text vorzulesen. Wenn Sie Ihrem Kind helfen wollen, sprechen, nachdenken und sich erinnern zu lernen, dann müssen Sie ihm Fragen über die Handlung

Das Sprechenlernen erfordert viel Übung, wie jede andere Fähigkeit auch. Geben Sie die Geschichten nicht einfach wörtlich wieder! Gespräche beim Vorlesen eines Kinderbuches stellen Untersuchungen zufolge eine leichte und wirkungsvolle Methode dar, in einer herzlichen und liebevollen Atmosphäre die Grundlagen des Spracherwerbs zu üben.

und die darin vorkommenden Charaktere stellen. Entdecken Sie interessante Persönlichkeiten, dann fragen Sie nach, wer sie sind, was sie gerade tun, was sie zuvor gemacht haben und (vor allem bei vertrauten Lieblingsgeschichten) was sie auf den nächsten Seiten machen werden. Das Ziel besteht im Allgemeinen also darin, Ihr Kind so viel wie möglich zum Sprechen zu bringen. Dadurch ergeben sich wunderbare Gelegenheiten zu lebendigen Gesprächen, besonders wenn Sie die Sache aus der Sicht Ihres Kleinkindes betrachten: Die Atmosphäre ist vertraut und sicher, die Themen sind interessant und man kann die Informationen mit jemandem teilen, der aufmerksam und fasziniert zuhört. Können Sie sich ein besseres Forum vorstellen, das Ihr Kind ermutigt, selbstständig nachzudenken und die nötigen Worte zu lernen, um Ihnen seine Gedanken mitzuteilen?

Whitehursts Vorschlag ist mit Sicherheit sinnvoll, vor allem wenn Sie berücksichtigen, wie sorgfältig er und seine Studenten vorgingen, um die Richtigkeit ihrer Behauptungen zu beweisen. Als Erstes stellten sie eine Gruppe aus 21 bis 35 Monate alten Kleinkindern zusammen, denen täglich vorgelesen wurde. Kein Kind wies besondere Sprachauffälligkeiten auf, aber die Eltern besaßen genug Interesse an der Sache, um ihre Zeit trotzdem für diese Studie zu opfern. (Gott sei Dank gibt es immer wieder bereitwillige Eltern. Ohne sie befänden wir uns noch in grauer Vorzeit, wo man Babys als vollkommen unfähige Wesen ansah, die nur durch Kälte, Hunger und nasse Windeln zum Handeln bewegt werden konnten.)

Während des ersten Laborbesuchs erhielten die Eltern Informationen über die positiven Auswirkungen des Vorlesens auf die Sprachentwicklung und man beglückwünschte sie dazu, dass sie sich bereits vorher die Zeit genommen hatten, ihren Kindern vorzulesen. Anschließend teilte man die Familien per Zufall in zwei Gruppen auf und instruierte sie folgendermaßen:

Wir bitten Sie, innerhalb des nächsten Monats Ihre Vorlesestunden auf Kassette aufzunehmen und dann wieder ins Labor zu kommen. Wir werden dann einen kleinen Sprachtest durchführen, um festzustellen, ob – und wenn ja, welche – Unterschiede nach diesem Monat zu beobachten sind.

Die Geschehnisse innerhalb des Beobachtungszeitraums unterschieden sich von einer Gruppe zur anderen. Während die Eltern der Kontrollgruppe nach Hause geschickt wurden und ihren gewohnten Vorlesestil beibehalten sollten, bat man die Eltern der Experimentalgruppe, auf die oben beschriebene Weise vorzulesen. Sie sollten mit ihren Kindern über die Bücher sprechen, statt den Text einfach nur vorzulesen. Am Ende des Monats waren sogar Whitehurst und seine Studenten von den positiven Auswirkungen überrascht. Obwohl die beiden Kindergruppen zu Beginn der Studie sprachlich in etwa auf demselben Stand gewesen waren, lagen die Kinder der Experimentalgruppe am Ende des Monats bei einem Test achteinhalb Monate und bei einem anderen sechs Monate in ihrer Sprachentwicklung voraus. Mehr noch: Als die Familien neun Monate später ein letztes Mal ins Labor zurückkamen, hatten die Kinder in beiden Tests immer noch sechs Monate Vorsprung. Stellen Sie sich vor, was ständiges Vorlesen für Ihr Kind bedeuten würde, wenn schon ein einziger Monat regelmäßigen Lesens im »Dialog-Vorlesestil«, wie Whitehurst es nannte, einen derart signifikanten Unterschied hinsichtlich des Sprachvermögens der untersuchten Kleinkinder bewirkte!

Was Sie tun können, damit der Dialog-Vorlesestil für Sie ebenso selbstverständlich wird wie das Umblättern der Buchseiten, erfahren Sie in den folgenden Strategievorschlägen.

Tipps für Eltern

■ 6 Monate +

Mag die Geschichte noch so interessant und Ihre Fragen von größter Bedeutung sein – solange Ihr Baby noch nicht sprechen kann, werden Sie den ganzen Tag vergeblich auf eine Antwort warten. Dies bedeutet jedoch keineswegs, dass Sie mit der Anwendung des Dialog-Vorlesestils warten müssen, bis Ihr Baby 18 oder 24 Monate alt ist. Auch Kinder, die noch nicht sprechen können, sind durchaus in der Lage zuzuhören. Lassen Sie sich also nicht entmutigen und stellen Sie einfache Fragen wie »Wer ist denn das?«, die Sie dann selbst beantworten: »Das ist Dumbo!« Normalerweise gehen Eltern automatisch so vor, wenn sie mit ihren Kindern Bilderbücher anschauen, um ihnen die Namen verschiedener Dinge beizubringen. Beim Vorlesen neigen sie jedoch dazu, sich eng an den geschriebenen Text zu halten. Bemühen Sie sich stattdessen, nicht nur nach Namen zu fragen. Da Sie die Antworten selbst liefern, können Sie Ihrer Fantasie freien Lauf lassen.

Hier ist ein Beispiel:
»Was macht Dumbo denn da? Er fliegt! Was fällt dir bei Dumbo auf?
Schau nur, wie groß seine Ohren sind! Sind deine Ohren auch so groß?
Nein! Du hast kleinere Ohren.«

Sie sollten mit diesem Vorlesestil bereits früh beginnen. Das hat mindestens zwei große Vorteile. Erstens gewöhnen Sie sich daran, Fragen zu stellen, egal ob Sie sie nun selbst beantworten müssen oder nicht. Zweitens kennt Ihr Kind dadurch bereits die Regeln dieses »Spiels«, wenn es später aktiv mitspielen kann.

■ 9 Monate +

Schon im 4. Kapitel haben wir betont, wie wertvoll es für Ihr Baby ist, wenn Sie ihm dasselbe Märchenbuch immer wieder vorlesen – auch wenn Sie die Geschichte auf Dauer zu Tode langweilt. Für den Wunsch Ihres Kindes gibt es einen guten Grund. Durch das mehrmalige Wiederholen derselben Geschichte prägen sich neue Worte beim Dialog-Vorlesestil so gut ein, dass das Kind sie zur Beantwortung von Fragen einsetzen kann. Dies stellte kürzlich auch die Forscherin Monique Senechal fest, als sie Dreijährigen eine bestimmte Geschichte ein- beziehungsweise dreimal vorlas. Die beiden zusätzlichen Lesungen hatten großen Einfluss auf das Erinnerungsvermögen der Kinder, die sich an die Bedeutung von zehn neuen Zielworten (zum Beispiel »Angeln«, »Fee« und »Schulranzen«) erinnern sollten. Zudem beobachtete man, dass die Anzahl der erinnerten Worte sogar stieg – im Durchschnitt auf fast 70 Prozent –, wenn dem Kind im Verlauf der drei Lesungen Fragen gestellt wurden (wie beim Dialog-Vorlesestil). Es ist durchaus möglich, dass einige Kinder beim Nachhausegehen mehr Worte wussten als ihre Eltern! Und falls Sie immer noch Zweifel haben, gibt es eine Studie von Peter Jusczyk und Elizabeth Hohne, die belegt, dass bereits acht Monate alte Babys nach drei Lesungen bestimmte Worte, die sie in der Geschichte gehört haben, als bekannt wieder erkennen. Im Gegensatz zu den Dreijährigen aus Senechals Untersuchung verstehen Babys natürlich nicht, was die Worte tatsächlich bedeuten. Aber sie erkennen die Lautfolgen wieder, aus denen sie bestehen. Das wiederholte Vorlesen von Geschichten hat also schon im Alter von acht Monaten Auswirkungen auf den Verstand Ihres Babys.

■ **18 Monate +**

Im Alter von 18 Monaten wird Ihr Kind eine aktivere Rolle übernehmen. Deshalb können Sie nun richtig mit dem Dialog-Vorlesestil beginnen. Hier noch einmal kurz die wesentlichen Punkte: Das Ziel besteht im Grunde darin, Ihr Kind zum Sprechen zu bringen, indem Sie ihm Fragen stellen, statt nur den Text vorzulesen. Was ist eine »gute« Frage? Jede Frage, die Ihr Kind zu einer Äußerung anregt, ist geeignet. Auch hier gilt: Je mehr ein Kind das Sprechen übt, umso leichter fällt es ihm. Im Folgenden geben wir Ihnen einige spezielle Tipps:

1. Stellen Sie Fragen, bei denen Ihr Kind überlegen muss (»Wo geht Dumbo wohl hin, was meinst du?«), statt nur nach offensichtlichen Dingen zu fragen (»Was ist das?«). Im Allgemeinen fängt man am besten mit »Warum ...?«, »Wie ...?« oder »Wo ...?« an. Sie werden bald merken, dass sich die weiteren Fragen ganz von selbst ergeben, je nachdem, welche Antworten Sie erhalten. »Zu groß, meinst du? Richtig, Goldilocks war zu groß. Sie war viel zu schwer für das kleine Bärenstühlchen.« Vielleicht erscheinen Ihnen Ihre Worte für ein Kind viel zu kompliziert, aber auch wenn es nicht sofort alles versteht, sorgen Ihre Ausführungen für wertvolles »Gedankenfutter«.

2. Fragen Sie auch nach abstrakteren Dingen wie Gefühlen oder Vorhersagen für die Zukunft. »Wie hat sich Goldilocks wohl gefühlt, als ...?«»Was denkst du, was Goldilocks ihrer Mama erzählt hat, als sie nach Hause kam?« Häufig unterschätzen Eltern die Fähigkeit ihrer Kinder, über derartige Dinge nachzudenken. Indem Sie Ihr Kind dazu anregen, sich in die Gefühlswelt einer Märchenfigur hineinzuversetzen, helfen Sie ihm indirekt auch dabei, sich mit seinen eigenen Gefühlen auseinander zu setzen.

3. Stellen Sie Fragen, die einen Bezug zwischen der Handlung einer Geschichte und dem Leben Ihres Kindes herstellen. »Hast du schon mal einen Bären gesehen?« »Was würdest du tun, wenn du aufwachst und drei Bären vor dir siehst?« Wie wir alle interessieren sich auch Babys mehr für Dinge, die einen direkten Bezug zum Leben haben.

4. Seien Sie ganz entspannt, lachen Sie viel und »lassen Sie sich treiben«. Wichtig ist, dass Sie Spaß am Sprechen vermitteln. Es geht hier – und das möchten wir ausdrücklich betonen – nicht um einen Intelligenztest!

■ 18 Monate +

Verwenden Sie die Dialogstruktur nicht nur beim Vorlesen! Machen Sie es sich zur Gewohnheit, die beschriebene Fragestrategie auch in anderen Bereichen einzusetzen. Vielleicht liebt Ihr Kind einen ganz bestimmten Videofilm – zum Beispiel *Ein Schweinchen namens Babe*. Kuscheln Sie sich mit ihm aufs Sofa, statt den Film als Babysitter zu benutzen, und betrachten Sie ihn wie ein Bilderbuch:»Schau mal, da sind Babe und Rex. Was denkst du, wo sie hingehen?« oder »Was macht die komische Ente denn jetzt?« Sie können sogar die Pausetaste betätigen, um genug Zeit für derartige Unterhaltungen zu haben, genauso wie Sie sich normalerweise Zeit lassen, bevor Sie in einem Buch weiterblättern. Aber gehen Sie noch weiter! Ihr Kind kann nicht nur Geschichten aus Büchern und Filmen reflektieren. Die faszinierendste Geschichte ist das Leben Ihres Babys selbst. Jeder neue Tag ist voll gestopft mit hoch interessanten Charakteren, Nebenhandlungen und Gefühlen, über die es sich zu reden lohnt, egal, ob Sie gerade an der Kasse im Supermarkt anstehen, sich im Auto auf der Heimfahrt von Oma befinden oder einfach zusammen in der Sonne sitzen.

Das Wichtigste ist, immer daran zu denken, dass niemand von Ihnen verlangt, jeden Augenblick im Leben Ihres Kindes zu einer Art »frühkindli-

Peter und seine Enkelin Leannie führen gerade ein intensives Gespräch über ihr neues Schreiblernprogramm auf dem Computer. Wie man sieht, geraten Kinder durch Computer nicht zwangsläufig in die Isolation!

cher Zwischenprüfung« zu machen. Auf keinen Fall! Whitehurst weist nur darauf hin, dass selbst hoch motivierte Eltern allzu oft Gelegenheiten übersehen, um ihre Kinder zum Sprechen zu animieren. Und Kinder, die zum Sprechen animiert wurden, haben durch ihr besseres Sprachvermögen einen wertvollen Vorteil in ihrem späteren Leben.

Sprachentwicklung und die Zukunft Ihres Babys

Die Geschichten, Vorschläge und Forschungsergebnisse, die Sie in diesem Kapitel kennen gelernt haben, machen deutlich, wie wichtig Sie für die sprachliche Entwicklung Ihres Kindes sind. Mutter Natur hat ihren Teil dazu beigetragen, damit nichts schief gehen kann. Jedes gesunde Kind besitzt die Anlage zum Spracherwerb. Aber ohne ein Umfeld voller Worte *und* zwischenmenschlicher Beziehungen wäre jede Mühe vergeblich. Im 2. Kapitel haben wir uns der Bedeutung von liebevollen Beziehungen gewidmet. In diesem Kapitel wollten wir Ihnen einen Einblick in einige der am besten gehüteten Geheimnisse der Natur verschaffen. Kleine Säuglinge imitieren gern Sprachlaute. Babys, die noch nicht sprechen können, kommunizieren mit Hilfe der Babyzeichensprache. Als-ob-Spiele fördern den Spracherwerb. Und die Art, wie Sie Ihrem Kind ein Buch vorlesen, beeinflusst seine sprachliche Entwicklung. Nachdem diese Geheimnisse nun offenbart wurden, hoffen wir, dass Sie viel Spaß daran haben werden. Denn dadurch helfen Sie Ihrem Kind auch bei der Entwicklung einer wesentlichen Voraussetzung für schulische Erfolge. Natürlich brauchen wir die Sprache, um mit anderen Menschen zu reden, dies ist jedoch nur die Spitze des Eisbergs. Die Sprache hilft uns auch beim Lesen, Schreiben, Denken und kreativen Arbeiten. Wenn Sie Ihrem Kind das Tor zur Sprache öffnen, öffnen Sie ihm daher auch das Tor zur Welt.

6. Buchstaben, Reime und die Liebe zu Büchern: Lesevorbereitung

NACHRICHTEN AUS DER FORSCHUNG:

Wissenschaftler stellen fest:
Zwei Monate alte Babys können
Buchstaben differenzieren

Victoria, Australien. Erzählt man dem zwei Monate alten Julian etwas über »Quadrate« und »Rechtecke«, erntet man nur einen verständnislosen Blick. Zeigt man ihm hingegen zuerst Bilder der einen und dann der anderen Form, wandelt sich die Verständnislosigkeit plötzlich in höchste Konzentration. Wenn man Julians Blickverhalten, während er die Schwarzweißzeichnungen der Quadrate und Rechtecke untersucht, genauer beobachtet, stellt man etwas Erstaunliches fest. Julian scheint bereits eine Fähigkeit zu besitzen, die wichtig für das Lesenlernen ist: Er kann Formen aus schwarzen Linien auf einem weißen Hintergrund unterscheiden. Zeigt man Julian zuerst ein Bild von einem Rechteck und dann von einem Quadrat, so stellt er ohne Schwierigkeiten den Unterschied fest. Auch wenn man ihm ein Quadrat und anschließend ein Dreieck vorhält, wird er den Formenwechsel bemerken. Sie können nun versuchen, ihn zu überlisten, indem Sie ihm dasselbe Rechteck zeigen, zuerst aufrecht und dann auf der Seite liegend, und Sie werden staunen: Selbst diese List funktioniert nicht! Julian merkt genau, dass es sich um dieselbe Form handelt, die Sie nur ein wenig verrückt haben. Auch wenn Sie ein Quadrat auf einen Eckpunkt kippen, um daraus einen Diamanten zu machen, wird er ihnen die Idee nicht abkaufen. Ein Quadrat ist immer ein Quadrat – egal in welcher Lage!

Vielleicht denken Sie nun, Julian wäre ein Genie. Sein Gespür für kleinste Veränderungen bei geometrischen Formen ist wirklich ziemlich spektakulär. Bei einem Besuch im Labor der beiden Forscher Marcelle Schwartz und R.H. Day an der Monash-Universität in Australien werden Sie jedoch vielen ebenso begabten Babys wie Julian begegnen. Zwei Monate alte Kinder, die sich an eine bestimmte Form gewöhnt haben (Habituierung) und deren Aufmerksamkeit daher allmählich nachlässt, merken auf, wenn man ihnen plötzlich ein anderes Bild vorlegt. Daraus schlossen die Forscher, dass das Differenzierungsvermögen zwischen geometrischen Formen eine angeborene menschliche Fähigkeit ist. Was diese Erkenntnis für das Lesenlernen bedeutet, ist nicht schwer zu verstehen, denn letztendlich sind Buchstaben nichts anderes als eine Ansammlung geometrischer Formen. Natürlich sind sie noch viel mehr – jede Schriftgesellschaft weist ihnen bestimmte Laute zu. Doch ohne die Fähigkeit, ein A von einem H oder ein B von einem P zu unterscheiden, würde niemand zum Ziel kommen.

Lesen

Heutzutage lesen die meisten Eltern ihren Kindern Bücher vor, lange bevor die Babys das Alter erreichen, in dem sie selbst lesen lernen. Mit etwa fünf Jahren, wenn das Lesen in Reichweite rückt, ändern viele Eltern ihren Vorlesestil und gehen zu einem belehrenden Verhalten über. Instinktiv und ohne sich der Veränderungen wirklich bewusst zu sein, sorgen sie nach und nach für »Leselernhilfen«, die die Entwicklung der entsprechenden Fähigkeiten bei ihren Kindern unterstützen. Beobachtet man Eltern, die ihren etwa fünfjährigen Kindern vorlesen, trifft man normalerweise auf die folgenden Verhaltensstrategien:

Es war einmal eine kleine Giraffe, die hieß ... [die Mutter deutet auf das nächste Wort, wartet kurz und fährt dann fort] Spotty. Spotty war eine sehr liebe kleine Giraffe, die im Zoo lebte [die Mutter folgt mit ihrem Zeigefinger den einzelnen Worten des vorgelesenen Textes]. Sie hatte viele gute Tierfreunde und spielte gern mit jedem von ihnen. Eines Tages beschloss ... [wieder macht sie eine kurze Pause, ihr Finger bleibt auf dem Zielwort, während sie ihrem Sohn in die Augen blickt und dann den Namen der Giraffe betont] Spotty, ein Fest zu geben und alle ihre Freunde einzuladen: den Affen Al, den Bären Bobby, den Flamingo Freddie und das Nilpferd Nobbie. [Während sie die Worte »Affe«, »Bär«, »Flamingo« und »Nilpferd« vorliest, deutet sie auf jedes einzelne Wort und das Bild des entsprechenden Tieres, damit ihr Kind lernt, Assoziationen zwischen Worten und Gegenständen herzustellen.]

Etwa ab diesem Alter beginnen Eltern unbewusst damit, ihrem Kind das Lesen beizubringen. Sie verhalten sich abwartend und hoffen besorgt, dass es ohne Schwierigkeiten und flüssig lesen lernt und, was ebenso wichtig ist, gerne liest. Solche Gedanken sind nicht verwunderlich, denn Lesen gehört zweifellos zu den wichtigsten intellektuellen Fähigkeiten, um im Leben erfolgreich zu sein. Es ist die Grundvoraussetzung für Lernerfolge in allen akademischen Disziplinen und im Schulalltag eines Kindes. Egal ob Mathematik, Natur- oder Sozialwissenschaften – Lesen ist für alle Schulfächer unerlässlich. Es spielt keine Rolle, wie gut ein Kind in diesen Fächern ist. Wenn es nicht gut lesen kann, sind seine Weiterbildungsmöglichkeiten begrenzt. Um in der Schule erfolgreich zu sein, muss ein Kind gut lesen können. Bei einer vergleichenden Beurteilung haben schlechte oder langsame Leser beziehungsweise Leserinnen beträchtliche Nachteile.

Auch Erwachsene müssen lesen können, um gute Leistungen zu erzielen. Da die meisten Eltern wissen, dass gutes Lesen die Türen zu höherer Bildung und besseren beruflichen Laufbahnen öffnet, legen sie Wert darauf, dass ihr Kind diese Fähigkeit besitzt. Häufig wissen sie jedoch nicht, dass die beste Zeit, um gute Voraussetzungen für das Lesen zu schaffen, bereits lange vor dem Schulalter beginnt. Deshalb kümmern sie sich in den ersten Lebensjahren ihres Kindes kaum um das Lesenlernen. Wenn ein Kind sein Lesepotenzial jedoch voll ausschöpfen soll, muss es vor der offiziellen Einschulung gewaltige Vorarbeit leisten.

Tito weiß, dass der zweijährige Aidan noch zu jung zum Lesen ist und dass er sicher noch einige Zeit der Vorbereitung braucht, bevor er diese Aufgabe bewältigen kann. Aber Tito weiß auch, wie er Aidan dabei helfen kann: Er vermittelt ihm während seiner ersten Lebensjahre viele schöne und positive Erfahrungen mit Büchern.

Die meisten Lehrer werden Ihnen bestätigen, dass sich das Leseverhalten normalerweise in Stufen über mehrere Schuljahre hinweg entwickelt. Jede Stufe enthält eine bestimmte Entwicklungsaufgabe, die bewältigt werden muss. Zwischen fünf und sieben Jahren beginnt im Allgemeinen die so genannte phonologische Entschlüsselung. Auf dieser Stufe lernt ein Kind, Buchstaben in Laute zu übersetzen, und fängt an, aus diesen Sprachlauten Worte zu bilden. Ist das Kind dazu in der Lage, muss es lernen, einzelne Worte schneller zu identifizieren, damit es flüssig lesen kann. Flüssiges Lesen entwickelt sich normalerweise während des dritten und vierten Grundschuljahres. Aber auch in diesem Alter wird das Lesen in erster Linie als Pflichtübung und nicht als eine Methode zur Informationsgewinnung angesehen. Erst wenn das Kind etwa zehn Jahre alt ist, dient das Lesen allmählich dem Lernprozess, doch auch dann nur in ziemlich begrenztem Umfang. Mit 14 oder 15 fangen Kinder schließlich an, Bücher wie Erwachsene als Informationsquelle zu nutzen. Aufgrund weit entwickelter kognitiver Fähigkeiten und eines umfangreichen Wissens in Geschichte, Wirtschaft und Politik sind Jugendliche in der Lage, Feinheiten und Nuancen in komplexer literarischer Form zu verstehen. Nun können jugendliche Leser und Leserinnen die vielfältigen Möglichkeiten schriftlichen Informationsmaterials auch wirklich schätzen.

Normalerweise lesen wir mit dem Ziel, Informationen aus einem geschriebenen Text zu ziehen. Dafür müssen gewisse Grundvoraussetzungen gegeben sein. Zunächst einmal muss ein Kind wissen, in welcher Richtung der geschriebene Text gelesen wird. Im Deutschen liest man zum Beispiel von links außen bis zum äußersten rechten Rand, beginnt dann in der nächsten Zeile wieder links außen usw. Zweitens muss das Kind wissen, dass Abstände zwischen zwei Buchstabenfolgen das Ende eines Wortes und den Anfang eines neuen kennzeichnen. Außerdem muss es jeden einzelnen Buchstaben eines Wortes identifizieren können und ihm nicht nur seinen Sprachlaut zuordnen, sondern auch seine Aussprache in Verbindung mit anderen Buchstaben – zum Beispiel bei »ch« oder »ph« – kennen. Alles Aufgaben, die sehr anspruchsvoll sind und trotzdem von vielen Kindern lange vor ihrer Einschulung bewältigt werden. In der Zeit zwischen Geburt und einem Alter von fünf Jahren entwickelt ein Kind die wesentlichen Voraussetzungen für sein späteres Leseverhalten.

Einige dieser Voraussetzungen scheint das Kind so mühelos zu erlangen, dass man vermuten könnte, Lesen wäre eine angeborene Veranlagung. Zeichen dieser frühkindlichen Begabung entdecken Sie vielleicht, wenn Ihr

Kleinkind das nächste Mal mit einem leuchtend roten Farbstift Ihre Wohn-zimmerwand verziert. Atmen Sie tief durch, zählen Sie bis zehn und be-trachten Sie sein Meisterwerk ein paar Minuten lang, bevor Sie ausrasten und alles wieder wegschrubben. Wahrscheinlich werden Sie feststellen, dass Ihr Kind bereits eine ungefähre Vorstellung von den Grundlagen der Schreibkunst besitzt. Auch wenn es noch nicht weiß, wie die Buchstaben des Alphabets tatsächlich geschrieben werden, verlaufen seine Kritzeleien nicht nur in die richtige Richtung, sondern sind sogar in wortähnliche Seg-mente unterteilt. Andere Lesevoraussetzungen, wie zum Beispiel das Wie-dererkennen von Buchstaben und die Erkenntnis, dass Worte aus einzelnen Lauten zusammengesetzt werden, sind für den zukünftigen Leser schon schwerer zu erringen. Anhand unseres heutigen Kenntnisstandes über die kindliche Fähigkeit, elementare Formen wieder zu erkennen, erscheint die Aufgabe jedoch leichter als vermutet – vor allem wenn ein Baby die Gelegenheit bekommt, seine neuronalen Netze zu optimieren.

Die Fortsetzung der »Julian-Show«

Erinnern Sie sich daran, wie Julian im zarten Alter von zwei Monaten den sensationellen Beweis lieferte, dass er in der Lage war, geometrische For-men zu unterscheiden? Wie konnte er den Forschern mitteilen, dass er den Unterschied zwischen einem Quadrat und einem Dreieck beziehungsweise einem Rechteck erkennt, wenn er noch nicht sprach? Schwartz und Day stellten fest, dass die Antwort ziemlich einfach von Julians Augen abzule-sen war. Mit Hilfe eines Diaprojektors zeigten sie Julian zunächst 20 Se-kunden lang eine Strichzeichnung von einem Quadrat. Immer wieder pro-jizierten sie dasselbe Dia 20 Sekunden auf einen Bildschirm direkt vor ihm. Und wie reagierte Julian? Nun, was hätten Sie wohl an seiner Stelle ge-macht? Wahrscheinlich hätten Sie angefangen, sich zu langweilen, und die »Show« einfach ausgeblendet. Genau dies taten auch Julian und andere Test-Babys. Nach einigen Bildwiederholungen sah man deutlich, dass Juli-ans Blick nicht mehr auf das Quadrat gerichtet war. Seine Aufmerksamkeit ließ nach – beziehungsweise, wie Wissenschaftler diesen Vorgang bezeich-nen, er hatte sich an das Quadrat »gewöhnt« (Habituation). Wie Menschen, die neben einer Eisenbahnstrecke wohnen, behaupten, sie hörten den vor-beifahrenden Zug nicht, drückte Julian mit seinem Verhalten im Grunde aus: »Was für ein Quadrat? Ich sehe kein Quadrat.«

Als sie sicher waren, dass Julian sich an das Quadrat gewöhnt hatte, änderten Schwartz und Day das Bild und zeigten ihm nun ein Dia von einem Dreieck. Und wie reagierte er dieses Mal? Wie Sie wahrscheinlich vermutet haben, konzentrierte er sich plötzlich wieder auf den Bildschirm, als wollte er sagen: »Moment mal! Das ist kein Quadrat. Das ist etwas Neues, Interessantes.«

Die *Sesamstraße* oder Die Macht der Buchstaben

Wenn Sie an einem beliebigen Wochentag das Vormittagsprogramm des Kinderkanals einschalten, werden Sie wahrscheinlich irgendwann bei der *Sesamstraße* landen. Die Produzenten dieser höchst erfolgreichen Fernsehserie für Vorschulkinder haben, sicher nicht zufällig, mit ihrem Konzept eine Goldmine entdeckt. Eine Grundvoraussetzung des Lesens ist das Wiedererkennen von Buchstaben. Für sich allein sind Buchstaben nichts weiter als spezielle Kombinationen aus geometrischen Formen. Setzt man sie jedoch sinnvoll zusammen, bilden sie eine riesige Anzahl unterschiedlicher Worte in verschiedenen Sprachen. Horizontale, vertikale, kreisförmige, gebogene und diagonale Linien verbinden sich auf vielfältige Weise und formen As, Bs und Cs, um nur einige zu nennen.

Aus der Sicht eines Kindes unterscheiden sich diese einfachen Formen mit ihren speziellen Namen nicht von anderen, zum Beispiel einem Ball oder einem Klotz. Den Namen eines Buchstabens zu erlernen fällt ihm nicht schwerer, als sich die Bezeichnungen für Socken und Schuhe oder Vögel und Bienen zu merken. Es braucht nur Übung. Erwachsene sind allerdings viel mehr beeindruckt, wenn ein Zweijähriger ein P oder ein T richtig erkennt, als wenn er das Kätzchen oder die Blume auf einem Bild korrekt benennt. Als Erwachsene können wir die komplexe Funktion von Buchstaben, die mit ihren einzelnen Lauten zur Aussprache eines Wortes beitragen, erfassen und schließen daraus fälschlicherweise, das Kleinkind wäre weiter entwickelt, als es in Wirklichkeit ist. Dabei sind Qs und Bs für ein Kind im Grunde dasselbe wie Eichhörnchen und Bäume.

Durch Mama und Papa, Oma und Opa, den großen Bruder und die große Schwester – nicht zu vergessen auch durch die *Sesamstraße* – lernen viele Kinder die meisten Buchstaben kennen, bevor sie in die Schule kommen. Vor dem Hintergrund der Erkenntnisse von Schwartz und Day, dass selbst ganz kleine Babys bereits in der Lage sind, verschiedene geometri-

Großeltern und ältere Geschwister können dabei helfen, Kleinkindern Erfahrungen im Umgang mit Büchern zu vermitteln. Derartige Erfahrungen sorgen für einzigartige Erinnerungen und schaffen ein starkes emotionales Band zwischen Necy und ihrer kleinen Schwester Jordan, was ihr ein ganzes Leben lang nützen wird.

sche Formen zu unterscheiden, ist dies nicht besonders erstaunlich. Es gibt allerdings noch etwas anderes, weit Faszinierenderes. Erinnern Sie sich, dass die von Schwartz und Day beobachteten Babys das Dreieck oder Quadrat auch dann noch als solches erkannten, wenn es in eine andere Lage gedreht war? Dies beweist, dass zwei Monate alte Babys Formen unabhängig von ihrer Ausrichtung wieder erkennen. Außer beim Lesen verliert kein Gegenstand seine Identität, nur weil er in eine andere Richtung gedreht wurde. Mami bleibt Mami, egal ob sie nach rechts oder nach links schaut, und Bello bleibt immer der Familienhund, ob er nun einem Ball nachjagt oder sich auf den Rücken rollt, um gestreichelt zu werden. Das Gleiche gilt auch – mit wenigen Ausnahmen – für Buchstaben. Ein b und ein d, ein p und ein q haben die gleiche Grundform, sind aber in entgegengesetzte Richtungen gewandt. Aus den Erkenntnissen von Schwartz und Day könnte man demnach schließen, dass kleine Kinder die Buchstaben des Alphabets mit Ausnahme der Kleinbuchstaben b, d, p und q ohne

Schwierigkeiten wieder erkennen. Interessanterweise werden genau diese
Buchstaben von Kindern am häufigsten verwechselt, manchmal sogar bis
zu einem Alter von sieben oder acht Jahren. Während die Grundform wahrscheinlich aufgrund angeborener Fähigkeiten wieder erkannt wird, ist ein
spezieller Lernprozess nötig, um Buchstaben zu identifizieren, die der
selbstverständlichen Annahme widersprechen, die jeweilige Ausrichtung
wäre irrelevant. Das Kind muss erst lernen, diese natürliche Neigung zu
überwinden.

Eltern müssen also nicht nur ihre eigenen ps und qs überwachen, solange die Kinder klein sind, sondern ihnen dabei helfen, »buchstäblich« das
Gleiche zu tun. Im Folgenden finden Sie ein paar Anregungen, wie Sie Ihrem Kind helfen, seine angeborene Fähigkeit, Formen zu unterscheiden, zu
trainieren, und ihm gleichzeitig das altbekannte Schema »Ausnahmen bestätigen die Regel« vermitteln können.

*Durch zwei Bilder ihrer Lieblingsfigur Barney wird Katherines natürliche Veranla-
gung, Dinge zu vergleichen und einander gegenüberzustellen, angeregt. Durch solche
frühkindlichen Erfahrungen erkennen Babys allmählich immer feinere Unterschiede
zwischen ähnlichen Formen, was ihnen den Weg für das spätere Buchstabenlernen
ebnet.*

Tipps für Eltern

■ Geburt +

Es ist nicht schwer, die natürliche Veranlagung eines Babys, Dinge zu vergleichen und einander gegenüberzustellen, zu fördern. Hängen Sie statt einem einfach zwei Bilder einer Lieblingsfigur neben dem Bettchen oder dem Hochstuhl auf. Verändern Sie nach einiger Zeit eines der Bilder. Malen Sie der einen Figur zum Beispiel einfach einen Bart und Ihr Baby wird mit Sicherheit etwas zum Grübeln haben.

■ 6 Monate +

Es ist nie zu früh, Ihrem Baby Buchstaben zu zeigen. Zwischen A und B, H und Z oder M und K und Bildern von Äpfeln und Bällen, Hüten und Ziegen oder Mäusen und Kürbissen besteht im Grunde kein allzu großer Unterschied. Der Verstand eines Babys sieht darin einfach verschiedene Formen. Sogar Q und Y können sehr dekorativ sein, wenn sie leuchtend ausgemalt und gut sichtbar im Kinderzimmer aufgehängt werden. Da im Allgemeinen niemand auf die Idee kommt, seinem Baby Buchstaben zu zeigen, werden Sie derartige Bilder auch nirgends kaufen können. Aber mit Papier, Filzstiften, Glitter und ein wenig Fantasie haben Sie Ihre eigenen Kreationen schnell entworfen. Versuchen Sie es, auch wenn es Ihnen anfangs etwas seltsam erscheinen mag. Sie werden merken, dass Ihnen Sätze wie »Siehst du das rote, gebogene Q? Das ist ein hübscher Buchstabe, nicht?« bald ganz selbstverständlich über die Lippen kommen.

■ 12 Monate +

Verwandeln Sie Ihr Haus in die *Sesamstraße*. »In dieser Woche lernen wir den Buchstaben K.« (wenn Sie so beschäftigt sind wie wir, dann versuchen Sie es mit »In diesem Monat ...«). Es gibt zahlreiche Möglichkeiten, den wöchentlichen Buchstaben in den alltäglichen Tagesablauf Ihres Babys zu integrieren. Hier sehen Sie einige unserer Versuche:

■ Schneiden Sie Buchstaben aus farbigem Bastelpapier aus und hängen Sie sie überall im Haus auf.

■ Ordnen Sie Rosinen oder andere essbare Kleinigkeiten in der Form des wöchentlichen Lernbuchstabens auf dem Esstablett des Hochstuhls an.

■ Machen Sie das Frühstück Ihres Kindes zu einem »Buchstaben-Wiedererkennungs-Erlebnis«, indem Sie seinen Teller entsprechend gestalten (zum Beispiel mit der »Lachgesicht«-Technik beim Grießbrei).

■ Formen Sie einen Buchstaben aus Seifenschaum am Badewannenrand. Nachdem Sie ihn benannt haben, waschen Sie ihn weg und wiederholen das Ganze.

■ Schmieren Sie Fingerfarbe auf das Esstablett des Hochstuhls. Lassen Sie Ihr Baby den Buchstaben mit dem Zeigefinger in die Farbe malen.

Es wird Ihnen nicht schwer fallen, weitere Möglichkeiten zu finden, wie Sie Buchstaben in das tägliche Umfeld Ihres Babys integrieren können, ohne dabei allzu akademisch vorzugehen. Die eigentliche Idee besteht einfach darin, dem Verstand Ihres Kindes »Gedankenfutter« zu liefern, das er nach seinem eigenen Zeitplan ohne Druck verdauen kann. Die genannten Anregungen sind jedoch *nicht* dazu gedacht, Ihrem Kind die Buchstaben des Alphabets beizubringen.

■ 24 Monate +

Sobald Ihr Kind Interesse am Zeichnen zeigt, können Sie die Grundformen der verschiedenen Buchstaben als Ausgangspunkt für viele lustige, kreative Malereien nutzen. Die meisten Zweijährigen lieben dieses Spiel und fügen begeistert eigene Linien und Schnörkel hinzu, sobald sie das Konzept begriffen haben. Wählen Sie zu Beginn irgendeinen Großbuchstaben. (Auch beim Lernen des Alphabets beginnt man mit den Großbuchstaben.) Zeichnen Sie den Buchstaben – zum Beispiel ein R – auf ein Stück Papier und fragen Sie Ihr Kind: »Das ist ein R. Was meinst du, was wir aus einem R alles machen können?« Sie können die abgebildeten Vorschläge verwenden oder Ihre eigenen Spaßbilder kreieren. Beginnen Sie mit ungefähr fünf Buchstaben und spielen Sie das Spiel einige Wochen lang, ohne weitere hinzuzufügen. Sie können mit jedem einzelnen Buchstaben viele verschiedene Zeichnungen gestalten. Lassen Sie genügend Zeit verstreichen, bevor Sie allmählich einen neuen Buchstaben hinzunehmen. Dieses Spiel eignet sich hervorragend zur Überbrückung von Wartezeiten in Restaurants, da Sie dort viele Ser-

Malspiele mit Buchstaben machen viel Spaß und helfen Kindern dabei, nach und nach die verschiedenen Bögen und Konturen zu erkennen, die ein A von einem V und ein C von einem D unterscheiden.

vietten zum Malen zur Verfügung haben. In der Abbildung sehen Sie einige Kreationen, die wir mit unseren eigenen Kindern und Enkelkindern entworfen haben.

NACHRICHTEN AUS DER FORSCHUNG:

Experten meinen:
Kinderreime sind eine wertvolle Lesevorbereitung

Oxford, England. Laut Untersuchungen an der Universität Oxford verdanken Eltern den Geschichten von »Mother Goose«[6] viel mehr als bisher vermutet. Wären Little Bo Peep, Jack und Jill und Jack Sprat und seine Frau im realen Leben Mitglieder der Schauspielergewerkschaft statt fiktive Charaktere aus Kinderreimen, würden sie mit Sicherheit versuchen, eine Gehaltserhöhung durchzusetzen. Und nach Ansicht von Morag Maclean, Peter Bryant und Lynette Bradley, deren Studie

---

[6] Bekannte englischsprachige Kinderbuchreihe.

über die Wirkung von Kinderreimen Eltern dazu veranlasste, »Mother Goose«-Bücher in Rekordzahlen aus den Bücherregalen zu holen, hätten sie die auch verdient.

Warum die ganze Aufregung? Kinderreime scheinen eine hervorragende Lesevorübung zu sein. Das liegt nach Meinung der Forscher daran, dass Reimworte aus denselben Sprachlauten bestehen – zum Beispiel *wall* (»Mauer«) und *fall* (»fallen«) in der bekannten Geschichte vom Schicksal des armen Humpty Dumpty. Da solche Wortpaare in der Regel am Ende eines Verses, also in einer hervorgehobenen Position stehen, ziehen sie die Aufmerksamkeit des Kindes an. Je mehr Reime das Kind hört, umso häufiger nimmt es derartige Wortpaare bewusst war. Es bleibt nicht bei *wall* und *fall* aus dem Gedicht Humpty Dumpty, weitere Reimworte kommen hinzu: Jill und *hill* (»Hügel«), Bo Peep und *sheep* (»Schaf«), Mother Hubbard und *cupboard* (»Küchenschrank«) usw. Hat das Kind genügend Beispiele gehört, ist es nur noch ein relativ kleiner Schritt zu der Erkenntnis, dass alle Worte aus einzelnen Lauten bestehen. In der Leseforschung nennt man diese Erkenntnis »phonemisches Bewusstsein«, ohne das eine Zuordnung von Buchstaben und einzelnen Lauten – die Grundvoraussetzung für sinnvolles Lesen – nicht möglich ist.

Deshalb: Hut ab vor Mother Goose, ihr Leute!
Vergesst auch Dr. Seuss nicht, heute,
Weil ihre Worte uns auch führen,
Zum Lesen hin und Freude schüren!

Unter der Lupe: Reimen und Lesen

Wie die Buchstabendifferenzierung gehört das phonemische Bewusstsein zu den anspruchsvolleren Voraussetzungen, die ein Kind beherrschen muss, bevor es in die Schule kommt und lesen lernt. Obwohl kleine Kinder sich bereits während ihrer ersten drei Lebensjahre sprachlich ausdrücken können, dachte man bis vor kurzem, sie würden nicht realisieren, dass jedes Wort, das sie sagen beziehungsweise hören, aus einzelnen Lauten zusammengesetzt ist.

Heute sieht es so aus, als würden Kinder lange vor ihrem fünften Geburtstag ein phonemisches Bewusstsein entwickeln, und zwar vor allem aufgrund von Lernerfahrungen, die nichts beziehungsweise noch nichts mit dem eigentlichen Lesenlernen zu tun haben.

Wie die Forscher in Oxford herausfanden, war manchen Kindern bereits im Alter von drei Jahren bewusst, dass Worte aus einzelnen Lauten bestehen, anderen wiederum nicht. Daher interessierte es sie besonders, woher die Unterschiede kamen. In 15 Monaten untersuchten sie 66 Kinder, um Antworten auf ihre Fragen zu bekommen. Es stellte sich heraus, dass Kinder, die mehr Kinderreime kannten, auch ein höheres phonemisches Bewusstsein besaßen. Kinderreime spielen eine wichtige Rolle, um die Aufmerksamkeit eines Kindes auf die einzelnen Laute innerhalb eines Wortes zu lenken. Offensichtlich erkennt ein Kind an Reimworten eher als an anderen Worten, dass verschiedene Worte gleiche Lautfolgen enthalten können. Diese Untersuchungsergebnisse erhalten zusätzliches Gewicht durch die Tatsache, dass ein Kind mit einem hohen phonemischen Bewusstsein später auch besser lesen kann.

Vielleicht fragen Sie sich, warum das phonemische Bewusstsein das spätere Leseverhalten beeinflusst. Höchstwahrscheinlich hängt es davon ab, *wie* Kindern das Lesen beigebracht wird. In der Schule haben die Schüler im Allgemeinen während der Unterrichtsstunden viele Gelegenheiten, die einzelnen Buchstabenlaute kennen zu lernen und zu üben. Dürfen Kinder bereits im Kindergarten ihr phonemisches Bewusstsein trainieren, dann verbessern sich die Voraussetzungen für das spätere Lesen beträchtlich. Doch die Kenntnis einzelner Buchstabenlaute nützt nur wenig, solange die Kinder sie nicht zu ganzen Worten zusammenfügen können. Das phonemische Bewusstsein – die Fähigkeit, einzelne Laute *innerhalb eines Wortes* zu unterscheiden – ist daher die Grundvoraussetzung dafür, dass ein Kind Laute zu einem Wort zusammensetzen, das heißt lesen kann.

Holen Sie also Ihre verstaubten Wilhelm-Busch-Bände hervor und legen Sie los! Und wenn Ihnen manche Stellen zu veraltet und unzeitgemäß erscheinen, ändern Sie sie einfach nach Ihren Wünschen ab. Das ist in jedem Fall besser als Leselernkarten!

Die Methoden, die die Forscher anwandten, um die Entwicklung des Lesevermögens bei Kindern zu untersuchen, liefern einige gute Ideen, wie Sie die Aufmerksamkeit Ihres Kindes auf die Klangbildung eines Wortes richten können. Diese Ideen sind so einfallsreich, dass wir sie für unsere Zwecke umgewandelt haben und sie Ihnen hier als Anregungen weitergeben möchten.

Tipps für Eltern

■ Geburt +

Wenn Sie wollen, dass Ihr Kind von Geburt an von Kinderreimen profitiert, dann singen Sie ihm Schlaflieder vor, zum Beispiel das beliebte »Schlaf, Kindlein, schlaf« oder »Der Mond ist aufgegangen«. Integrieren Sie Lieder und Spiele mit vielen Reimworten in Ihren Tagesablauf. Erregen Sie die Aufmerksamkeit Ihres Kindes, indem Sie die Reimworte betonen. Basteln Sie aus Bildern verschiedener Gegenstände, deren Namen sich reimen, ein Mobile und hängen Sie es über das Bettchen – als Erinnerungshilfe, dass Reime das phonemische Bewusstsein stimulieren. Mögliche Beispiele: Affe – Giraffe, Maus – Haus, Kanne – Wanne, Wurm – Turm.

■ 6 Monate +

Auch wenn Sie Ihrem Baby bereits in den ersten sechs Lebensmonaten etwas vorlesen können, fängt es erst jetzt an, sich für Bücher zu interessieren (»Aha, wieder etwas Neues, das man in den Mund nehmen kann!«). Jetzt ist ein guter Zeitpunkt, Ihr neu erworbenes Wissen über die Bedeutung von Kinderreimen anzuwenden. Wählen Sie Kinderbücher mit leuchtend bunten Bildern, um die Aufmerksamkeit Ihres Babys

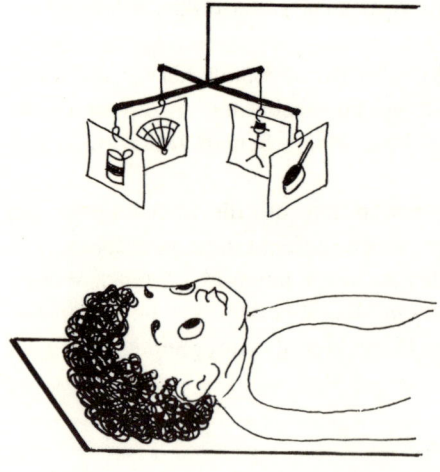

Kinder aller Altersstufen fühlen sich von dem rhythmischen Singsang der Reimworten angezogen. Je häufiger sie damit konfrontiert werden, umso besser können sie später lesen. Ein Mobile mit Reimworten über dem Kinderbett erinnert Sie daran, Ihrem Baby vor dem Schlafengehen noch ein paar lustige Verse vorzusagen.

zu erregen. Benutzen Sie Reimworte auch beim Spielen. Es fördert das Lernvermögen und die Gedächtnisleistung, wenn Gefühle geweckt werden. Erfahrungen, die mit starken Emotionen verbunden sind, bleiben besser im Gedächtnis haften. Dieses Phänomen können Sie nutzen, indem Sie Reime mit lustigen, kleinen Spielhandlungen kombinieren: »Wer liegt denn hier so ganz *allein*, mein süßes, kleines *Babylein*!« Kitzeln Sie dabei sanft das Bäuchlein Ihres Kindes, um ein positives Gefühl bei ihm zu wecken. Versuchen Sie es auch mal mit dem guten alten »Hoppe-hoppe-Reiter«-Spiel, bei dem Sie Ihr Kind auf dem Schoß hüpfen lassen. Und vergessen Sie den Schluss nicht: »... fällt er in den Sumpf, dann macht der Reiter – pluuuumps!« Denn er ist schließlich das Beste daran!

■ 6 Monate +

Mit ungefähr sechs Monaten fangen Babys an, sich für Sprachlaute zu interessieren. Obschon sie bereits einige Monate lang Gurrlaute mit offenen Vokalen erzeugten, beginnen sie erst jetzt, Konsonanten zu verwenden. Diese frühkindlichen Sprachäußerungen bezeichnet man normalerweise als Lallen. Sobald Ihr Baby lallt, werden Sie es wahrscheinlich eifrig »üben« hören, vor allem wenn es gerade von seinem Mittagsschläfchen erwacht und selbstversunken in seinem Bettchen spielt: »Ba, ba, ba, ba«, »Ma, ma, ma«. Suchen Sie nach Gelegenheiten, um gemeinsam mit Ihrem Baby zu lallen, und erfinden Sie ein Spiel mit »Lall-Reimen«. Ahmen Sie zunächst seine Laute nach und machen Sie ihm danach ein paar neue vor. Nach einigen Vorgaben ihrerseits sollten Sie eine Pause machen und Ihrem Kind wieder den Vortritt lassen. Es wird mit Sicherheit fasziniert von Ihrer Teilnahme an seinem Spiel sein, Ihre Lautmuster schnell nachahmen können und allmählich seinen Teil dazu beitragen. Variieren Sie die Lautsequenzen, indem Sie entweder die Konsonanten oder die Vokale verändern, während die übrigen Laute gleich bleiben, zum Beispiel »ga, ga, ga«. Gehen Sie nach ein paar Durchgängen zu »ba, ba, ba« und anschließend zu »ma, ma, ma« über. Ändern Sie danach den Vokallaut, zum Beispiel »mo, mo, mo« und »po, po, po«. Wechseln Sie sich mit Ihrem Kind ab. Dadurch wird sein phonemisches Bewusstsein gefördert und außerdem lernt es, sich beim Spielen abzuwechseln, was wiederum für die Entwicklung sozialer Kompetenzen von Vorteil ist.

■ 12 Monate +

Sorgen Sie für andere Gelegenheiten, bei denen Ihr Kind Reimworten begegnet, indem Sie Bilder von entsprechenden Objekten – Mund und Hund, Vase und Hase – neben dem Wickeltisch, im Badezimmer aufhängen oder auf dem Esstablett seines Hochstuhls platzieren. Wenn Sie Bilder aus Zeitschriften ausschneiden, diese auf Bastelkarton kleben und anschließend laminieren, erhalten Sie wunderschöne Untersetzer, die Sie während der Mahlzeiten sinnvoll nutzen können. Verwenden Sie Gegenstände, die mit dem Thema Essen zu tun haben, zum Beispiel Gabel und Schnabel, Fisch und Tisch. Sie können auch Abbildungen von Tieren, die Ihr Baby besonders mag, oder irgendetwas anderes, für das es Interesse zeigt, nehmen. Auf diese Weise werden Sie nicht nur ständig daran erinnert, Reimworte zu benutzen, sondern bieten Ihrem Kind auch Gelegenheiten, Zusammenhänge zwischen Bildern und Lauten zu entdecken. Verwenden Sie auch Abbildungen von Gegenständen, die reimende Eigenschaften besitzen: *rote Pfote, brave Schafe, rote Boote* usw. Oder erfinden Sie Kombinationen wie »der *Wurm* auf dem *Turm*«, »die *Maus* läuft nach *Haus*«, »der *Zwerg* sitzt auf dem *Berg*«. Lassen Sie Ihrer Fantasie freien Lauf und denken Sie sich lustige Reimspiele aus, die Ihrem Kind die Möglichkeit geben, die gleich bleibenden Sprachlaute zu entdecken, aus denen viele einfache Worte zusammengesetzt sind.

■ 24 Monate +

Wenn Ihr Kind nach und nach immer mehr Fähigkeiten entwickelt, findet es besonderen Gefallen an Reimen und Liedern, die es unablässig wiederholen kann, und zwar jedes Mal mit verschiedenen Namen.

... hat kein Brot im Haus,
... macht sich gar nichts draus –
... hin, ... her,
... ist ein Zottelbär!

Oder:

Tanz, ..., tanz,
Die Schühlein sind noch ganz.

Dass dich's nicht gereue,
Der Schuster macht dir neue.
Tanz, ..., tanz.

Sie können die Verse beliebig oft wiederholen und immer wieder neue Namen von Familienmitgliedern oder Freunden einsetzen. Auf diese Weise holen Sie nicht nur das Beste aus Kinderreimen heraus, ohne völlig verrückt zu werden, sondern fördern gleichzeitig die Merkfähigkeit Ihres Kindes. Außerdem nimmt das Kind aktiv teil, statt Ihnen einfach passiv zuzuhören. So kann eine lange, öde Autofahrt ganz plötzlich zu einem lustigen Kurztrip mit viel Spaß und Gelächter werden.

■ 30 Monate +

Dieser Tipp beruht auf den Forschungsmethoden von Maclean, Bryant und Bradley. Wie Sie sich vielleicht erinnern, gingen die Wissenschaftler der Frage nach, ob kleine Kinder erkennen können, dass Reimworte aus denselben Lauten bestehen. Eines der Spiele, die sie mit ihren Testkindern machten, können Sie ganz einfach zu Hause spielen. Es heißt »Was gehört nicht dazu?« und geht folgendermaßen: Nennen Sie Ihrem Kind drei Begriffe, von denen sich zwei reimen. Bitten Sie es, genau hinzuhören und Ihnen zu sagen, welches Wort nicht wie die beiden anderen klingt. Mit ein wenig Übung und nach einigen Monaten Erfahrung wird es wahrscheinlich in der Lage sein, die Rollen umzukehren und Ihr Hörvermögen zu testen. Dieses Spiel eignet sich hervorragend für Autofahrten, beim Anstehen im Supermarkt oder an jedem anderen Ort, an dem Sie Ihr Kind beschäftigen wollen, weil Sie vergessen haben, ein Buch oder Spielzeug mitzubringen. Hier haben wir einige Wortgruppen aufgelistet, mit denen Sie beginnen können.

Segel, Nägel, Boot	Tanne, Wanne, Hut	Glocke, Socke, Katze
Schwein, Hund, Bein	Fuß, Reh, See	Auto, Mütze, Pfütze
Tasse, Sand, Hand	Bus, Brot, Kuss	Buch, Herz, Tuch

Wir hoffen, diese Beispiele machen Ihnen Lust, noch viele, viele andere zu erfinden.

NACHRICHTEN AUS DER FORSCHUNG:

Babysprachler fühlen sich schon früh zu Büchern hingezogen

Salt Lake City, Utah. Es besteht kein Zweifel: Die 14 Monate alte Emma liebt Bücher. Ihr Vater Kevin erzählt stolz, dass Emma sich lieber mit einem Buch auf seinen Schoß kuschelt, als mit ihren Spielsachen zu spielen, auf dem Klavier herumzuklimpern oder (ein Wunder!) fernzusehen. »Ich war der Meinung, Emma wäre wie alle Kinder ihres Alters, bis ich sie dreimal wöchentlich in eine Spielgruppe gab. Natürlich schauen sich auch die anderen Kinder Bücher an, wenn ihre Eltern sie dazu ermuntern, aber das ist nicht zu vergleichen mit der Begeisterung und Geduld, die ich bei Emma beobachte.« Auf die Frage, wie er sich die Faszination für Bücher bei seiner Tochter erklärt, hat Kevin schnell eine Antwort parat: »Ich denke, es liegt daran, dass es nicht nur eine einseitige Handlung ist, bei der ich lese und Emma zuhört, wenn wir uns mit einem Buch hinsetzen. Wir begegnen uns viel eher auf gleicher Ebene. Mit Hilfe der Babyzeichensprache kann *sie mir* ›erzählen‹, was wir anschauen, statt umgekehrt. Manchmal verrät sie mir sogar schon, was auf der nächsten Seite steht!«

Babyzeichensprache? Emma gehört zu einer neuen Generation von Babys. Diese Kinder haben einfache Zeichen und Gesten (die so genannte »Babysprache«) gelernt, um wichtige Worte, die sie noch nicht aussprechen können, zu substituieren. Emmas Mutter Janee erfuhr das erste Mal von dieser Idee, als ihre Tochter zehn Monate alt war. Kevin war zunächst skeptisch, seine Begeisterung wuchs jedoch, als Emma die Methode immer häufiger anwandte. »Wir brachten ihr zuerst Zeichen bei, mit denen sie ihre Bedürfnisse äußern konnte, zum Beispiel das Gegeneinandertippen der Fingerspitzen für ›mehr‹. Seitdem kamen immer mehr Zeichen für viele verschiedene Gegenstände und Tiere hinzu und ihre beginnende Liebe zu Büchern schien damit zusammenzuhängen.« Dies ist nicht verwunderlich, denn das Zeichen für »Buch« (Öffnen und Zuklappen der Handflächen wie die Hälften eines Buches) zählt bei vielen Kindern zu den Favoriten. Und wenn Emma gleich darauf ihre Fingerspitzen gegeneinander tippt, dann ist die Botschaft an Kevin klar: »Papa, lies mir das Buch bitte noch mal vor!«

Steigende Zinsen – zumindest auf dem Buchmarkt!

Die Geschichte von Emma spiegelt das wider, was wir von vielen Eltern während unserer 16-jährigen Forschungsarbeit über die Babysprache in unserem Institut an der Universität von Kalifornien hörten. Immer wieder bestätigten uns Eltern, dass Babysprachler sich viel mehr für Bücher interessierten als ihre älteren Geschwister im gleichen Alter. Auch wenn das Interesse an Büchern vielleicht nicht so wesentlich für gutes Lesen ist wie das Erkennen von Buchstaben und die Zuordnung der entsprechenden Laute, zeigen die Untersuchungen, dass man eindeutig daran ablesen kann, wie sich das Leseverhalten eines Kindes entwickelt. Kinder, die früh und flüssig lesen können, unterscheiden sich in vielerlei Hinsicht von durchschnittlichen Lesern. Frühleser verfügen im Allgemeinen über einen überdurchschnittlichen Wortschatz und ein gutes Kurzzeitgedächtnis und besitzen schon in jungen Jahren die Voraussetzungen zum Lesen. Offensichtlich bereiten ihnen Schriftbild und Aussprache eines Textes weniger Probleme. Aber neben diesen Eigenschaften ist bei Kindern, die früh lesen können, zudem ein beträchtlich höheres Interesse an Büchern feststellbar.

Warum kann ein Kind besser lesen, nur weil es sich für Bücher interessiert? Interesse allein führt nicht zwangsläufig zu höherem Können. Susans

Am Interesse an Büchern kann man die Entwicklung des Lesevermögens ablesen. Die dreijährige Madison liebt Bücher, daher ist davon auszugehen, dass sie die Voraussetzungen zum Lesen höchst wahrscheinlich bald beherrschen und früh lesen lernen wird.

Mann wird bestätigen, dass sie sich sehr fürs Singen interessiert. Aber ihr Interesse daran macht es seinen Ohren bestimmt nicht leichter! Dies liegt höchstwahrscheinlich daran, dass sie erst relativ spät anfing, sich fürs Singen zu interessieren. Susan war bereits ein Teenager, als sie die Freuden der Rockmusik entdeckte und das erste Mal einen Versuch startete zu singen. Worauf Ihr Gehirn folgende Fehlermeldung aussandte: »Anfrage aufgrund verspäteter Zustellung abgelehnt. Alle verfügbaren Ton-Synapsen werden momentan für andere Aufgaben genutzt.«

Beginnt ein Baby früh, sich für Bücher zu interessieren, dann stehen seine synaptischen Verbindungen zur Verfügung und warten sozusagen nur auf die Zuweisung spezieller Aufgaben. Könnten Synapsen sprechen, so würden wir vielleicht Antworten erhalten wie: »Wir kümmern uns um die Leserichtung.« »Und wir sind für das Buchstabenerkennen zuständig.« »Wir sorgen fürs phonemische Bewusstsein.« Allerdings erfüllen die Synapsen derartige Aufgaben nur dann, wenn ein Kind »frühe Büchererfahrungen« besitzt. Je mehr die »Lese-Synapsen« trainiert werden, umso stärker entwickeln sie sich. Eltern stehen vor der Herausforderung, ihrem Kind dabei zu helfen, schon früh ein großes Interesse an Büchern aufzubauen, um die für das Lesen wichtigen neuronalen Netze zu stimulieren. Dass dies keine leichte Aufgabe ist, werden Ihnen die meisten Eltern von quirligen Einjährigen bestätigen!

Nicht verzagen – Babys fragen!

Auch wenn die Welt unserer Kinder mit Videospielen und Filmen überflutet ist, spielen Bücher und ein gutes Lesevermögen immer noch eine wesentliche Rolle für die erfolgreiche Entwicklung eines Kindes. Die Anstrengungen und Mühen, denen die meisten Eltern sich heute gegenübersehen, wenn sie ihrem Kind das Lesen beibringen, lohnen sich in jedem Fall. Die Babysprache leistet Ihnen hier gute Dienste. Schon ein Einjähriger kann mit Hilfe der Zeichen beim Vorlesen eine aktive Rolle übernehmen. Natürlich können Babys noch keine Bücher *lesen*, aber Figuren benennen und einige der auf jeder Seite dargestellten Dinge beschreiben. Ein anschauliches Beispiel liefert der folgende Dialog zwischen Gina und ihrer 15-monatigen Tochter Alexis, die die Babysprache beherrscht:
Gina: »Eines Morgens blies der Wind eine Spinne über die Wiese, die sich mit einem Faden an einen Zaun hing.«

Alexis: (Reibt zwei Finger aneinander.)
Gina: Richtig, das ist eine Spinne. »Das Pferd auf der Wiese wieherte und sagte: ›Möchtest du ein wenig ausreiten?‹«
Alexis: (Streckt die Finger aus und verdreht die Hand im Handgelenk.)
Gina: Du siehst eine Fliege? Ja, richtig, eine Fliege landet auf dem Schweif des Pferdes. »Aber die Spinne antwortete nicht. Sie war viel zu beschäftigt, ihr Netz zu spinnen.«
Alexis: (Reibt wieder zwei Finger aneinander.)
Gina: Ja, die Spinne ist beschäftigt. Schau nur, das Netz, das sie hier schon gesponnen hat!
Alexis: (Legt ihre Zeigefinger rechts und links neben den Kopf.)
Gina: Ist das eine Kuh? »›Muh, muh‹, sagte die Kuh. ›Möchtest du ein wenig Gras fressen?‹ Aber die Spinne antwortete nicht. Sie war viel zu beschäftigt, ihr Netz zu spinnen.«

Es besteht kein Zweifel: Alexis hat Interesse an Büchern. Gina berichtet, dass sich ihr Interesse keineswegs nur auf dieses eine Buch beschränkt. Sie verfügt über viele Lieblingsbücher, die sie bereits »lesen« kann.

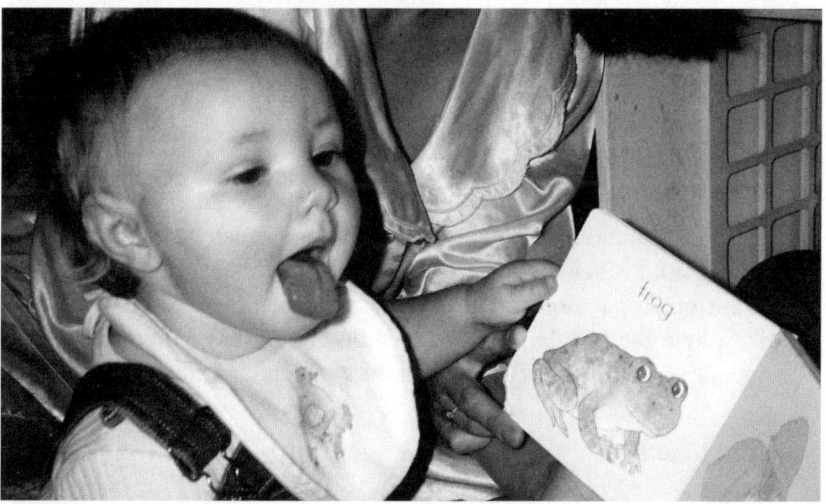

»Richtig, Megan, das ist ein Frosch!« Beth, die Mutter der zwölf Monate alten Megan, erzählt, dass deren Interesse an Büchern zunahm, nachdem sie ein paar einfache Zeichen der Babysprache gelernt hatte. Sie erfand sogar selbst einige Zeichen, wie zum Beispiel dieses für ihr »Frosch-Buch«.

Außerdem ist sie in der Lage, Gina mitzuteilen, welches Buch sie als Nächstes lesen möchte. Mit Hilfe der Zeichen für »Buch«, »mehr«, »Ente« und »Spinne« übernimmt Alexis eine aktive Rolle beim Vorlesen und sorgt gleichzeitig dafür, dass sich die entsprechenden Nervenbahnen in ihrem Gehirn zu neuronalen Netzen verschalten, die ihr ein Leben lang von Nutzen sein werden.

Es ist nie zu früh dafür, ein Baby mit Büchern in Kontakt zu bringen. Schlimmstenfalls wird es Sie einfach ignorieren. Wenn Sie jedoch früh damit beginnen, verpassen Sie keine Gelegenheiten, sein Interesse zu wecken – vor allem wenn sie die Babysprache dafür einsetzen. Hier geben wir Ihnen ein paar Anregungen, wie Sie Ihr Kind für Bücher begeistern können, lange bevor es vom Nintendo-Virus infiziert wird.

Tipps für Eltern

■ 6 Monate +

Führen Sie nach und nach Zeichen der Babysprache ein, wenn Sie mit Ihrem Kind Bilderbücher anschauen. Achten Sie darauf, die Worte gleichzeitig mit dem jeweiligen Zeichen auszusprechen, so wie Sie es intuitiv bei »Winke-winke« (zum Abschied), »Ja« und »Nein« tun. Beginnen Sie mit einfachen Begriffen, die häufig in Babybilderbüchern vorkommen, zum Beispiel Hunde und Katzen, Fische und Blumen. Ein Vorteil der Babysprache ist, dass Sie die Zeichen nach Ihren eigenen Bedürfnissen gestalten können. Wenn Sie die selbst erfundenen Zeichen in geeigneten Situationen immer wieder einsetzen, entsteht allmählich eine Übereinkunft zwischen Ihnen und Ihrem Kind, dass ein bestimmtes Zeichen für einen ganz bestimmten Gegenstand steht. Es ist wirklich einfach. Sollten Sie trotzdem einige Ideen für den Anfang benötigen, finden Sie genügend hilfreiche Beispiele in unserem Buch *Baby-Sprache*.

■ 12 Monate +

Es kann sehr hilfreich sein, Zeichen zu erfinden, die die Lieblingsbücher Ihres Kindes repräsentieren (zum Beispiel das Zeichen für »Hase« als Symbol für die Geschichte »Pat, der Hase« und das Mond-Symbol für »Der Mond ist aufgegangen«). Auf diese Weise kann es selbst bestimmen, welches Buch es vor dem Schlafengehen lesen möchte. Ein Zeichen für »mehr« ist ebenfalls sehr nützlich, damit Ihr Kind Ihnen mitteilen kann, wann es noch andere Bücher lesen möchte oder Sie dieselbe Seite wiederholen sollen. In Verbindung mit dem Zeichen für »Buch« kann es seine Wünsche sogar noch deutlicher zum Ausdruck bringen, wie wir am Beispiel der kleinen Emma gesehen haben.

■ 12 Monate +

Bieten Sie Ihrem Kind einen leseähnlichen Rahmen, indem Sie im geeigneten Moment eine Pause machen und erst dann das Wort in Verbindung mit dem entsprechenden Zeichen aussprechen. Bei einem Buch mit Blumenbildern könnte sich das folgendermaßen anhören: »Schau mal, so ein schöner Garten! Und was ist denn da? Das sind *Blumen* [*Schnüffeln*].« Sobald Ihr Kind das Zeichen für »Blume« gelernt hat, kann es seinen Part übernehmen und sein »Wort« in die Lücke setzen. Solche Er-

Auch wenn die zwölfmonatige Micaelan noch nicht sprechen kann, benutzt sie Zeichen der Babysprache, um sich aktiv am Lesen zu beteiligen. Dadurch wächst nicht nur ihr Interesse an Büchern, sondern sie kann auch viele gemütliche Stunden auf einem Eltern-Schoß verbringen.

fahrungen sind wertvolle Vorübungen für das Lesen und vermitteln Spaß
an Büchern – eine Eigenschaft, die bei heutigen Kindern nicht allzu häufig anzutreffen ist.

■ 12 Monate +

Sobald Ihr Kind den Sinn der Babysprache begriffen hat und weiß, dass
die Zeichen Gegenstände aus seinen Büchern repräsentieren, wird es anfangen, eigene Zeichen zu erfinden. Sie sollten seinen Ideen folgen und
sich von ihm führen lassen. Eine Mutter erzählte uns zum Beispiel von
einem Erlebnis, als sie mit ihrem Sohn ein Bilderbuch über Zootiere anschaute. Sie deutete auf eine Giraffe und fragte,»Was ist denn das?«, ohne wirklich eine Antwort zu erwarten. Trotzdem machte sie eine kleine
Pause, um sich ein Zeichen für»Giraffe« auszudenken. Zu ihrer großen
Überraschung kam ihr Sohn ihr zuvor. Als hätte er nur darauf gewartet,
schaute er seine Mutter an und rieb seinen Hals mit der Hand. Aufmerksam wie sie war, nahm sie die Geste sofort auf, ahmte sie nach und sagte:»Du hast Recht! Das ist eine Giraffe!« Darauf wiederholte sie das
Zeichen mehrmals, um zu bekräftigen, dass dies von nun an ihr gemein-
sames Zeichen für»Giraffe« war. Die Mutter strahlte vor Stolz, als sie
uns dieses Erlebnis schilderte und beschrieb, wie behutsam und aufmerksam sie vorging, um seine Kreativität und sein beginnendes Interesse an Büchern zu fördern.

■ 18 Monate +

In diesem Alter fängt Ihr Kind an, zwei oder drei Zeichen der Babysprache zu kombinieren und kleine»Sätze« zu formen. Gehen Sie darauf ein,
wenn Sie ihm eine Geschichte vorlesen. Vielleicht geht es Ihnen wie den
meisten Eltern und Sie finden es manchmal etwas langweilig, die Geschichte»Gute Nacht, lieber Mond« immer und immer wieder zu lesen.
Versuchen Sie doch, sich noch einfallsreichere Zeichenkombinationen
als Vorlagen für Ihr Kind auszudenken. Sie werden sehen, dass Sie dadurch nicht nur Ihren eigenen Enthusiasmus anfachen, sondern Ihrem
Kind zusätzlich stimulierende Erfahrungen bieten, die seine Gehirnentwicklung vorantreiben. Außerdem werden Sie jede Menge Spaß haben,
so dass die gemeinsame Lesestunde für Sie beide zu einem überaus be-
friedigenden Erlebnis wird!

Lesen und die Zukunft Ihres Babys

Die Sprache ist das Hauptmerkmal, das uns Menschen von anderen Lebewesen unterscheidet. Obwohl das gesprochene Wort bei weitem die gebräuchlichste sprachliche Ausdrucksform darstellt, rangiert die Schriftsprache gleich an zweiter Stelle. Lesen, ebenso wie die verbale Kommunikation, verbindet die Menschen auf einer geistigen Ebene, und zwar so, dass die Datenhighways des Internets vergleichsweise blass erscheinen. (Was wäre aus Bill Gates geworden, wenn er nicht lesen könnte?) In der heutigen Welt muss man lesen können, um Erfolg zu haben. Lesen ist, mehr als jede andere Fähigkeit, die Grundlage des Intellekts. Eltern, deren Kinder die nötigen Voraussetzungen zum Lesen nicht entwickeln, machen sich daher völlig zu Recht Sorgen.

Die Vorbereitung auf das Lesen beginnt bereits bei der Geburt. In den ersten Lebensjahren – lange bevor ein Kind in der Lage ist, die spezifische Lautfolge einer ganz bestimmten Buchstabenkombination zu differenzieren – bereiten frühkindliche Erfahrungen das Gehirn auf die erstaunliche Fähigkeit des Lesens vor. Buchstaben wahrnehmen und ihnen spezifische Laute zuordnen zu können sind Grundvoraussetzungen für die Wiedererkennung von Buchstaben und das phonemische Bewusstsein: Ohne Erfahrungen, die die Entwicklung dieser beiden Fähigkeiten anregen, ist Lesen nicht möglich. Dies bedeutet allerdings nicht, dass Sie nun mit Lesekarten oder speziellen Übungsstunden aufwarten müssen. Es heißt einfach, dass ein Baby erste Erfahrungen in Bezug auf das Aussehen und den Klang geschriebener Worte braucht.

7. Was wirklich zählt: arithmetisches Verständnis

NACHRICHTEN AUS DER FORSCHUNG:

Stolzer Vater behauptet:
Fünfmonatiges Kind kann addieren

Tucson, Arizona. Die fünf Monate alte Erin ist eindeutig zu jung, um bis zehn zu zählen, sich selbstständig von der Stelle zu bewegen oder einen Kinderreim zu verstehen. Trotzdem beweist sie ihrem Vater, dass sie viel mehr über Zahlen weiß, als er bis jetzt vermutete. Erin selbst ist das nicht bewusst, aber eigentlich macht sie erste primitive Mathematikübungen. Natürlich löst sie keine Aufgaben mit Stift und Papier. Stattdessen schaut sie sich ein kleines »Theaterstück« in einem Puppentheater wenige Meter vor ihr an. Der Titel dieses Stückes, das die Psychologin Karen Wynn von der Universität von Arizona schrieb, könnte »Die Zauber-Maus« lauten, zu Ehren des Hauptdarstellers.

Wenn der Vorhang sich hebt, sieht man eine leere Bühne. Plötzlich taucht von rechts eine Hand mit einer Spielzeugfigur namens Micky auf. Die Hand setzt Micky behutsam links von der Bühnenmitte ab und wird dann wieder zurückgezogen. Sobald sie verschwunden ist, klappt von unten (wo sich normalerweise der Orchestergraben befindet) eine Pappwand hoch, die Micky verdeckt. Natürlich ist er noch da, aber für die Zuschauer nicht länger sichtbar. Nun tritt die freundliche Hand wieder in Erscheinung, die dieses Mal Mickys Zwillingsbruder Dicky hält. Die Hand bewegt sich hinter der Pappwand, hält inne und tut so, als würde sie Dicky neben Micky absetzen, taucht ohne Dicky wieder auf und verschwindet. Nun befinden sich also zwei Mäuse hinter der Wand. Zumindest würde das jeder annehmen, der die einfachsten Grundregeln der Mathematik kennt – Erin eingeschlossen! Karen Wynns Beobachtungen zufolge weiß Erin, auch ohne die beiden Brüder Micky und Dicky nebeneinander auf der Bühne gesehen zu haben, dass »eine Einheit plus eine zweite Einheit zwei Einheiten« ergeben.

Doch wie fand Wynn heraus, dass Erin dies wusste? Die Antwort ist einfach. In der nächsten Szene dieses Einakters klappte sie die Pappwand wieder hinunter und enthüllte – nicht zwei Mäuse, sondern stattdessen einen verloren wirkenden, kleinen Micky, der ganz allein dasaß. Jemandem, der nicht aufgepasst hat oder dem logischen Ablauf der Ereignisse nicht folgen konnte, wird das Fehlen der zweiten Maus nicht weiter auffallen. Als Erin jedoch nur eine Maus auf der Bühne sah, hoben sich ihre Brauen, ihre Augen weiteten sich und sie starrte konzentriert auf die Bühne, das heißt, sie teilte der Welt auf ihre Weise mit: »Moment mal! Ich hätte schwören können, dass da vor einigen Minuten noch zwei Mäuse waren!« Auch wenn Erin erst fünf Monate alt ist und kaum allein sitzen kann, verfügt sie also bereits über das Wissen, dass eins plus eins zwei ergibt.

Mathematik

Karen Wynns Untersuchungen an Babys wie Erin sind nur ein Beispiel unter einer wachsenden Anzahl einfallsreicher Demonstrationen von frühkindlichem Mathematikverständnis. Auch wenn dieses Verständnis zugegebenermaßen sehr primitiver Natur ist, basiert jegliches arithmetisches Wissen auf der frühkindlichen Vorstellung einer Menge, die aus einzelnen Einheiten besteht, welche addiert beziehungsweise subtrahiert werden können. Scheinbar erkannte Mutter Natur schon vor Ewigkeiten, dass die Menschheit so früh wie möglich anfangen muss, wenn sie auf diesem Gebiet ihr volles Potenzial ausschöpfen will.

Die Vorstellung, dass Babys mit einem gewissen Zahlenverständnis auf die Welt kommen, wurde noch vor ein paar Jahren als Sensation betrachtet. Wie war es möglich, dass ein in vielerlei Hinsicht hilfloses Wesen eine Veranlagung für eine so abstrakte Fähigkeit wie das Rechnen besitzt? Wäre die Eigenschaft, nachts durchzuschlafen oder selbstständig auf die Toilette zu gehen, nicht praktischer gewesen? Offensichtlich nicht. Rochel Gelman, ein Entwicklungspsychologe in Los Angeles, vertritt sogar die Ansicht, wir Wissenschaftler hätten schon längst herausfinden sollen, was Mutter Natur vor langer Zeit im Sinn hatte. Das Beweismaterial liegt seit Ewigkeiten klar vor unseren Augen – schon lange bevor Karen Wynn (geschweige denn Erin) geboren wurde. Hier sind einige der von Gelman angeführten Fakten, die die Vermutung stützen, dass das Zahlenverständnis eine angeborene menschliche Fähigkeit ist:

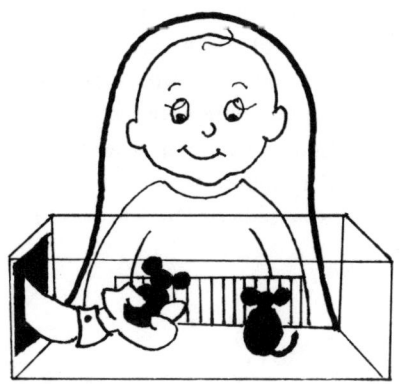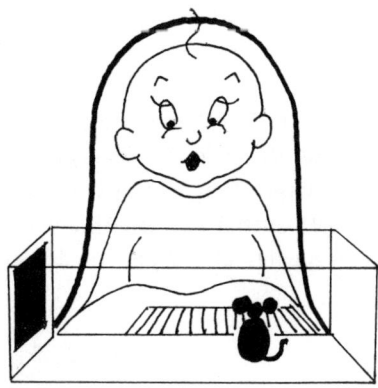

Wenn Babys sehen, dass eine zweite Maus hinter einer Wand auf der Bühne platziert wird (wie in der linken Zeichnung), begreifen sie intuitiv, dass eigentlich zwei Mäuse da sein sollten, sobald die Wand entfernt wird. Sehen sie nur eine (wie in der Zeichnung rechts), lässt ihre erstaunte Reaktion auf ein rudimentäres mathematisches Wissen über Addition und Subtraktion schließen.

■ Erstens besitzt jede menschliche Gesellschaft auf dieser Welt ein Zahlensystem, auch wenn die Systeme sich teilweise in Einzelheiten gravierend voneinander unterscheiden. In Neuguinea werden die wichtigsten Grundzahlen (eins bis 27) zum Beispiel durch bestimmte Körperteile symbolisiert. Statt nach »einem Dutzend Eier« zu verlangen, deutet man einfach auf sein rechtes Ohr. (Offensichtlich ein System, das erfunden wurde, bevor es Telefone gab!)

■ Zweitens sind Menschen unseres Wissens nach die einzigen Tiere, die sich so gern mit Zahlen beschäftigen. Unseren nächsten Verwandten, den so genannten nichtmenschlichen Primaten (wie Schimpansen und Gorillas), kann man zwar eine Vorstellung von Zahlen beibringen, allerdings nur mit erheblicher Mühe. Viele Stunden und reichlich Futter zur Motivation sind dafür nötig – nach dem Motto: »Arbeit gegen Bananen«.

■ Menschenkinder lernen hingegen nicht nur mühelos das Zählen (auch ohne Zahlenbücher oder die *Sesamstraße*), sondern sind auch schwer wieder davon abzubringen, wenn sie einmal damit begonnen haben! Sie zählen Knöpfe, sie zählen Windpocken, sie zählen einfach alles und jedes. Ein Kleinkind, das die Streifen auf dem Fußgängerüberweg zählen möchte, riskiert sogar Kopf und Kragen, wie seine Mutter, die es eilig wegzerrt, allzu gut weiß.

Wenn wir diese Tatsachen in Verbindung mit den interessanten Entdeckungen bei Erin und ihren Altersgenossen sehen, liegt die Vermutung nahe, dass Mutter Natur erfolgreich dafür gesorgt hat, dass wir Menschen alles bestens im Griff haben – zumindest was die Mathematik anbelangt. Unsere Gene scheinen die Bausteine für zukünftige Leistungen zu enthalten. Das wirft die Frage auf, wie Eltern ihren Kindern helfen können, ihr natürliches Potenzial zu verwirklichen. Denn eines ist sicher: Die Entwicklung hängt nie ausschließlich von den Genen ab.

Die Aufgabe der Eltern

Heute sind gute mathematische Leistungen so wichtig wie nie zuvor in der Geschichte der Menschheit. Erwachsene müssen ständig mathematische Probleme lösen, angefangen bei der Kalkulation der Betonmenge, die für den Terrassenbelag benötigt wird, über das Berechnen der Rendite für die beste Anlagemöglichkeit bis hin zur Treibstoffmenge, die das Spaceshuttle braucht, um seine Mission beenden zu können. Wie viele Sciencefiction-Autoren mit Vorliebe betonen, ist die Wahrscheinlichkeit groß, dass die Lösungen vieler Rätsel des Universums in komplexen mathematischen Gleichungen zu suchen sind.

In einer Zeit, in der die Bedeutung mathematischer Fähigkeiten immer stärker zunimmt, schneiden westliche Kinder im Vergleich zu Gleichaltrigen aus den Industrienationen des Fernen Ostens bei Tests leider immer schlechter ab. Besonders signifikant sind die Unterschiede zwischen amerikanischen Kindern und Kindern aus China und Japan, und zwar bereits im Alter von vier Jahren! Doch es gibt auch gute Nachrichten: Da Wissenschaftler genetisch bedingte Unterschiede als Ursache ausschließen, liegt die einzige Erklärung in der unterschiedlichen Umgebung. Solche Unterschiede können beseitigt werden, sobald man genau herausgefunden hat, um was es sich handelt. Mit anderen Worten: Egal, welche Methoden chinesische und japanische Eltern und Erzieher anwenden, es gibt keinen Grund, warum westliche Eltern nicht dasselbe tun könnten.

Worin liegt nun die Besonderheit im Verhalten von chinesischen oder japanischen Eltern, vor allem in den ersten Lebensjahren? Prentice Starkey und Alice Klein von der Universität von Kalifornien in Berkeley sehen einen möglichen Unterschied darin, dass Erwachsene östlicher Kulturkreise Mathematik viel ernster nehmen als andere, und zwar nicht nur im Klassenzimmer. Die beiden Forscher untersuchten Eltern in China und verglichen sie mit Eltern in den Vereinigten Staaten. Dabei stellten sie bereits im Umgang mit sehr kleinen Kindern deutliche Unterschiede in der Einstellung und im Verhalten fest. Chinesische Eltern gehen davon aus, dass die natürliche Entwicklung arithmetischer Fähigkeiten früher beginnt und schneller voranschreitet, als amerikanische Eltern annehmen. Daher lassen sie ihre Kinder im Alltag viel häufiger Tätigkeiten verrichten, die mathematisches Verständnis fördern, und erwarten, dass bereits in Kindergarten und Vorschule ein formeller Mathematikunterricht stattfindet. Sie erfinden Zahlenspiele, singen Lieder mit Zahlen, spielen Brettspiele, bei denen es um Zahlen geht, und weisen ihre Kinder immer wieder auf die Bedeutung der Mathematik bei häuslichen Tätigkeiten wie Kochen und Wäschewaschen hin (»ein Strumpf plus ein Strumpf gleich zwei Strümpfe«). Auch amerikanische Eltern tun diese Dinge bis zu einem gewissen Grad. Da sie jedoch davon ausgehen, dass ihre Kinder weniger kompetent sind, als es tatsächlich der Fall ist, fangen sie im Allgemeinen erst später damit an und bemühen sich nicht, ihre Kinder über das normale Zählen hinaus zu mathematischen Leistungen zu motivieren.

Ein noch erstaunlicheres Beispiel, das die große Bedeutung spezieller Erfahrungen, die das mathematische Verständnis fördern, beweist, kommt aus Brasilien. Es basiert auf dem faszinierenden Bericht des Psychologen Geoffrey Saxe über zehn- bis zwölfjährige Straßenverkäufer, deren Lebensunterhalt davon abhängt, wie genau und schnell sie mit großen und kleinen Zahlen jonglieren können. Trotz geringer oder fehlender Schulbildung schlugen diese Kinder zwei Gruppen brasilianischer Schulkinder im gleichen Alter um Längen, als es darum ging, arithmetische Aufgaben mit hohen Zahlen und Probleme, die proportionales Denken erforderten, zu lösen. Der Vorsprung im Rechnen erscheint einleuchtend, wenn man bedenkt, dass die Kinder die Kosten einzelner Gegenstände addieren und das Wechselgeld bestimmen müssen. Wie aber erklärt sich das proportionale Denken? Des Rätsels Lösung liegt in der Art der Aufgabenstellung bei den Verhältnisrechnungen, die die Kinder lösen sollten: »Stell dir vor, du musst entscheiden, zu welchem Preis du deine Süßigkeiten verkaufst. Ist es besser, drei Süßigkeiten für 500 Cruzeiros (brasilianische Geldeinheit) oder sieben Süßigkeiten für 1000 Cruzeiros zu verkaufen?« Kein Wunder, dass die Kinder gute Ergebnisse erzielten! Wenn Ihre nächste Mahlzeit davon abhängen würde, dass Sie keine dummen Fehler begehen,

dann hätten Sie mit Sicherheit auch gut abgeschnitten! An diesem Beispiel sieht man eindrucksvoll: (Lebens-)Erfahrung *zählt* – im wahrsten
Sinne des Wortes.

Erin und ihre Freunde

Bisher hat man bei Babys noch keine ähnlich komplexen Fähigkeiten wie
proportionales Denken nachgewiesen. Das heißt jedoch nicht, dass sie –
zumindest in einer rudimentären Form – nicht doch vorhanden sind. Bis
Wissenschaftler Babys mit einfallsreichen »Tricks« dazu brachten, uns ihr
Wissen zu offenbaren, kam im Westen niemand auf den Gedanken, dass
Babys überhaupt ein Gefühl für Zahlen besitzen. Eines dieser cleveren Ex-
perimente haben Sie schon kennen gelernt: Karen Wynns Inszenierung mit
Micky und Dicky. Im Folgenden berichten wir über einige andere Strategien, die Forscher anwandten, um dem Zahlengefühl bei Säuglingen und
damit einem grundlegenden Ordnungsprinzip in dieser Welt auf die Spur
zu kommen.

In einer bahnbrechenden Studie über das Zahlenbewusstsein bei Kleinkindern zeigten Prentice Starkey, Liz Spelke und Rochel Gelman sechsmonatigen Babys eine Reihe unterschiedlicher Bilder, auf denen jeweils verschiedene Anordnungen von drei Alltagsgegenständen zu sehen waren, zum
Beispiel ein Kamm, ein Block und ein Ball. Die Bilder wiederholten sich
immer wieder, bis die Babys anfingen, sich zu langweilen (»Na prima, noch
ein Bild mit solchen Sachen! Wie wär's, wenn wir stattdessen mal was zu
essen bekämen?«). Ohne Ankündigung gingen die Forscher dann dazu über,
Bilder mit *zwei* statt mit drei Objekten zu zeigen. Und das Ergebnis? Die
Langeweile war wie weggeblasen, die Babys konzentrierten sich wieder.
Sie hatten die Veränderung der Anzahl zur Kenntnis genommen.

Seit diesem ersten Nachweis bei sechs bis neun Monate alten Kindern
haben andere Forscher ähnliche Reaktionen auf Anzahlveränderungen bei
Babys nachgewiesen, die erst wenige Tage alt waren. Kleinkinder können
während der ersten Lebensmonate jedoch keineswegs nur Dinge zählen,
die sie sehen. Sie bemerken auch eine Veränderung der Anzahl von Tönen,
der Silbenzahl in wortähnlichen Lautsequenzen und der Anzahl verschiedener Bewegungen, die eine Marionette vollführt. In all diesen Situationen
kommt das Mengenverständnis eines Kindes – sein Gefühl für eine Menge,
die aus einzelnen Einheiten besteht – deutlich zum Ausdruck.

Den hier beschriebenen Untersuchungen liegt immer dasselbe Prinzip zugrunde: Zuerst konfrontiert man die Babys mit einer gewissen Anzahl an Bildern oder Tönen, bis sie sich langweilen, dann wechselt man plötzlich die Anzahl und beobachtet, ob sie die Veränderung bemerken. Die Ergebnisse dieser Studien sind sehr zuverlässig. Doch genauso, wie man sich sicherer fühlt, wenn man den Weg zu einer bestimmten Parkbank sowohl von der Arbeit als auch von zu Hause aus gefunden hat, fühlen Wissenschaftler sich wohler, wenn die Evidenz noch durch andere Strategien gestützt wird. Die Suche nach einer alternativen »Route« führte Starkey, Spelke und Gelman zu einer weiteren genialen Methode. Dieses Mal zeigten sie den Babys zwei Bilder gleichzeitig. Auf dem einen waren zwei, auf dem anderen drei Gegenstände zu sehen. Doch das war noch nicht alles: Während die Kinder diese Informationen mit den Augen wahrnahmen, waren ihre Ohren damit beschäftigt, Trommelschlägen zuzuhören, die mal in Zweier-, mal in Dreiersets ertönten. Zur großen Freude der Forscher betrachteten die Babys in den meisten Fällen das Bild mit zwei Objekten, wenn sie zwei Trommelschläge hörten, beziehungsweise das Bild mit drei Gegenständen, wenn sie drei Schläge vernahmen! Die Babys konnten die Einheiten also nicht nur mit einem, sondern mit *zwei* verschiedenen Sinnessystemen zugleich (Augen und Ohren) wahrnehmen und sie sogar zueinander in Beziehung setzen! Von da ist der nächste Schritt – das Zählen von Treppenstufen, Straßenlaternen und Sternen – nicht mehr weit!

Angesichts eines angeborenen Zahlengefühls ist es paradox, dass so viele Erwachsene vergessen, wie allgegenwärtig Zahlen in unserem Alltag sind. Als Folge übersehen wir häufig einfache Möglichkeiten, unseren Kindern mathematisches »Gedankenfutter« zu liefern. Hier finden Sie einige unkomplizierte Vorschläge, um »Zahlen« und »Mengen« in die täglichen Interaktionen mit Ihrem Kind zu integrieren.

Tipps für Eltern

■ Geburt +

Es ist kein Zufall, dass die beschriebenen Studien nur kleine Zahlen – um genau zu sein: die Zahlen eins bis drei – verwendet haben. Während der ersten Lebensmonate scheint unsere angeborene Fähigkeit, Zahlen zu erkennen, innerhalb dieser Grenzen am effektivsten zu funktionieren. Eltern sollten dies im Auge behalten, wenn sie nach geeigneten Aktivitäten suchen, bei denen ihr Baby mit Zahlen in Berührung kommt. Wenn Kinder älter als zwölf Monate sind, bleibt noch genügend Zeit, ihren Blickwinkel zu erweitern und höhere Zahlen mit einzubeziehen. Bei näherem Hinschauen sind die Unterschiede zu Erwachsenen sowieso nicht sehr groß. Auch wenn unsere Obergrenze etwas höher liegt (bei fünf oder sechs), sind wir bei zahlreicheren Dingen nicht mehr in der Lage, die tatsächliche Anzahl intuitiv zu »erfühlen«, ohne sie zu zählen. Wenn wir fünf Gänse auf einem See landen sehen, können wir darum mit ziemlicher Sicherheit sagen, dass wir ... nun ja, fünf Gänse gesehen haben. Sind es jedoch mehr als fünf, sprechen wir automatisch von einem *Schwarm*. Daran wird deutlich, dass nicht nur das Wahrnehmungsvermögen eines Babys nach oben hin begrenzt ist. Ältere Kinder und Erwachsene haben sich einfach daran gewöhnt, mit dieser Grenze umzugehen, indem sie die Dinge entweder abzählen, wenn die genaue Anzahl von Bedeutung ist, oder sich mit Umschreibungen wie »viele«, »zahlreiche«, »eine Menge«, »ein Stapel«, »ein ganzer Haufen« begnügen. Glücklicherweise bleiben Ihnen und Ihrem Baby trotzdem noch »haufenweise« leichte, zahlenbezogene Aktivitäten, die Spaß machen.

■ Geburt +

Bei sich wiederholenden Tätigkeiten ist es ganz leicht, die Bedeutung von Zahlen klarzumachen. Nehmen Sie zum Beispiel die beliebten »Kitzelspiele«. Die meisten Menschen tendieren dazu, in einem Dreierrhythmus zu kitzeln. Probieren Sie es – im Hinblick auf die Studien von Starkey, Spelke und Gelman – doch einmal aus, fünf- oder sechsmal hintereinander zu kitzeln und dann ganz plötzlich zu einem Zweierrhythmus überzugehen. Oder machen Sie es umgekehrt. Die Grundidee besteht einfach darin, Ihr Baby durch diesen abrupten Zahlenwechsel zu überraschen. Auch wenn Sie keine sichtbare Reaktion erkennen, können Sie sich darauf verlassen, dass Ihr Kind die Veränderung bemerkt hat. Wenden Sie diese Strategie auch bei vielen anderen Aktivitäten an: zum Beispiel, wenn Sie Ihrem Baby auf den Bauch pusten, es auf Ihrem Knie hüpfen lassen, mit Rasseln spielen, mit dem Badewasser spritzen oder es hin und her schaukeln, bevor Sie es in die Kissen aufs Bett werfen. Jede noch so einfache Handlung, die Ihr Baby zum Lachen bringt, ist Wasser

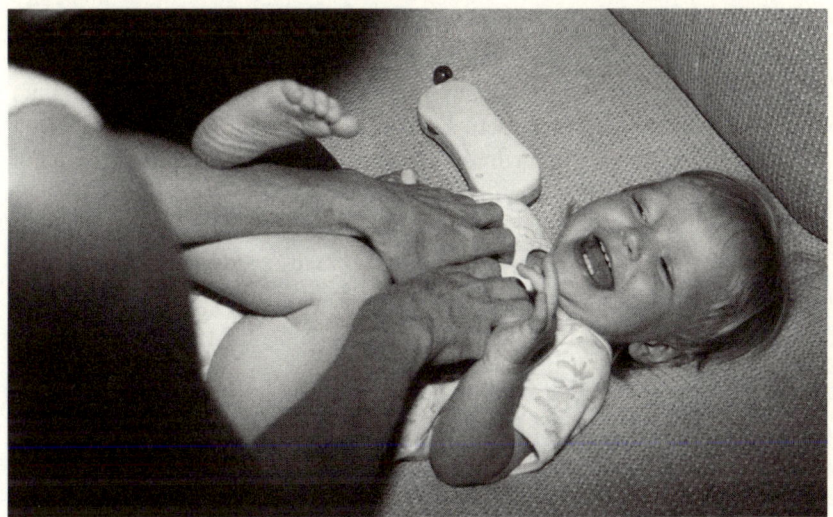

Micaelan liebt »Kitzelspiele«. Wenn ihre Mutter Lynn plötzlich die Anzahl der Kitzelbewegungen verändert, erhält Micaelan eine inoffizielle Zahlenlektion.

auf seine »Zahlen-Mühle«. Erfinden Sie völlig neue Spiele! Hier ein Beispiel für eines, das wir in unseren eigenen Familien gespielt haben: Lassen Sie eine Puppe eine Zeit lang abwechselnd links und rechts hinter Ihrem Rücken auftauchen. Lassen Sie die Puppe dann plötzlich dreimal hintereinander von rechts erscheinen, bevor Sie wieder mit dem alten Muster fortfahren. Der unvermutete Wechsel lenkt die Aufmerksamkeit Ihres Kindes ganz von selbst auf die zahlenmäßige Abfolge. Außerdem wird das Spiel durch derartige Überraschungseffekte nicht langweilig.

■ 18 Monate +

Sobald ein Kind zu sprechen anfängt, ist es an der Zeit, den Zahlenbegriff nicht mehr allein durch verschiedene Handlungen zu verdeutlichen, sondern auch über Zahlen zu reden. Das verschafft uns die Möglichkeit, mit unserem Kind sehr einfache Additions- und Subtraktionsaufgaben zu üben, ähnlich wie Karen Wynn in ihrem Stück »Die Zauber-Maus«. Die Welt ist voller Wechsel, Dinge kommen und gehen, werden also sozusagen »addiert« und »subtrahiert«. Vögel fliegen weg oder landen auf dem Gartenzaun (»Schau mal, Jamie! Da kommt noch ein Vogel. Es waren zwei Vögel. Wie viele sind es jetzt? Es sind drei!«). Kekse kann man auf einen Teller legen oder essen. Ballons (oder Seifenblasen) kann man aufblasen oder platzen lassen. Bienen landen auf Blumen und fliegen wieder fort. Knöpfe kann man auf- und zuknöpfen. Spielsachen kann man in die Badewanne hinein- und wieder hinauswerfen ... Die Liste der Beispiele ist endlos. In unserem Alltag begegnen wir überall Zahlen. Wenn wir uns dieser Tatsache erst einmal bewusst sind, fällt es uns leichter, auch unseren Kindern die Augen dafür zu öffnen.

NACHRICHTEN AUS DER FORSCHUNG:

Wissenschaftler bestätigen:
Zählen bei Kleinkindern enthüllt verborgenes Wissen

Toronto, Kanada. Ryan, Lisas dreijähriger Sohn, betrachtet höchst konzentriert seine Bonbonvorräte, deutet abwechselnd auf jedes einzelne und verkündet stolz: »Eins, dwei, dei, vier, sechs, sieben! Ich habe sieben Bonbons!« Lisa freut sich darüber, dass Ryan zählt, allerdings wundert sie sich über seine augenscheinliche Aversion gegen die Zahl fünf. »Ich verstehe nicht, warum er sie immer auslässt. Was ist am Zählen so schwer?«

Nach Ansicht des Psychologen Rochel Gelman sehr viel. »Wir Erwachsene betrachten das Zählen als Selbstverständlichkeit, weil es uns so leicht fällt. Zählen erfordert in Wirklichkeit jedoch weit mehr als nur die Fähigkeit, sich an eine Abfolge von Worten zu erinnern.« Sie werden sicher verstehen, was Gelman meint, wenn Sie versuchen, sich in Ihr Kind hineinzuversetzen, indem Sie sich Folgendes vorstellen: Bei der Eröffnung eines neuen Bankkontos erhalten Sie statt des üblichen verbindlichen Empfangsschreibens folgenden Brief:

Lieber Kunde,

vor kurzem haben wir ein komplexes neues Sicherheitssystem eingeführt. Künftig müssen Sie die folgenden Regeln aus dem Gedächtnis wiedergeben können, um Zugang zu Ihren Bankkonten zu erhalten. Viel Glück!

Mit freundlichen Grüßen
Ihre Bankdirektion

REGELN

Schritt 1: Prägen Sie sich die folgenden zwölf Worte in ihrer genauen Reihenfolge ein: »Biene, Fah, Do, Ram, Sep, Til, Pons, Buf, Lin, Wik, Soos, Kit«. Abweichungen von dieser Reihenfolge führen zu Fehlermeldungen.

Schritt 2: Verwenden Sie diese Worte, um Elemente einer Menge näher zu bezeichnen. (Zu welchem Zweck müssen Sie selbst herausfinden.) Dabei ist Folgendes zu beachten:

1. *Das Prinzip der flexiblen Anwendung.* Sie können diese Worte völlig freizügig einer beliebigen Menge bestimmter Elemente zuordnen – und zwar egal, ob Sie die jeweiligen Elemente anfassen können oder nicht, und unabhängig von der Tatsache, dass diese Elemente bereits individuelle Namen haben (wie beispielsweise »Katzen«, »Spatzen«, »Tatzen« usw.).

2. *Das Prinzip der Bedeutungslosigkeit der Anordnung.* Bei der Zuordnung der Worte spielt es keine Rolle, mit welchem Element der Menge Sie beginnen.

3. *Das Ordnungsrelations-Prinzip.* Beginnend mit dem ersten Wort, müssen Sie die Worte jedes Mal, wenn Sie die obige Liste benutzen, in exakt derselben Reihenfolge zuordnen.

4. *Das Eins-zu-eins-Prinzip.* Ordnen Sie jedem einzelnen Element ein anderes Wort aus der Liste zu. Haben Sie ein bestimmtes Wort bereits zugeordnet, dürfen Sie es beim selben Vorgang nicht noch einmal verwenden.

5. *Das Kardinalzahlprinzip.* Das Wort, das Sie dem letzten Element der Menge zuordnen, bezeichnet die Gesamtmenge der Elemente.

Wie Sie sicherlich bemerkt haben, entspricht dies den Regeln, die jedes Kind lernen muss, um korrekt zählen zu können. Daher hat Ryan die Anerkennung seiner Mutter wirklich verdient. Auch wenn er Schwierigkeiten hat, sich die Zahl fünf zu merken – im Vergleich zu all den Dingen, an die er sich erwiesenermaßen erinnern kann, erscheint dies völlig nebensächlich.

Elternwissen zählt

Entwicklungspsychologen kennen die Liste abstrakter Prinzipien, die dem Zählen zugrunde liegen, Eltern jedoch nicht. Selbst wenn sie geduldig mit ihren Kindern Zahlenbücher durchlesen, sind die meisten Mamas und Papas sich nicht darüber im Klaren, welch bemerkenswerte Leistung dahinter steckt, mehrere Dinge abzuzählen und dann stolz zu verkünden, es seien »sieben«.

Spielt es überhaupt eine Rolle, ob Eltern sich dessen bewusst sind? Ist es für die Kinder besser, wenn ihre Eltern Bescheid wissen? Die Antwort lautet Ja. Glaubt man Forschungsberichten und dem gesunden Menschenverstand, dann gilt: Je höher Eltern die Fähigkeiten ihres Kindes einschätzen, umso mehr trauen sie ihm zu. Wenn der Wortschatz Ihres Kindes zunimmt, werden Sie dies zum Beispiel intuitiv bei ihren Gesprächen berücksichtigen und eine größere Vielfalt an Worten verwenden. Zu einem Zweijährigen sagen Sie sicher nicht mehr: »Na, wo ist denn Mamas kleines Baby?«! Eltern entwickeln diese Eigenschaft in vielen Fällen ganz instinktiv. Im 2. Kapitel haben wir den Begriff »Zone der nächsten Entwicklung« (ZNE) verwendet. Dieser Ausdruck bezieht sich auf die Tatsache, dass Kinder am meisten lernen, wenn sie Aufgaben bewältigen, die ihrer Entwicklung etwas »vorauseilen«. Um diese Eigenschaft optimal auszunutzen, kommt es allerdings darauf an, wie genau die Eltern den Entwicklungsstand ihrer Kinder einschätzen können. Betrachten wir die Entwicklung des mathematischen Verständnisses, so wird dies leicht nachvollziehbar. Sobald Ryans Mutter weiß, was ihr Sohn alles lernen muss, um zählen zu können, wird sie viel eher wie chinesische Eltern agieren und Ryan ermuntern, seine Leistungen weiter zu steigern.

Falls Sie die Vorstellung, das mathematische Können Ihres Kindes genau überwachen zu müssen, entmutigt, können wir Sie beruhigen. Laut einer großartigen Studie der Wissenschaftler Geoffrey Saxe, Steven Guberman und Maryl Gearhart von der Universität von Kalifornien bewirkt allein das Wissen, wie viel Vorkenntnisse für den Umgang mit Zahlen erforderlich sind, bereits einen Unterschied. Dies gilt natürlich nur, wenn die Eltern der mathematischen Entwicklung auch genügend Bedeutung beimessen und im Umgang mit ihren Kindern häufig zahlenbezogene Aktivitäten integrieren. Die Forscher fanden heraus, dass die meisten Mittelstandseltern ein intuitives Gespür dafür besaßen, welche Anweisungen, Korrekturen und Informationen am besten geeignet waren, um ihren Kin-

Zum Zählen gehört weit mehr, als nur die Worte »eins«, »zwei«, »drei« und so weiter zu kennen. Doch trotz ihrer Komplexität lieben Kleinkinder diese Herausforderung. Hier übt der zweijährige Aidan sein neues Können, indem er seine Teletubbies zählt.

dern bei Zahlenproblemen zu helfen. So hatte ihre Mutter zum Beispiel sofort einen Vorschlag parat, als Maisy etwas doppelt zählte: »Du kannst die Sachen hier rüber legen, wenn du sie gezählt hast.« Maisys Mama hat das nicht in der Schule gelernt – ihr Wissen über die Hintergründe des Zählens half ihr dabei, die Ursache von Maisys Fehler schnell zu erkennen. Außerdem war sie hoch motiviert, Maisy bei einer Lösung zu helfen.

Orientierungshilfen auf dem Weg zum Zählen

Neben den fünf »Prinzipien« des Zählens, von denen in den »Nachrichten aus der Forschung« die Rede war, stießen die Wissenschaftler auf vier Entwicklungsstadien auf dem Weg zu einem guten Zahlenverständnis. Diese Entwicklungsstufen sind keine Meilensteine wie der erste Schritt oder das erste Wort, die Sie erwartungsgemäß in einem typischen Babyratgeber finden. Trotzdem macht es Spaß, sie zu verfolgen. Außerdem fällt es Ihnen dann leichter, entsprechende Aktivitäten zu entwickeln, die Ihrem Kind vor

dem Kindergarten zu bestimmten Zeiten am meisten Spaß machen. Jeder
Abschnitt der vier Stufen der mathematischen Entwicklung im Kleinkindalter beginnt mit einem kleinen Vers.

■ Stufe 1: »Ich seh' die Eins, ich seh' die Zwei. Zahlennamen, eilt herbei!«

Die erste Stufe auf dem Weg zu einem guten Zahlenverständnis ist zugleich auch die grundlegendste. Hier steht nicht das »Arbeiten mit Zahlen« im Vordergrund, sondern das Kind erlernt zunächst die Zahlworte
selbst und entwickelt die Fähigkeit, sie wieder zu erkennen. Drückt Ihr
Kind zum Beispiel beim Betreten eines Aufzugs auf Ihre Bitte hin die
Taste »2«, dann sehen Sie Stufe 1 in Aktion. Dasselbe gilt, wenn Ihre
Zwei- oder Dreijährige selbstbewusst von eins bis zehn zählt (mit oder
ohne fünf!). Im Wesentlichen benötigen wir hierfür dieselben Fähigkeiten wie zum Erlernen des Alphabets: Wir müssen einzelne Buchstaben
erkennen und das »Alphabet-Lied« in der richtigen Reihenfolge singen
können.

■ Stufe 2: »Eins, zwei, drei. Drei Enten fliegen herbei. Zählen ist nicht einerlei!«

Die nächste Stufe – das Zählen von Elementen einer Menge – wird von
den meisten Eltern als krönendes Ereignis der Vorschulzeit angesehen.
Zahlen sind zum Zählen da. Und das stimmt natürlich auch. Im Gegensatz zu späteren Stufen beschränkt sich das Zählen in diesem Stadium allerdings auf einzelne Objektmengen. So zählt Ryan seine Bonbons oder
Ihr Kind die Treppenstufen, Stühle oder Teddybären. Kinder entwickeln
auf dieser Stufe auch ein Verständnis dafür, dass die letzte Zahl die Gesamtmenge der gezählten Elemente darstellt: das so genannte Verständnis für die Kardinalzahl. Dadurch stoßen sie ins Herz der Mathematik
vor und begreifen ihren wesentlichen Kern, der sie zu einer einzigartigen
Wissenschaft macht. Denn im Gegensatz zu vielen anderen Prinzipien,
die ein Kind lernt, kann das Prinzip der Kardinalzahl nicht verallgemei-
nert werden. Es ergibt nur in diesem einen mathematischen System einen Sinn. Wenn wir zum Beispiel eine Menge nach den verschiedenen
Farben ihrer Elemente klassifizieren, können wir nicht schlussfolgern,
es handele sich um »blaue« Objekte; und wir können auch nicht sagen,

Nacheinander verschwinden die einzelnen Hotdog-Stücke ... Auf diese Weise erhält die zweijährige Kate eine informelle Lektion in Subtraktion, vor allem, wenn ihre Mutter ihr beim Zählen hilft, während sie in ihrem Mund verschwinden.

wir hätten »z« Buchstaben, wenn wir das Alphabet aufsagen! Nur wenn wir eins, zwei, drei, vier, fünf, sechs, sieben Bonbons zählen, ergibt das Kardinalzahlprinzip einen entscheidenden Sinn.

■ Stufe 3: »Ich hab' drei, sie hat vier. O Schreck, da fehlt doch eins bei mir!«

Der Schlüssel zu Stufe 3 liegt in der Fähigkeit, Mengen zu vergleichen. Ryan kann nun nicht nur seine eigenen Bonbons zählen, sondern auch die seiner Schwester – und zu dem erschreckenden Ergebnis kommen, dass sie mehr besitzt als er. Auf dieser Stufe lernt ein Kind, Fragen wie »Wenn du drei Jahre alt bist und Benjamin zwei, bist du dann älter oder jünger als er?« oder »Welches Bonbon kostet mehr? Das für drei Pfennig oder das für fünf?« zu beantworten. Da Vergleiche sowohl mengenmäßige Gleichheiten als auch Unterschiede beinhalten, realisieren Kinder in diesem Stadium, dass ein Fünfzig-Pfennig-Stück denselben Wert wie

Das Zählen von Süßigkeiten schult mathematisches Denken und bietet eine gute Gelegenheit für die unterschiedlichsten Lektionen: »Wie viele Bonbons hast du?« »Ha! Ich habe mehr als du!« »Mami, Brandon hat mir zwei Bonbons weggenommen und jetzt hab' ich nur noch eins!« Außerdem können Sie sicher sein, dass hier die Motivation, genau zu zählen, sehr hoch ist.

fünf Zehn-Pfennig-Stücke hat und dass zwei Fünfzig-Pfennig-Stücke eine Mark ergeben. Sie beginnen auch zu verstehen, welche Rolle Äquivalenzen beim Handel von Dingen spielen – dass zum Beispiel ein Schokoriegel genauso viel wie vier Kaugummis wert ist oder ihr Lieblingslastauto den Wert von drei kleinen Spielzeugautos besitzt. Das große Tauschen hat begonnen.

■ Stufe 4: »Nimm eins weg, dann hat sie drei. Beide gleich durch Hexerei!«

In diesem Stadium werden immer präzisere Vergleiche angestellt, da das Verständnis für Addition und Subtraktion wächst. Im Gegensatz zu den Babys aus Karen Wynns »Zauber-Maus«-Studie, die die Regeln der beiden Rechenoperationen intuitiv erfühlten, erfasst ein Kind nun die operatorische Bedeutung und setzt sein Wissen bewusst ein. Es kann darüber reden (»Wenn ich dir zwei Pfennige gebe, dann habe ich nur noch zwei übrig«), Ihre Fehler entdecken (»Aber, Mama, Kelly hat immer noch eins mehr als ich!«) und Summen bilden (»Ich habe zwei Gänseblümchen und zwei Stiefmütterchen – also habe ich zusammen vier Blumen!«). Daher: »Trompetenstoß und Paukenschlag, jetzt ist Rechnen angesagt!«

Unser tägliches Leben ist voller Dinge, die gezählt, verglichen, addiert und subtrahiert werden können. Aktivitäten, die *nichts* mit den genannten Operationen zu tun haben, kann man wahrscheinlich »an einer Hand abzählen«. Die folgenden Tipps geben Ihnen einige Anregungen für den kreativen Umgang mit Zahlen.

Tipps für Eltern

■ 24 Monate +

Auch wenn Zählen nicht alles ist, so ist es mit Sicherheit sehr wichtig für die Entwicklung des Zahlenbegriffs. Außerdem ist es eine Tätigkeit, die Kindern Spaß macht. Kinder zum Zählen zu bringen ist nicht schwer. Das Problem besteht eher darin, Eltern davon zu überzeugen, wie wichtig es ist, ihnen Zeit zum Zählen zu lassen. Allzu oft haben sie es so eilig, irgendwohin zu gelangen, dass sie es gar nicht merken, wenn ihr Kind Dinge am Wegrand zählen möchte – Stufen, Ritzen auf dem Gehweg, Autos, Zaunpfähle usw. Die meisten Eltern erkennen zwar den Wert von Büchern zum Thema Zählen, übersehen allerdings die *zahlreichen* Möglichkeiten, die die Welt einem Kind zu bieten hat, das im Begriff ist, dem komplexen Geheimnis der Zahlen auf die Spur zu kommen.

■ 24 Monate +

Erinnern Sie sich daran, dass ein Kind auf der 3. Stufe in der Lage ist, Relationen zu bilden? Sobald Sie erst einmal damit begonnen haben, nach vergleichbaren Dingen Ausschau zu halten, werden Sie überall auf Gelegenheiten stoßen, die Ihnen vorher gar nicht aufgefallen sind. Hier einige Beispiele für Situationen, die mathematisch relevante Fragen aufwerfen:

Spaziergang im Sand: »Wessen Fußabdrücke sind größer?« »Welche Muschel ist die größte?«

Kochen: »In welche der beiden Pfannen geht mehr rein?« »Wie viele Teelöffel braucht man, um diesen Esslöffel zu füllen?«

Markieren der Größe am Türrahmen: »Schau mal, wie groß du bist! An deinem letzten Geburtstag warst du erst *so* groß!«

Aufräumen von Stofftieren oder Büchern in einem Regal: »Komm, wir ordnen sie der Größe nach; mit dem Größten fangen wir an.«

Schneemannbauen: »Die größte Kugel kommt ganz unten hin, dann kommt die mittlere und die kleinste oben.«

Denken Sie an die Geschichte »Die drei Bären«, wenn Sie ein Beispiel für einen (sogar dreifachen) Größenvergleich suchen! Zur Erinnerung: Die arme Goldilocks hat die größte Mühe, für jeden Bär jeweils die Breischüssel, den Stuhl und das Bett in der richtigen Größe zu finden. Sie vergleicht und vergleicht und vergleicht. Kein Wunder, dass sie am Ende der Geschichte so müde ist!

Kochen erfordert eine Menge mathematisches Verständnis. Es gibt nicht nur zahlreiche Gelegenheiten, verschiedene Dinge abzumessen und zu wiegen, sondern Ihr Kind lernt auch etwas über mengenmäßige Gleichheiten, Relationen und – wie die leere Zuckergussschüssel vermuten lässt – Subtraktion!

■ 36 Monate +

Um Ihr Kind mit dem Zahlenbegriff vertraut zu machen, sollten Sie den Wert gekaufter Brettspiele nicht übersehen. Sie können im Grunde alle Würfelspiele verwenden, solange die Regeln einfach sind. Die zwei Klassiker »Mensch ärgere dich nicht« und »Die Reise ins Schlaraffenland« eignen sich zum Beispiel hervorragend, um das Erkennen von Zahlen und das Zählen zu üben. Das Kind muss eine Scheibe drehen oder würfeln, um die Anzahl der Felder zu bestimmen, die es vorrücken darf. Es zählt sie ab und beobachtet, wie es immer weiter in Richtung Ziel vorankommt. Außerdem haben derartige Spiele den großen Vorteil, dass das Kind sehr daran interessiert ist, genau aufzupassen, und zwar nicht nur, wenn es selbst an der Reihe ist, sondern auch auf eventuelle Fehler seiner Mitspieler. Daher kann bereits ein einziges Spiel 30 oder sogar mehr Lektionen in »Zahlenkunde« beinhalten – ohne dass Ihr Kind auf die Idee kommt, Sie hätten noch andere Motive als das Spielen!

Der dreijährige Brandon liebt das Spiel »Go Fish«[7]. Als er noch keine Zahlen kannte, hielt er einfach eine Karte hoch und fragte: »Hat jemand solche?« Worauf sein Vater erklärte: »Ah, du brauchst Fünfen.«

---

[7] Ähnelt dem deutschen Quartett (Anm. d. Ü.).

■ 36 Monate +

Sicher sehen Sie im gleichen Zusammenhang die grundlegende Bedeutung, die das Erkennen von Zahlen bei den meisten Kartenspielen hat. Zunächst einmal findet man auf jeder Zahlenkarte eine entsprechende Anzahl Herzen, Piks, Karos oder Kreuze. Mit sehr kleinen Kindern können Sie die Symbole vorher abzählen und auf die Übereinstimmung von Zahl und Symbolen hinweisen. Aber auch wenn Sie sich diese Mühe nicht machen, wird dem Kind nach und nach der Zusammenhang bewusst werden. Komplexere Kartenspiele wie Rommé oder Canasta übersteigen natürlich das Können der meisten Vor-Kindergartenkinder. Doch wie wäre es mit einer Partie Quartett? Denken Sie daran, dass die meisten Kartenspiele auch für sehr kleine Kinder geeignet sind, wenn Sie nur mit den niedrigen Kartenwerten spielen, zum Beispiel von der Zwei bis zur Sechs. Deshalb: Mischen Sie schon mal die Karten!

NACHRICHTEN AUS DER FORSCHUNG:
Musikunterricht macht sich bezahlt

Irvine, Kalifornien. Worin besteht die Gemeinsamkeit zwischen dem Spielen von »Alle meine Entchen« auf dem Klavier und dem Zusammensetzen eines Puzzles? Auf den ersten Blick ist das schwer erkennbar. Befasst man sich jedoch eingehender damit – genauer gesagt, eingehender mit der Entwicklung des menschlichen Gehirns –, so werden Verbindungen zwischen diesen beiden scheinbar unzusammenhängenden Aktivitäten sichtbar. Auch wenn Gehirnforscher noch nicht genau wissen, wie diese Verbindungen funktionieren, werden die Auswirkungen auf die kognitive Entwicklung von Kleinkindern immer deutlicher. Zum Beispiel auch dank der faszinierenden Forschungsarbeit von Gordon Shaw (Universität von Kalifornien, Irvine) und Frances Rauscher (Universität von Wisconsin). Hier eine kurze Zusammenfassung ihrer Erkenntnisse: Das Erlernen eines Musikinstrumentes (nicht nur das bloße Anhören von Mozartwerken) fördert die Raumvorstellung und sorgt für die damit zusammenhängenden mathematischen Grundlagen, zum Beispiel das Bruch- und Verhältnisrechnen.

Zu diesem Aufsehen erregenden Schluss kamen Shaw und Rauscher, als sie eine Gruppe von Vorschulkindern, die acht Monate lang täglich Keyboard- und

Chorunterricht bekamen, mit Kindern derselben Vorschulen verglichen, die keinen Musikunterricht erhalten hatten. Zum Entzücken der Forscher wiesen die »Musiker« einen signifikanten Vorsprung bei Problemstellungen auf, die eine Raum-Zeit-Vorstellung erforderten: das Zusammensetzen von Puzzleteilen, das Abzeichnen geometrischer Figuren, das Bauen nach Vorlage mit Klötzen, das Lösen von Labyrinthaufgaben usw. Nach dieser ersten Entdeckung im Jahr 1994 wiederholten Shaw und andere Kollegen die Studie mit Zweitklässlern an innerstädtischen Schulen und stellten signifikant bessere mathematische Leistungen beim Bruch- und Verhältnisrechnen fest. Man vermutet – neben anderen Mechanismen –, dass sich das Kind besser vorstellen kann, wie Teile auf dem abstrakten Gebiet der Mathematik in Beziehung zu einem Ganzen stehen, wenn es den Zusammenhang zwischen Ganzton- und Viertelnoten, zwischen Viertel- und Achtelnoten usw. in der Musik gelernt hat.

Gordon Shaw stützt sich auf die zunehmende Anzahl von Forschungsberichten, die diese Theorie belegen, und ist überzeugt, dass das Erlernen eines Musikinstruments auch für sehr kleine Kinder gut ist. Natürlich, so fügt er hinzu, sei die Kooperationsbereitschaft des Kindes eine wesentliche Voraussetzung dafür. Und Kooperationsbereitschaft entsteht nur, wenn die Lernerfahrung freiwillig geschieht und als befriedigend angesehen wird – mit anderen Worten, wenn sie Spaß macht.

Orientierung im »Raum« frühkindlicher Mathematik

Erinnern Sie sich noch, dass chinesische Kinder bei Tests ihrer mathematischen Leistungen bereits im Alter von vier Jahren besser als amerikanische abschnitten? Wie wir gesehen haben, liegt das daran, dass chinesische Eltern ihren Kindern auf diesem Gebiet einfach mehr zutrauen. »Mehr« bedeutet hier jedoch nicht nur die frühere Entwicklung von arithmetischem Verständnis und der Fähigkeit zu zählen. Es ist vielmehr auch im Sinn von »vielfältigerem« Können zu verstehen. Während man im Westen die Grenzen relativ eng zieht und die frühkindliche Mathematik auf einfache Zahlenspiele beschränkt, schließen chinesische Eltern und Vorschullehrer regelmäßig Raum-Zeit-Phänomene (wie sie in der Geometrie vorkommen) in die Erziehung mit ein. Nach Erkenntnissen von Prentice Starkey und Alice Klein von der Universität von Kalifornien in Berkeley bestehen zwischen amerikanischen und chinesischen Vierjährigen dadurch sogar noch größere Unterschiede hinsichtlich ihrer räumlich-geometrischen Vorstellung als in Bezug auf ihr Zahlenverständnis. Die Kinder in China werden so gut auf die Fächer Algebra und Geometrie vorbereitet, dass diese zwei Jahre früher als in Amerika üblich an der Schule eingeführt werden.

Da viele Eltern dazu tendieren, den Raum-Zeit-Aspekt der Mathematik zu übersehen, ist die Forschungsarbeit von Gordon Shaw über die Auswirkungen frühkindlichen Musikunterrichts so wichtig. Denn genau dort, wo es darum geht, Problemlösungen aufgrund der Raum-Zeit-Orientierung zu finden, stellte Shaw einen positiven Einfluss des Musikunterrichts im Vorschulalter fest. Drei- und Vierjährige, die Klavier spielen, können nicht unbedingt früher bis 50 zählen oder mathematische Gleichungen lösen. Ihr Vorteil besteht darin, dass sie eine bessere Vorstellung geometrischer Formen besitzen, dreidimensionale Modelle bauen können und ganz allgemein ein größeres Verständnis für Formen, Bewegungs- und Zeitabläufe zeigen. Warum das so ist, weiß man noch nicht genau, aber es ist Aufgabe der Gehirnforschung, dies herauszufinden. In der Zwischenzeit ist es Sache der Eltern, die vorliegenden Informationen zu nutzen, um ihr eigenes Verständnis und das ihrer Kinder auf diesem Gebiet der Mathematik zu vergrößern.

Ein wesentlicher Unterschied zwischen dem Rechnen mit Zahlen und Raum-Zeit-Rechnungen in den ersten Lebensjahren hängt mit der Rolle des Auswendiglernens zusammen. Ein Kind kann sich mathematische Gesetzmäßigkeiten und die einzelnen Schritte einer langen Teilungsaufgabe einprägen, aber nicht, wie es Formen drehen, Puzzles zusammensetzen oder geometrische Muster abzeichnen soll. Diese Aufgaben erfordern planmäßiges Denken und das braucht Zeit. Erwachsene sollten diesen wichtigen Punkt nicht aus den Augen verlieren, damit sie einem Kind nicht zu früh mit fertigen Antworten auf Raum-Zeit-Fragen zu Hilfe eilen. Viele Eltern und Erzieher befürchten so sehr, Kinder könnten scheitern oder frustrierende Erfahrungen machen, dass sie ihnen sofort die Antwort liefern. Als ob sie sagen wollten: »Nicht schlimm, ich habe eigentlich gar nicht erwartet, dass du es kannst.« Dadurch hat das Kind keine Chance, selbst über die Aufgabe nachzudenken.

James Stigler von der Universität von Kalifornien in Los Angeles sieht den Grund, warum japanische Grundschüler in Mathematik besser sind, unter anderem darin, dass japanische Lehrer Aufgaben stellen und sich dann in die hintere Sitzreihe zurückziehen, während die Kinder mögliche

Musik und Mathematik liegen näher zusammen, als Sie vielleicht denken. Neue Forschungserkenntnisse lassen annehmen, dass sich Keyboardspielen positiv auf das Raum-Zeit-Denken auswirkt. Außerdem macht es Spaß, wie man dem werdenden Musiker auf dem Bild deutlich ansieht.

Antworten diskutieren. Statt den Schülern Vorträge darüber zu halten, wie der Lösungsweg auszusehen hat, übernehmen japanische Lehrkräfte eher eine unterstützende und begleitende Funktion. Die Antworten und Lösungen entwickeln sich ganz allmählich aus den verschiedenen Ideen, die vorgeschlagen und verworfen wurden. Auf diese Weise haben die Kinder am Ende nicht nur neues Wissen erworben, sondern auch ihre neuronalen Netze »trainiert«, was ihnen hilft, eigene Lösungen zu finden.

Suchen Sie, genau wie beim Zählen, im Alltag nach Aufgaben, die die Raum-Zeit-Vorstellung schulen. Sie werden überrascht sein, wie viele Sie bis jetzt übersehen haben. Im Folgenden finden Sie, neben allgemeinen Hinweisen, einige konkrete Beispiele.

Tipps für Eltern

■ 6 Monate +

Berücksichtigen Sie die räumliche Komponente der Mathematik, indem Sie altbewährte Spielsachen wie zum Beispiel Formenwürfel kaufen. Kleinkinder lieben es, Klötze in verschiedenen geometrischen Formen (Dreiecke, Quadrate, Rechtecke, Kreise) durch die entsprechenden Öffnungen in einem Behälter zu stecken. Daran sieht man, wie Mutter Natur bereits die Weichen in diese Richtung gestellt hat. Ganz von selbst und spielerisch lernt das Kind die Unterschiede geometrischer Formen und die Möglichkeit kennen, die Formen so lange zu drehen, bis sie durch die Öffnung passen. Baumaterialien wie Lego, Holzbaukastensets zum Zusammenbauen von Häusern und glatte Holzklötze sind weitere Beispiele für Spiele, die räumliches Denken fördern. Außerdem regen die entstehenden Gebilde die Fantasie des Kindes an. Die aufeinander gestapelten Klötze werden zur Garage für ein Spielzeugauto oder zum Bett der Lieblingspuppe. Die Möglichkeiten sind endlos.

■ 18 Monate +

Unterstützen Sie das Interesse an Puzzles, indem Sie mit ganz einfachen beginnen. Beim Puzzlen lernt Ihr Kind das Drehen von Formen, das Zuordnen von Mustern und das Entdecken von Äquivalenzen. (»Hmm ... dieses Anschlussteil hat nicht ganz dieselbe Form wie das Loch.«) Außerdem erhält das Kind beim Puzzlen sofortige und eindeutige Rückmeldungen über Erfolg und Misserfolg sowie endlose Gelegenheiten zu neuen Versuchen. Hat es ein »Raumproblem« gelöst, kommt das nächste an die Reihe. Bei keiner anderen Tätigkeit trifft ein Kind in so konzentrierter Form auf so viele Aufgaben, die räumliche Orientierung erfordern – und die obendrein noch so viel Spaß machen.

■ 36 Monate +

Sie die mathematische Seite an Tätigkeiten wie Geschenke Papierflieger bauen und Papiersterne ausschneiden. Bei jeder itäten lernt Ihr Kind die Verbindung zwischen einem flachen r und dem gefalteten Ergebnis zu visualisieren. (Und Sie

Puzzles sind ideal, um die Aufmerksamkeit eines Kindes auf räumliche Probleme zu lenken. Jedes Teil stellt eine neue Herausforderung dar. Sogar Erwachsene kennen das Gefühl, dass jedes neue Erfolgserlebnis das starke Bedürfnis weckt, es gleich noch einmal zu versuchen.

dachten, es würde einfach nur spielen!) Leichte »Näh-Projekte« (mit Klebstoff statt Nadel und Faden) erfordern ebenfalls räumliches Denken. Stoffteile müssen ausgemessen, zugeschnitten und passend zusammengefügt werden. Eine Naht, die plötzlich außen statt innen verläuft, zeigt unmissverständlich, wie wichtig es ist, räumliche Beziehungen sorgfältig zu durchdenken! Beginnen Sie mit folgendem Versuchsprojekt: Nehmen Sie zwei gleich große Stoffteile, helfen Sie Ihrem Kind, sie an drei Seiten zusammenzukleben, füllen Sie diese »Hülle« mit Füllmaterial und kleben Sie die letzte Seite zu. Ihr Kind hat nun nicht nur ein selbst gemachtes Kissen, auf das es stolz sein kann, sondern auch eine erste Lektion zum Thema Fläche und Volumen erhalten!

■ 36 Monate +

Bereits in den ersten Lebensjahren können Sie Musikunterricht (und zwar nicht nur Singerfahrungen) ernsthaft für Ihr Kind in Betracht ziehen. Sie sollen aus ihm nicht unbedingt einen virtuosen Musiker ma-

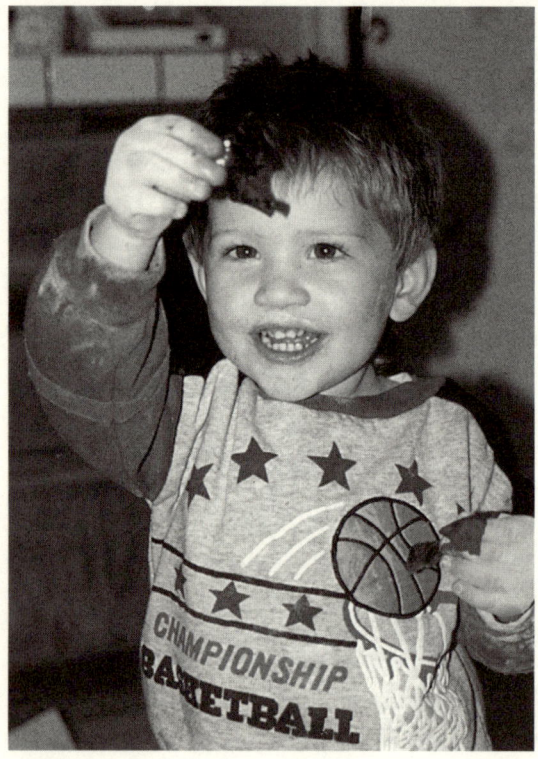

Es gibt unendlich viele Möglichkeiten, die Form als eine wichtige Eigenschaft eines Gegenstandes darzustellen. Brandon entdeckte mit Hilfe seiner Mutter das geometrische Potenzial von Glibberknete!

chen – auch wenn das einige Kinder, die sich sonst nicht so entwickelt hätten, werden. Doch wenn wir uns an Gordon Shaws Studie erinnern, dann besteht das Ziel vielmehr darin, dafür zu sorgen, dass ein Kind eine Tätigkeit ausüben kann, die ihm Spaß macht und bei der die Zusammenarbeit verschiedener Sinnessysteme erforderlich ist: visuelle Wahrnehmung (Noten und Tasten), Gehör (Töne und Melodien) und Motorik (damit es seine Finger dahin setzen kann, wo es will). Das ist harte neurologische Arbeit, doch mit »Hänschen klein« als Ziel vor Augen sind Kinder leichter zu motivieren, als Sie vielleicht annehmen. Schon mit ganz kleinen Kindern können Sie die Grundlagen musikalischer Strukturen auf den überall erhältlichen Spielzeugkeyboards studieren, bei denen farbig gekennzeichnete Tasten entsprechenden Noten in einem Heft zugeordnet sind. Zumindest bekommen Kinder durch solche Spielsachen Lust auf das »echte« Musikmachen.

Mathematisches Verständnis und die Zukunft Ihres Kindes

Eltern müssen nicht erst davon überzeugt werden, dass mathematisches Verständnis wichtig ist für die Zukunft ihres Kindes, sowohl in der Schule als auch danach. Angesichts der Technologisierung unserer heutigen Welt ist der hohe Stellenwert der Mathematik unübersehbar. Allerdings müssen Eltern daran erinnert werden, in welchem Maß Mathematik den Alltag durchdringt und wie viele Gelegenheiten es gibt, selbst sehr kleine Kinder mit grundlegenden mathematischen Begriffen vertraut zu machen. In diesem Kapitel wollten wir Ihnen zeigen, wie einfach und selbstverständlich dies geht, sobald Sie begriffen haben, dass Kinder mit einem angeborenen Zahlengefühl auf diese Welt kommen. Wir sprechen hier nicht von mathematischen Lernkarten und auch nicht davon, Kinder anhand von Büchern zum Zahlen- und Zählenlernen zu trimmen. Wir sprechen davon, wie man die Vorteile von bestimmten Aktivitäten nutzen kann, die in erster Linie Spaß machen und die ganz nebenbei in mathematische Übungen münden, ohne dass Ihr Kind es merkt. In der Schule werden die Mathestunden vielleicht nicht immer nur mit Spaß verbunden sein. Die Wahrscheinlichkeit, dass Ihr Kind später auch in der Schule Mathematik als befriedigende Beschäftigung erlebt, ist jedoch um einiges höher, wenn es mit einer positiven Einstellung und einer guten Grundlage, auf der es aufbauen kann, eingeschult wird.

8. Malen, Lachen, Spielen: Kreativitätsförderung

NACHRICHTEN AUS DER FORSCHUNG:
Zweijährige porträtieren ihre Mamis

Birmingham, Alabama. Geben Sie Ihrem Zweijährigen Stift und Papier und schon bald halten Sie ein Meisterwerk für die Kühlschranktür in Händen. Kleine Kinder malen gern. Es ist, als ob sie sich auf den großen Tag vorbereiten, an dem die Erzieherin im Kindergarten ihnen einen Pinsel in die Hand gibt, sie vor eine Staffelei stellt und verkündet: »Auf die Plätze, fertig, *malen*!« Aber ist das schon alles? Sind die frühkindlichen »Kritzeleien« nur bedeutungslose Aufwärmübungen – wie bei einem Boxer, der wild in die Luft schlägt, bevor er in den Ring steigt? Es scheint mehr dahinter zu stecken. Nach Ansicht von Entwicklungspsychologen, die den so genannten Symbolgehalt untersuchen, haben die Kritzelbilder eines Kleinkindes eine tiefere Bedeutung. Die Wahrscheinlichkeit ist sogar groß, dass sich hinter den zufällig anmutenden Schnörkeln und Linien in Wirklichkeit etwas ganz Bestimmtes verbirgt – nämlich Sie!

Menschen besitzen anscheinend die natürliche Veranlagung, Symbole zu benutzen: Worte symbolisieren Gegenstände, Puppen symbolisieren Babys, Buchstaben symbolisieren Laute – und Zeichnungen symbolisieren alles, was der Künstler beabsichtigt. Es dauert ungefähr zwei Jahre, bis Babys auf den »Symbol«-Zug aufspringen und zu malen beginnen, sobald sie aber damit angefangen haben, sind sie nicht mehr zu stoppen. Bis die meisten Kinder ihren ersten erkennbaren Baum mit Äpfeln an den Zweigen für ihre Erzieher im Kindergarten zeichnen, haben sie wahrscheinlich zuvor schon mindestens ein Jahr lang Menschen, Orte und Gegenstände gemalt. Es ist allerdings ebenso wahrscheinlich, dass Mama und Papa davon keine Notiz genommen haben.

Wir verdanken es unter anderem Dennie Wolf, Carolee Fucigna und Howard Gardner von der Harvard-Universität, dass Eltern allmählich erkennen, wie viel ihre Kinder vom Malen verstehen. Die Forscher gaben Ein- bis Zweijährigen Stift und Papier und baten sie, bestimmte Dinge zu malen – zum Beispiel Mama und Papa. Ein Laie konnte auf den entstandenen Kritzeleien nicht viel erkennen. Allerdings fiel Folgendes auf: Sollten die Kinder Mamas Kopf malen, zeichneten sie ganz oben auf dem Blatt, Mamas Füße malten sie ganz unten und Mamas Bauch dazwischen! Das hieß also, die Kinder kritzelten nicht einfach willkürlich auf dem Papier herum. Auch wenn sie entwicklungsmäßig noch nicht in der Lage waren, einen Kreis als Kopf zu zeichnen, folgten sie einem Grundschema. Sie verstanden bereits den Symbolcharakter des Zeichnens. Beste Voraussetzungen also für eine Karriere als abstrakter Expressionist ...

Kreativität

Auf den ersten Blick scheinen obige Einsichten vielleicht keine guten Nachrichten zu sein, wenn man an der Förderung der Kreativität interessiert ist. Denn ist es nicht viel kreativer, einfach aus Freude am Kritzeln irgendetwas aufs Papier zu bringen, statt zu versuchen, die Wirklichkeit abzubilden? Haben Wolf und ihre zweijährigen Mitstreiter vielleicht einen Schritt in die falsche Richtung gemacht?

Bevor wir zu diesem entmutigenden Schluss kommen, sollten wir selbst ein wenig kreativer denken und uns die Frage stellen: Muss kreative Kunst notwendigerweise »frei« und »formlos« sein? Die Antwort ist ganz klar: Nein. In der Geschichte haben Künstler, die für ihre Kreativität geehrt wurden, schon immer ein Interesse daran bewahrt, die Wirklichkeit abzubilden; sie haben nur neue und unkonventionelle Methoden dafür gefunden. Van Gogh und andere Impressionisten gaben zum Beispiel das Ziel nicht auf, Bilder zu malen, die als Landschaft zu erkennen waren. Allerdings malten sie ihre Umwelt – Gärten, Weizenfelder, Sternennächte – aus einem völlig neuen und ungewohnten Blickwinkel. Sie wollten die »Essenz« der Wirklichkeit einfangen, statt das reale Leben einfach nur zu imitieren. Für sie war es wichtig, dass ihre Bilder keine exakten Kopien darstellten. Klingt das nicht verdächtig nach unseren zweijährigen Malkünstlern? *Dies* stellt *das* dar, weil *sie* es sagen. Wir sind sicher nicht die Einzigen, die kreative Künstler mit Kindern vergleichen. Hier lesen Sie, was ein weiterer großer Künstler, Pablo Picasso nämlich, dazu zu sagen hatte: »Ich konnte malen wie Raffael, aber ich brauchte ein ganzes Leben, um wie ein Kind malen zu lernen.«

Vielleicht erscheinen Ihnen die Kritzeleien Ihres Kindes völlig willkürlich, manchmal verbirgt sich dahinter jedoch mehr. Forscher haben festgestellt, dass die räumlichen Relationen auf dem Bild in etwa denen des Objekts entsprechen, das das Kind malen sollte.

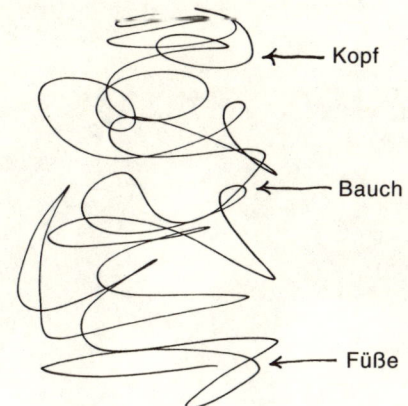

Kopf

Bauch

Füße

Warum dauerte es so lange, bis Picasso zum Ausgangspunkt seines Könnens zurückfand? Die Gründe gelten sicher nicht allein für ihn. In Wahrheit ist es für jeden Menschen ein mühsamer Kampf, sich die vertrauensvolle Schaffenskraft kleiner Kinder zu bewahren. Nach der Kleinkind- und Vorschulzeit entwickeln Kinder ein natürliches Bedürfnis nach Realismus und Konformität. Wenn sie lernen, wie die Welt funktioniert – das Hauptanliegen der Grundschule –, scheinen sie die Dinge unwillkürlich so zu sehen, wie sie tatsächlich *sind*, statt wie sie sein *könnten* oder *sollten*. Erschwerend kommt hinzu, dass ein Kind neben seinem natürlichen Bedürfnis allzu oft auch von der Außenwelt in Richtung Realismus und Konformität – sozusagen zur Aufrechterhaltung des Status quo – gedrängt wird. Zu viele Kunstlehrer bewerten den realistischen Apfelbaum als gut und lehnen das impressionistische Pendant ab. Zu viele Sozialkundelehrer legen mehr Wert darauf, wie viele Hauptstädte ein Kind aufzählen kann, statt es zu loben, wenn es sich fragt, warum bestimmte Städte zu Hauptstädten werden und andere nicht. Und zu viele Eltern tappen aufgrund ihrer eigenen Schulerfahrungen in dieselbe Falle.

Gott sei Dank kann diese Entwicklung, die scheinbar unaufhörlich von der Kreativität wegführt, auch wieder umgekehrt werden. Eltern können ihren Kindern helfen, ihr inneres Potenzial so weit zu entwickeln, dass die Kreativität mit großer Wahrscheinlichkeit erhalten bleibt, vorausgesetzt sie verstehen, welche Eigenschaften einen wirklich kreativen Menschen ausmachen. Wir verwenden gerne den Vergleich mit einer frisch gepflanzten Kletterrose. Ihre ersten Triebe werden groß und lang. Doch mit der Zeit

Mit viel Farbe und großen Pinseln werden realistische Malereien oft zu abstrakter Kunst. In diesem Alter sind Kinder auch von der Textur der Farbe fasziniert. Daher sind Fingerfarben ein besonderer Hit!

zwingt die Schwerkraft die immer schwerer werdenden Zweige, sich zum Boden zu biegen. Was tut der einfühlsame Gärtner? In weiser Voraussicht stellt er ein Spalier auf, an dem sich die Zweige sanft weiter in die Höhe ranken können. Genauso verhält es sich mit Zweijährigen. Wie Wolf und ihre Kollegen gezeigt haben, »wachsen« sie zunächst in die richtige Richtung. Der »Trick« der Eltern besteht nun darin, dass sie ein metaphorisches Spalier (oder ein Gerüst, wie wir es im 2. Kapitel genannt haben) aufstellen, an dem ihre Kinder sich immer weiter und höher entwickeln können, auch wenn innere und äußere Kräfte sie zu Boden ziehen wollen.

Positive Einstellung + Wissen = Kreativität

Auf die Frage nach den nötigen Voraussetzungen für Kreativität steht bei den meisten Menschen »Talent« ganz oben auf der Liste. Bob Sternberg und Todd Lubart, zwei Psychologen der Yale-Universität, würden jedoch eine völlig andere Antwort geben. Das Wort »Talent« taucht bei ihrer innovativen Vorgehensweise, mit der sie sich dem Thema Kreativität nähern, nicht einmal auf. Stattdessen schwören sie auf Faktoren wie Anstrengung in Verbindung mit spezifischen positiven Grundeinstellungen. Auch wenn kreative Leistungen einen Eindruck von Mühelosigkeit erwecken, sollten sie nach Ansicht von Sternberg und Lubart treffender als »Liebesmühen« bezeichnet werden. Eltern werden sich über die gute Nachricht freuen, dass Anstrengung und positive Einstellungen vorgelebt, gelehrt und belohnt werden können. Sie sind die Voraussetzung dafür, dass Kinder ihre angeborene Kreativität bewahren können.

Hier sehen Sie einige der wichtigsten »Zutaten«, die Sternberg und Lubart in ihrem »Rezept für ein kreatives Kind« auflisten.

■ Neugier

Das kreative Kind liebt es, Dinge zu erforschen. Statt in Panik zu geraten, wenn es etwas Neuem, Unverständlichem begegnet, reagiert es mit Interesse. Eltern können diese natürliche Neugier auf vielfältige Weise fördern. Eine der wirkungsvollsten und gleichzeitig einfachsten Methoden besteht darin, die eigene Neugier offen zu zeigen. Ein Kind, das seine Eltern immer wieder sagen hört: »Hmm ... was passiert wohl, wenn ...?«, wird viel früher anfangen, sich selbst solche Fragen zu stellen.

■ Vernünftige Risikobereitschaft

Kreative Kinder lieben die Herausforderungen des Unbekannten unter anderem auch deshalb, weil sie keine allzu große Angst vor Fehlern haben. Es ist viel leichter, »aus dem Rahmen zu fallen«, wenn es einem nichts ausmacht, ab und zu verloren zu gehen. Auch hier ist das Verhalten der Eltern sehr wichtig. Wenn Mami eine Perfektionistin ist, die sich über den kleinsten Fehler bei ihren Eigenkreationen aufregt, oder Papa sich nicht traut, sich kreativ auszudrücken, weil er Angst hat, sich lächerlich zu machen, wie soll dann Klein-Andreas wissen, dass es vollkommen in Ordnung ist, wenn er sich anders verhält als sie?

■ Selbstvertrauen

Dem kreativen Kind ist seine eigene Meinung über sich selbst wichtiger als die der anderen. Da sich kreative Ideen definitionsgemäß von anderen Ideen unterscheiden und »Andersartigkeit« nicht immer zur Erwartungshaltung anderer Kinder oder Erwachsener passt, ist diese Grundhaltung von Vorteil. Darum ist auch der Fanklub zu Hause so wichtig! Kleine Kinder brauchen das Gefühl, dass ihre Eltern denken, sie könnten die Welt aus den Angeln heben. Das bedeutet nicht, dass Sie alles, was Ihre Kinder sagen oder tun, gutheißen sollen. Es bedeutet, dass Sie sehr achtsam und behutsam vorgehen sollten, damit Sie die Begeisterung Ihrer Kinder, mit der diese Sie an ihrer Welt teilhaben lassen, nicht bremsen. Denn die Freude an einer Entdeckung ist umso größer, wenn man sie jemandem mitteilen kann.

■ Geduld

»Geduld« bezeichnet hier die Eigenschaft, dass kreative Kinder sich nicht abschrecken lassen, wenn sie nicht sofort auf eine Lösung stoßen. Wie erfahrene Puzzle-Fans probieren sie geduldig so lange herum, bis

Feiertage bieten ideale Gelegenheiten, um die Fantasie zu fördern – vorausgesetzt, Sie lassen die Vorstellung fallen, dass Valentinsgrüße, Ostereier und Halloween-Kürbisse ein bestimmtes Aussehen aufweisen müssen. Holen Sie einfach Stifte, Stickers, Glitter – oder was auch immer die Vorstellungskraft Ihres Kindes anregt – heraus und lassen Sie seinem Schaffensdrang freien Lauf!

sie die passende Lösung gefunden haben. Kreative Kinder beschäftigen sich immer, sie sind jedoch nicht hektisch. Sie vertrauen darauf, dass das Bild schließlich irgendwann fertig wird, wenn sie sich nur genügend anstrengen. Eltern können die Geduld ihrer Kinder unterstützen, indem sie nicht nur das »Endprodukt«, sondern auch den »Entstehungsprozess« loben. Warten Sie nicht mit dem Lob, bis Ihr Kind sein Meisterwerk vollständig beendet hat. Zeigen Sie ihm, dass Sie seine Bemühungen bei der Arbeit sehen und es toll finden, wenn es sich Zeit nimmt, um ein gutes Ergebnis zu erzielen.

■ Hintergrundwissen

Bevor man etwas Neues beginnt, muss man zuerst das Alte begriffen haben. Kreative Kinder verstehen dieses Prinzip schon sehr früh und sind eifrig bemüht, so viele relevante Informationen wie möglich zu sammeln. Sie haben gelernt, dass ihre Anstrengungen mit dem wunderbaren Gefühl belohnt werden, alle Teile mit Erfolg zu einem sinnvollen Ganzen zusammengefügt zu haben. Kinder werden regelrecht süchtig nach solchen Erfahrungen und je mehr sie erleben, umso mehr bemühen sie sich darum. Und hinter dieser Sucht können die Eltern sogar stehen!

Es kommt natürlich auch vor, dass Eltern die Wichtigkeit von Wissen propagieren, bis sie schwarz werden – und ihr Kind immer noch der Meinung ist, weltbewegende Ideen erschienen auf wunderbare Weise in Träumen. Daher empfehlen wir, indirekt vorzugehen. Eine der effektivsten Methoden, Kinder davon zu überzeugen, dass es sich lohnt, Wissen zu sammeln, besteht darin, sie zu ermutigen, zunächst einfach irgendetwas zu sammeln. Natürlich meinen wir keine Barbies, Teletubbies oder andere in der Fernsehwerbung heftig beworbene Produkte. Wir denken an Dinge, die im Leben eines Kindes eine Rolle spielen, Gegenstände, die leicht sortiert, aufbewahrt und ausgestellt werden können.

Sehr kleine Kinder lernen dadurch, Unterschiede in ihrer Umgebung zu beobachten. Eine Sammlung aus gepressten Wildblumen, Muscheln, in einem Eierkarton sortiert, oder Dinosaurierbilder an der Wand sind Dinge, auf die Ihr Kind stolz sein kann. Nach und nach werden die Unterscheidungskriterien subtiler. Und ohne es zu merken, üben die Kinder Denkfähigkeiten, die die Grundlagen für kreative Einsichten bilden. Sie lernen,

Arten zu vergleichen und zu unterscheiden (»Diese Dinosaurier können fliegen, aber die anderen nicht.«). Sie setzen sich mit hierarchischen Beziehungen auseinander (»Dieser Dinosaurier ist groß *und* ein Fleischfresser.«). Sie strengen sich an, sich alle Informationen zu merken, damit sie Neues leicht identifizieren können (»Oh, das ist das erste Mal, dass ich von einem großen, Fleisch fressenden, fliegenden Dinosaurier höre!«). Das Schönste an diesen staunenden Ahs und Ohs angesichts neuer Erkenntnisse ist, dass Sie im Stillen stolz sein können, weil es Ihnen gelungen ist, Ihren Kindern eine wertvolle Lektion zum Thema »Spaß am Lernen« erteilt zu haben, ohne dass diese es bemerkten.

Die oben genannten Eigenschaften nach Sternbergs und Lubarts Kreativitätstheorie sind vielseitig anwendbar. Egal auf welchem Gebiet – Kunst, Literatur, Musik, Wissenschaft, Philosophie –, ein Kind, das diese »Geschenke« erhalten hat, ist eher dazu in der Lage, sein angeborenes Kreativpotenzial zu bewahren. Um mit den Worten von Sternberg und Lubart zu sprechen: »Wir müssen (zu Hause) aktiv ein Umfeld schaffen, das kreative Leistungen fördert, wertschätzt und belohnt, denn eine derartige Umgebung ist nicht zwangsläufig vorhanden und wartet auf uns.«

Kunstkollektionen des Kleinkindes

Die Zweijährigen, von denen am Ende der »Nachrichten aus der Forschung« die Rede war, waren glücklich, ihre persönlichen Eindrücke von Mama und Papa zeichnerisch ausdrücken zu können, und ihre Eltern waren glücklich, weil sie feststellten, dass ihre Kinder mehr vom Malen verstanden, als sie es sich je hätten träumen lassen. Doch es gibt noch weitere gute Neuigkeiten. Ein Kleinkind kann viel mehr, als nur seine beiden liebsten Menschen zu malen. Gerade weil Zweijährige noch nicht durch den Drang zum Realismus eingeengt sind, wählen sie freier als ältere Kinder, *was* sie malen. Wenn Sie einer Fünfjährigen einen Stift in die Hand geben, wird sie wahrscheinlich irgendeinen Gegenstand malen, und zwar mit seinen einzelnen Komponenten, auch wenn sie diese nur andeutet. Geben Sie einer Zweijährigen denselben Stift, wird sie ihn wahrscheinlich übers Papier hüpfen lassen und sagen: »Hase macht hopp, hopp, hopp«, oder Schnörkel und Linien kritzeln und erklären: »Katie tanzt« (was Linda bei ihrer Tochter beobachten konnte). Diese kreative Freiheit ist nur sehr schwer zu bewahren, wenn das Publikum (im Fall eines Kindes Eltern und Erzieher) vor

Dieses kleine Mädchen schwankt zwischen dem Wunsch, realistisch zu malen (wie der Apfelbaum unten links auf ihrem Bild verdeutlicht), und dem Bedürfnis, die Realität außer Acht und der Kreativität freien Lauf zu lassen. Eltern können ihren Kindern dabei helfen, zwischen beiden Polen eine gesunde Balance zu finden.

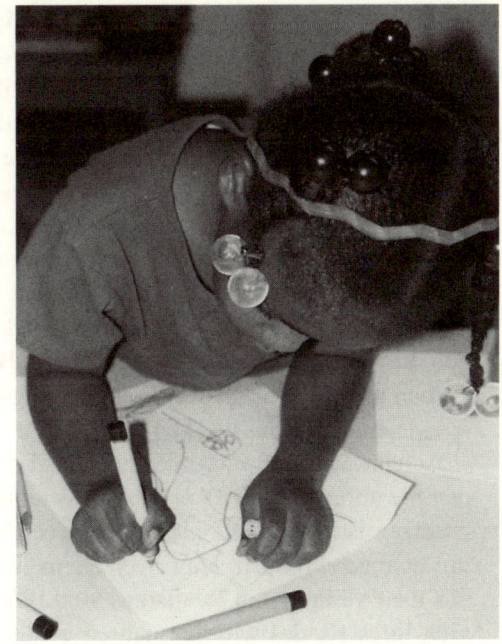

allem Wert auf die technische Ausführung legt. Vielleicht verstehen Sie jetzt, warum Picasso so neidisch war!

Auch wenn die meisten Kinder keine Van Goghs oder Picassos werden, gibt es keinen Grund, warum sie nicht die volle Bandbreite künstlerischen Ausdrucks genießen sollten. Im Folgenden geben wir Ihnen einige Tipps, wie Sie die angeborene Kreativität Ihres Kindes erhalten können.

Tipps für Eltern

■ 12 Monate +

Kinder entwickeln nur durch eigenes Tun ein Verständnis für Kunst. Außerdem übernehmen sie die Vorstellungen ihrer Umgebung, was »gute« und was »schlechte« Kunst ist. Obwohl Eltern außerhalb des Zuhauses wenig tun können (außer Museen zu besuchen), gibt es zahlreiche Möglichkeiten, wie sie Ihrem Kind zu Hause die Vorstellung vermitteln können, dass »gute« Kunst nicht zwangsläufig realistisch sein muss. Wählen Sie die Gemälde, die Sie in Ihrer Wohnung aufhängen, sorgfältig aus. Nehmen Sie Bilder verschiedener Stilrichtungen und sprechen Sie mit Ihrem Kind darüber. Achten Sie unbedingt darauf, wie Ihre eigenen künstlerischen Vorlieben beeinflussen, welches Bilderbuch Sie von der Bücherei oder aus dem Buchladen mit nach Hause bringen! Als meine Kinder klein waren, stellte ich fest, dass ich unbewusst von Büchern mit sehr realistischen Illustrationen angezogen wurde. Einerseits mochte ich die Zeichnungen, wenn sie gut waren, andererseits dachte ich, realitätsnahe Bilder würden eher die Aufmerksamkeit meiner Kinder erregen. In Wirklichkeit kommt es bei einem Bild jedoch auf die Vielfalt der Farben und die Anzahl der Überraschungseffekte an, wenn man das Interesse eines Kindes wecken will.

Achten Sie also auch hier auf Abwechslungsreichtum und vermeiden Sie unbedingt die Botschaft, dass »realistisch« mit »besser« gleichzusetzen ist. Es ist uns klar, dass dieser Rat unter Umständen ein wenig unangenehm sein kann, vor allem für Erwachse-ne, die Anhänger des weit verbreiteten Realismus sind. Wenn Sie allerdings die Kreativität Ihres Kindes wirklich nähren wollen, dann bewahrheitet sich das alte Sprichwort, dass man seine Lehren auch in die Tat umsetzen sollte.

■ 12 Monate +

Wenn Ihr Kind erklärt, sein Kritzelbild stelle ein ganz bestimmtes Objekt dar, dann bitten Sie es in Zukunft, Ihnen die unterschiedlichen Bestandteile zu zeigen. Um sein kreatives Denken zusätzlich anzuregen, können Sie ihm auch gelegentlich Vorschläge machen; lassen Sie es zum Beispiel »Mami im Kopfstand« malen. Durch solche Anregungen wird das Kind vor die Aufgabe gestellt, das Bild der Mutter – dargestellt durch die gekritzelten Striche – im Geist zu drehen. Sie können jedoch nicht nur reale Dinge als Zeichenobjekte vorschlagen, sondern sich auch Fantasietiere ausdenken. »Hast du schon mal ein Rüffel-Schnüffel gesehen? Komm, wir malen eins!« Wechseln Sie sich ab, wenn Sie Einzelteile wie Augen, Ohren und einen oder mehrere Schwänze hinzufügen. Und vergessen Sie nicht: Kinder bilden Handlungen genauso gern wie Gegenstände ab. Statt den Vorschlag zu machen, »ein Pferd« oder »Papa« zu malen, bitten Sie es doch einmal um ein *galoppierendes* Pferd

Eine einfache und lustige Methode, kreatives Denken zu fördern, besteht darin, Ihr Kind zu ermuntern, Dinge und Formen in ihren Kritzeleien zu sehen. Lindas Tochter Kate verwandelte zum Beispiel das linke Bild in den Schneemann rechts.

oder einen *tanzenden* Papa. Kinder lösen diese Aufgabe häufig, indem sie ihre Stifte ganz spontan über das Papier bewegen und so die Essenz der jeweiligen Aktivitäten einfangen. Und wenn sie von sich aus nicht damit beginnen, dann nehmen Sie einfach den Stift und zeigen ihnen, was Sie meinen. In den meisten Fällen werden keine Erklärungen nötig sein. Am Ende können Sie Ihrem Kind mit Sicherheit zu seinen kreativen Höhenflügen gratulieren.

■ 18 Monate +

Erinnern Sie sich noch an das alte, schöne Spiel, als Sie mit Ihrem Freund oder Ihrer Freundin im Gras lagen, in die Wolken schauten und sich abwechselnd beschrieben, was sie da oben am Himmel sahen? (Die naturalistische Version des Rorschachtests sozusagen.) Kleine Kinder lieben derartige Spiele genauso wie wir. Eines der von Dennie Wolf und ihren Mitarbeitern untersuchten Kinder schaute gedankenverloren auf sein Kritzelbild, das es gerade gemalt hatte, und verkündete stolz, dies sei »ein Pelikan, der einen Seehund küsst«. Das ist wahre Kreativität! Anschließend fügte es Augen und Sommersprossen hinzu, um die Ähnlichkeit noch deutlicher hervorzuheben. Probieren Sie doch einmal, diesem Beispiel folgend, ein neues Spiel mit Ihrem Kind aus: Nehmen Sie ein Kritzelbild, das Ihr Kind oder Sie selbst gemalt haben, und fragen

Sie:»Was, denkst du, ist auf diesem Bild gemalt?« Wenn Sie keine Antwort erhalten, erfinden Sie eine. Deuten Sie auf die verschiedenen Teile
und geben Sie zusätzlich erklärende Hinweise, damit Ihr Kind Zusammenhänge herstellen kann. Je verrückter und ausgefallener Ihre Vorschläge sind, umso besser!

■ 30 Monate +

Was können Sie tun, wenn Ihr Kind trotz Ihrer Bemühungen anfängt,
realistische Bilder zu malen? Etwas sollten Sie auf *keinen* Fall tun: seine
Werke kritisieren. Durch Ihren wohl gemeinten »Rat« erreichen Sie
höchstens, dass Ihr Kind in Zukunft vielleicht überhaupt nichts mehr
malt. Nach Ansicht des Kinderpsychologen Dr. Stanley Greenspan können Sie jedoch Folgendes tun: Zeichnen Sie dasselbe Objekt, das Ihr
Kind gerade gemalt hat, allerdings in kreativ abgewandelter Form. Nehmen wir an, Ihr Kind zeigt Ihnen stolz sein letztes Meisterwerk: den
sprichwörtlichen Apfelbaum mit den roten Äpfeln. Nachdem Sie das
Bild gebührend bewundert haben, zeichnen Sie nun Ihrerseits einen Apfelbaum, allerdings malen Sie ihn verkehrt herum oder mit roten Blättern
und grünen Äpfeln oder Sie ordnen die Äpfel in Form eines Lachgesich-
tes an oder ... Sie verstehen, um was es geht. Fragen Sie Ihr Kind anschließend:»Fallen dir noch andere verrückte Apfelbäume ein, die wir
malen könnten?« Kinder lieben derartige Unstimmigkeiten und lassen
sich mit Begeisterung auf dieses Spiel ein. Dass sie dabei von Ihnen in
diese Richtung »gelenkt« wurden, merken sie gar nicht.

NACHRICHTEN AUS DER FORSCHUNG:
Wissenschaftler warnen:
Erste Babywitze gehen unter

Davis, Kalifornien. Jeden Donnerstag, pünktlich wie die Uhr, erscheint Onkel Peter vor dem Haus des 24 Monate alten Kai, setzt ihn in seinen Kinderwagen und
nimmt ihn mit zum Mittagessen in ihre Lieblingspizzeria. Nachdem sie die Bestel-
lung aufgegeben haben, gehen sie schnurstracks zur Salatbar, wo Peter eine
Hand voll Erdnüsse und Rosinen holt, mit denen sie die Wartezeit überbrücken.

Während sie ihre »Vorspeise« knabbern, bestreitet im Allgemeinen Peter den größten Teil des Gesprächs. Eines schönen Tages übernahm jedoch Kai die Führung. »Erdnuss!«, verkündete er stolz, auf eine Rosine deutend. »Nein, Kai. Das sind Rosinen. Hier sind die Erdnüsse«, korrigierte Peter ihn geduldig, wobei er abwechselnd auf die beiden Häufchen zeigte. Ohne sich beirren zu lassen, deutete Kai noch einmal auf dieselbe Rosine und wiederholte nachdrücklicher: »Erdnuss!« Peter – immer noch der Meinung, Kai wäre bloß durcheinander – verbesserte ihn wieder. Kai bedachte ihn mit einem frustrierten Blick. »Spaß!«, sagte er mit Nachdruck. »Spaß!« Worauf Peter ruhig antwortete: »Ja, Kai, du hast Recht. Es macht Spaß, Erdnüsse zu essen.« Plötzlich füllten sich Kais Augen mit Tränen. Erst jetzt realisierte Peter, dass in Wirklichkeit *er* die ganze Zeit über nichts verstanden hatte: »Ach so, Spaß! Natürlich! Du meinst, du wolltest einen Spaß machen!« Und damit begann er zu lachen. Kais Augen leuchteten vor Freude. Er schien sehr erleichtert zu sein, dass Onkel Peter trotz allem einen Sinn für Humor zu haben schien.

Onkel Peter musste sich wirklich fragen, warum er den Witz seines Neffen nicht mitbekommen hatte. Er war nämlich Psychologe und an einer Reihe von Forschungsprojekten mit Kindern in Kais Alter beteiligt. Deshalb kannte er Bücher zum Thema »Humor bei Kindern«, insbesondere die Arbeit von Paul McGhee. Nach Ansicht von McGhee begreifen Kinder schon im Alter von sechs bis neun Monaten den Kern eines Witzes: den Überraschungseffekt. Wir alle lachen, wenn wir überrascht sind und etwas unseren Erwartungen nicht entspricht, egal wie jung oder alt wir sind.

Babys lernen das als Erstes in Situationen, in denen sie selbst überrascht sind, zum Beispiel, wenn Mama »Kuckkuck!« sagt, während sie ihre Hand vom Gesicht nimmt. In Kais Alter können sie jedoch bereits die Hauptrolle der Komödie übernehmen. Wenn allerdings schon Onkel Peter, trotz seiner Erfahrung, die Pointe verpasste, dann ist es nicht verwunderlich, wenn viele andere zarte »Witzknochen« ohne Vorwarnung gebrochen werden, weil Erwachsene diese frühe Form von Humor nicht wahrnehmen.

Lachen ist die beste Medizin – in jedem Alter

Die Fähigkeit zu lachen ist ein wahres Geschenk an die Menschheit. Lachen lässt uns für einen Moment alle Sorgen vergessen. Lachen löst die Spannungen zwischen den Menschen, rechtzeitig bevor eine Situation eskaliert. Lachen erhöht die Herzfrequenz und reguliert den Blutkreislauf. Und nicht zuletzt macht Lachen glücklich. Kein Wunder also, dass sich die Witzseite einer Tageszeitung normalerweise größter Beliebtheit erfreut.

Lachen hat nicht nur für Erwachsene Vorteile, sondern ebenso für Babys, Kleinkinder und Vorschüler. Eltern und Erzieher bemühen sich, Tränen der Trauer in Lachen und Kichern zu wandeln. Sie erkennen intuitiv, dass Humor negative Situationen auflöst, weil dadurch die Kooperationsbereitschaft aller Beteiligten wächst. Allerdings übersehen Erwachsene häufig, dass Kinder bereits erstaunlich früh eigene komödiantische Fähigkeiten entwickeln. Darum geben wir Ihnen einen kurzen Überblick über die Höhepunkte der Humorentwicklung, wie McGhee und andere sie sehen. Wir beginnen mit dem frühesten Stadium, in dem Erwachsene noch die Leitung übernehmen müssen.

■ Kitzelzeit

Der erste humoristische Schauplatz ist, wie alle Eltern bestätigen können, der Körper. Höchstwahrscheinlich lacht Ihr Baby zum ersten Mal richtig, wenn es gekitzelt wird. Mit zunehmendem Alter und wachsender Erfahrung lacht es dann, weil es erwartet, gekitzelt zu werden – vorausgesetzt natürlich, dies geschieht immer am Schluss einer täglichen Routinehandlung. Zum Beispiel mit dem folgenden Kinderreim:

Zwei kleine Hände,
zehn kleine Finger,
kribbeldikrabbel
vom Fuß übers Knie
krabbeln sie
und auch
über den Bauch.
Sie itzeln und pitzeln,
witzeln und kitzeln –
HIIIILFEE!!!!!!

Es muss nicht erst gesagt werden, dass die letzte Zeile das Zeichen für Papas (oder Mamas) Hand ist, das Bäuchlein des Babys zu kitzeln!

■ Vorhang auf, die »Windel-auf-dem-Kopf-Show« beginnt

Irgendwann nach dem ersten Geburtstag wird Humor nicht mehr nur körperlich empfunden, sondern er nimmt eine neue Form an, die eher auf visuellen als auf Berührungsreizen basiert. Babys lernen nun die normalen Funktionen bestimmter Gegenstände kennen – was zur Folge hat, dass sie es urkomisch finden, wenn ihre Erwartungen spielerisch getestet werden. Ihr 18 Monate altes Kind wird sich schieflachen, wenn es sieht, wie Sie mit einer Banane telefonieren. Versuchen Sie, Ihren Fuß in den Strampelanzug Ihres Kindes zu stecken – und es wird zusammenbrechen vor Lachen. Außerdem sind Kinder ganz wild darauf, ihre eigenen Späße an Ihnen auszuprobieren – was zum Titel dieses Abschnitts (»Windel-auf-dem-Kopf«) geführt hat.

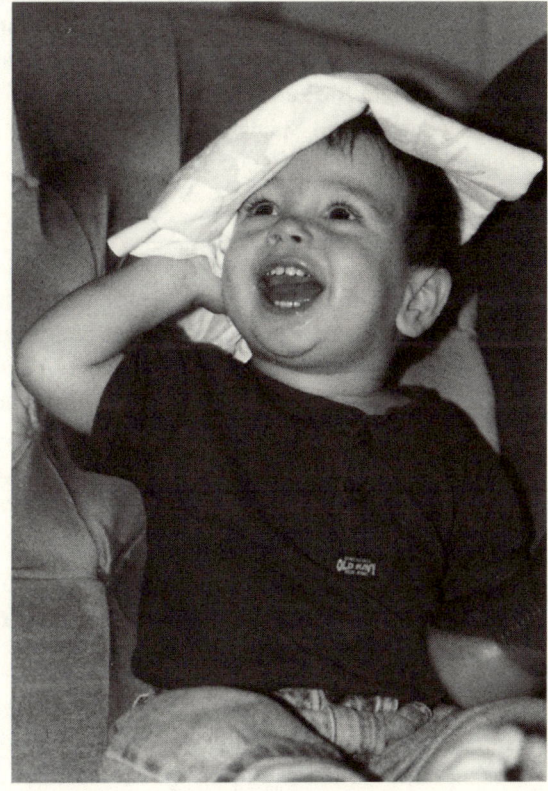

Ein wichtiger Schritt bei der Entwicklung von Humor ist absichtliches verrücktes und lustiges Verhalten. Kleine Kinder lieben es, »unkonventionell« mit verschiedenen Gegenständen umzugehen – zum Beispiel eine Windel als Hut zu benützen!

■ Eine Rose mit anderem Namen ist ... ein Witz

Kommen wir auf Kais »Erdnusswitz« zurück. Sobald Kleinkinder anfangen, neue Worte zu sammeln, erleben sie auf einmal dieselbe Freude, die sie an lustigen Funktionen verschiedener Gebrauchsgegenstände hatten, in der für sie neuen und aufregenden Welt der Sprache. Eltern können diese Tatsache immer und überall nutzen, denn es gibt immer irgendwelche Dinge, deren Namen vertauscht werden können. Rufen Sie Ihre Kinder mit einem anderen Namen oder die Katze mit dem Namen des Hundes und umgekehrt. Beim Schuheanziehen können Sie den Schuh als Socke bezeichnen und die Socke als Schuh. Grinsen Sie Ihr Kind dabei verschmitzt an. Kleine Kinder weisen gern auf ihren »Spaß« hin (was auch Onkel Peter schließlich realisierte). Halten Sie daher nach dem Glitzern in den Augen Ihres Kindes Ausschau, wenn es falsche Bezeichnungen benutzt, bevor Sie davon ausgehen, Sie müssten seinen Wortschatz korrigieren. Denken Sie immer daran, dass »Verrücktsein« in diesem Alter eine der wenigen Möglichkeiten ist, Kreativität auszudrücken. Wenn Sie zu viele Witze Ihres Kindes übersehen, dann wird es – wie jeder, dessen Späße immer wieder nicht ankommen – in Zukunft wenig Lust verspüren, neue auszuprobieren.

■ Itzel-Bitzel-Witzel-Zeit

Wenn Kinder immer besser mit der Sprache umgehen lernen, beginnen sie, die einzelnen Laute der Worte zu analysieren. In diesem Entwicklungsstadium sind Kinderreime besonders beliebt. Außerdem beginnen die Kinder nun, ihren Sinn für Humor auf kreative Wortspielereien auszudehnen. Aus eigener Erfahrung wissen wir, dass man zum Beispiel »Äpfel und Bananen« auf einer vierstündigen Autofahrt scheinbar tausendfach variieren kann (»Äpf-us und Banan-us«, »Äpf-as und Banan-as« usw.).

■ »Wie mögen Hunde Kartoffeln am liebsten? Als Bellkartoffeln!«

Sobald Kinder die Fähigkeit entwickeln, Worte als Abfolge von Einzellauten wahrzunehmen, entdecken sie die Komik von Rätselfragen. Interessant sind vor allem Rätsel, deren überraschende Antwort bereits bekannte Worte oder Ausdrücke enthält, die sich jedoch durch einzelne Lautveränderungen unterscheiden. Hier einige klassische Beispiele:

F: Welche Echse frisst viel Kopfsalat?
A: Der Salat-mander!

F: Welches Kleidungsstück mag ein Frosch am liebsten?
A: Die Fliege!

F: Was kommt raus, wenn man einen Alligator mit einem Küchengewürz kreuzt?
A: Ein Kroko-dill!

■ Rätsel

Die Form der Rätsel verändert sich mit der Entwicklung des Kindes. Lautmanipulationen wie in den obigen Rätselbeispielen verlieren ihre Faszination nicht, aber sie machen Platz für eine neue Rätselart, die damit spielt, dass einige Worte mehr als eine Bedeutung haben. Diese Erklärung klingt vielleicht sehr akademisch, derartige Rätsel sind jedoch eine unerschöpfliche Quelle an Frohsinn für Kinder ab vier Jahren.

F: Was ist ein Cowboy ohne Pferd?
A: Ein Sattelschlepper.

F: Welches ist der höflichste Fisch?
A: Der Bückling.

F: Was passiert, wenn du eine Uhr beschädigst?
A: Sie tickt nicht mehr richtig.

F: Welche Sichel ist ganz stumpf und kann nicht schneiden?
A: Die Mondsichel.

Einige Beispiele haben sicher auch bei Ihnen zumindest ein Lächeln bewirkt, oder nicht? Wenn ja, dann sind Sie innerlich immer noch jung genug, um Ihren angehenden Komiker auf seiner Reise durch die verschiedenen Entwicklungsstadien verständnisvoll zu begleiten. Es ist wirklich wichtig, die humoristischen Gehversuche Ihres Kindes zu unterstützen, denn Humor ist ein Ausdruck von Kreativität. Selbst wenn Ihr Kind einen Witz wieder erzählt, den es irgendwo gehört hat, muss es mentale Klimmzüge vollbringen, um die Pointe zu erfassen. Und wenn es seine eigenen Witze erfindet, wie Kai bei Onkel Peter, ist diese Leistung umso beeindruckender. Beides ist nicht einfach und Kinder, die dazu in der Lage sind, beweisen unabhängig von ihrem Alter mentale Flexibilität und Kreativität.

Ihr Kind hat den angeborenen Drang, zu lachen und Sie zum Lachen zu bringen. Die folgenden Tipps sollen Ihnen helfen, das Beste aus dieser Anlage zu machen – und dabei ganz viel Spaß zu haben.

Tipps für Eltern

■ Geburt +

Finden Sie heraus, welche Kitzelspiele Ihnen und Ihrem Baby Spaß machen, und spielen Sie sie regelmäßig. Für manche Babys und in einem gewissen Alter bestehen diese Spiele hauptsächlich aus Berührungen und Bewegungen, entweder sanft (zum Beispiel, wenn man das Baby nach dem Bad in ein Handtuch einwickelt und dann kitzelt) oder nicht so sanft (wenn man das Baby in die Luft wirft). Andere Babys finden verrückte Geräusche, die Sie mit dem Mund machen, besonders komisch oder lachen sich schief, wenn der große Bruder lustige Grimassen zieht. Egal, wie Ihr gemeinsamer Favorit aussieht, Sie sollten daran denken, dass Babys sich in jedem Alter genau merken können, was als Nächstes passieren wird. Sie finden zum Beispiel sehr schnell heraus, dass sie immer am Ende des Satzes »Auf die Plätze, fertig, los!« in die Luft geworfen werden oder dass der Finger seine Kitzelattacke erst bei der Zahl drei beginnt. Normalerweise fangen Babys in Erwartung des bevorstehenden Ereignisses schon vorher an zu lachen, so wie auch Erwachsene schon kurz vor den lustigsten Szenen ihres Lieblingsfilms lachen müssen. Im 3. Kapitel haben wir bereits darauf hingewiesen, wie schön allein die Vorfreude bei derartigen Spielen ist – ganz zu schweigen von dem eigentlichen Wurf in die Luft oder dem Gekitzeltwerden!

■ 9 Monate +

Wenn Ihr Baby ein wenig älter ist, können Sie anfangen, Spiele zu erfinden – oder alte umzuwandeln –, in denen es eine bestimmte Rolle übernimmt. Das in den »Nachrichten aus der Forschung« erwähnte »Kuckkuck-Spiel« eignet sich zum Beispiel hervorragend dafür. Fordern Sie Ihr Kind dazu auf, Ihre Hände oder das Tuch vor Ihrem Gesicht wegzuziehen, statt es selbst zu tun. Ein anderer Dauerbrenner ist das »Backen-Aufblas-Spiel«, bei dem der Erwachsene seine Backen aufbläst und das Baby mit seinen Zeigefingern die Luft herausdrückt – eine garantierte Zwerchfellmassage für alle zehn bis 18 Monate alten Kleinkinder. Mit zunehmendem Alter können Sie die täglichen Spiele immer mehr verfeinern. Hier ein Beispiel für ein Spiel, bei dem Lindas Tochter Kate und ihr Sohn Kai besonderen Spaß hatten:

»Klopf an die Tür.« *(Kind klopft mit den Knöcheln an Ihre Stirn.)*
»Schau hinein.« *(Kind zieht Ihr Augenlid nach oben.)*
»Zieh den Riegel hoch.« *(Kind zieht Ihre Nase nach oben.)*
»Und komm herein!« *(Kind zieht mit der einen Hand Ihre Backe herunter und marschiert mit den Fingern der anderen in Ihren Mund.)*

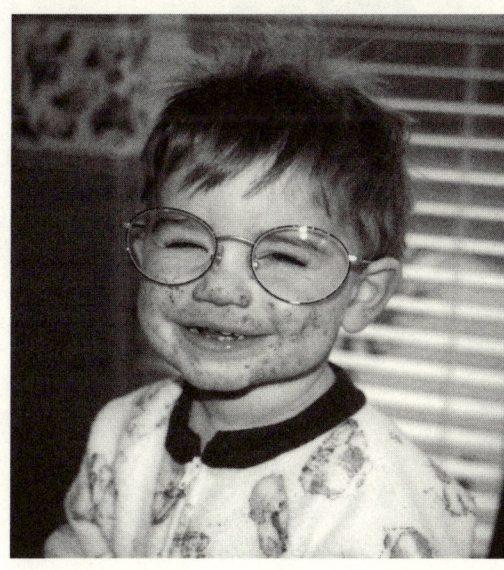

Schwer zu sagen, wem es mehr Spaß machte, Kirschkuchen über das ganze Gesicht des kleinen Adam zu schmieren: dem Vater oder dem Sohn! (Mama hat die witzige Brille beigesteuert.)

■ 12 Monate +

Machen Sie Unsinn! Suchen Sie nach Gelegenheiten, wo Sie mit vertrauten Gegenständen unsinnige, lustige Dinge anstellen können. Probieren Sie zum Beispiel, die Schuhe Ihres Kindes anzuziehen oder ein Babybild mit der Flasche Ihres Kindes zu füttern. Sagen Sie ihm einfach: »Ich bin so albern!« Ihrem Kind dieses Verhalten vorzuleben hat drei Vorteile: 1) Es liebt diese Art von Humor; 2) Sie verhalten sich entgegen den Erwartungen Ihres Kindes, wodurch es zum Nachdenken angeregt wird; und 3) Sie vermitteln die grundlegend wichtige Vorstellung, dass Herumalbern in Ihrem Hause völlig in Ordnung ist. Denken Sie daran: Vernünftige Risikobereitschaft ist eine Grundvoraussetzung für jegliche Form von Kreativität.

Zusammen macht Herumalbern noch mehr Spaß!

■ 24 Monate +

Erzählen Sie lustige Quatschgeschichten mit eigenartig aussehenden Figuren (»Es war einmal ein Hund, der hatte vier Schwänze!«), die außergewöhnliche Dinge tun (»Eines Tages machte er einen Salto und landete auf dem Dach!«). Es ist völlig egal, ob Ihre Geschichten einen Sinn ergeben. Je verrückter, umso besser. Es kann auch lustig sein, ein bekanntes Märchen zu verdrehen. Lassen Sie Schneewittchen zum Beispiel zu sich nach Hause kommen und nacheinander Ihr Bett, das Bett Ihres Kindes und das des Hundes ausprobieren oder lassen Sie die drei kleinen Schweinchen ihre Häuser aus Socken, Locken und Stöcken aufbauen.

■ 36 Monate +

Eines sollte mittlerweile klar geworden sein: Lachen Sie über die Rätsel und Witze Ihres Kindes, egal wie oft Sie sie schon gehört haben. Unterdrücken Sie den Impuls, die Pointe selbst zu erzählen. Wenn Ihr Kind Sie fragt: »Was hat zwei Flügel und kann doch nicht fliegen?«, dann sollten Sie antworten: »Ich habe keine Ahnung, mein Schatz. Was denn?« Ihr Kind wird Ihre Zurückhaltung mit einem zufriedenen Lächeln belohnen und stolz verkünden: »Ein Fenster!«

NACHRICHTEN AUS DER FORSCHUNG:
Eltern sollten Fantasiefreunde willkommen heißen

Eugene, Oregon. Die dreijährige Caroline und ihr Vater Greg machen sich gerade fertig, um nach draußen zu gehen, als Caroline plötzlich innehält. Ihr scheint etwas Wichtiges eingefallen zu sein. »Papa, darf Itsy-Bitsy auch mitkommen?« Da er nicht die geringste Ahnung hat, wen seine Tochter meint, schaut Greg sich im Zimmer nach etwas um, das nach »Itsy-Bitsy« aussieht. Weil er keine geeigneten Kandidaten findet, sagt er vage: »Ja, ich denke schon. Aber wer ist denn dieser Itsy-Bitsy?« Wie aus der Pistole geschossen kommt die leidenschaftliche Antwort: »Das ist mein Freund. Er trägt einen Cowboyhut und isst meistens Pizza

– und er wohnt in meinem Ohr.« »In deinem Ohr?!«, fragt Greg, die Sache mit dem Cowboyhut und der Pizza für den Moment ignorierend. »Klar«, erwidert Caroline sachlich. »Da drinnen ist es nett und gemütlich warm. Bakterien haben es gern gemütlich warm. Wenn ich dusche, springt Itsy-Bitsy raus.«

Bakterien? Ja! Es stellte sich heraus, dass es sich bei Carolines neuem Freund Itsy-Bitsy um einen kleinen Bakterien-Cowboy handelte. Greg erfuhr, dass Carolines Vorschullehrer den Kindern vor kurzem einige Bakterien unter dem Mikroskop gezeigt hatte, in der Hoffnung, dass sie dann ihre Hände öfter waschen würden. In Carolines Fall ging der Schuss nach hinten los. Sie fand die kleinen Wesen absolut entzückend!

Greg wusste, dass seine Tochter viel Fantasie besaß. Er war daran gewöhnt, dass Carolines Lieblingsstofftiere sie zum Einkaufen begleiteten und einen besonderen Status beim Zubettgehen genossen. Mit diesem Itsy-Bitsy schien Caroline jedoch in einen ganz neuen Bereich der Fantasie vorgedrungen zu sein. Dieser Meinung ist auch Marjorie Taylor, Wissenschaftlerin an der Universität von Oregon. Indem sie sozusagen einen »Freund« aus der Luft holte, hatte Caroline in ihrer kognitiven Entwicklung einen großen Sprung nach vorn gemacht. Sie brauchte nicht länger etwas, das sie sehen und berühren konnte, um ihre Vorstellung daran festzumachen, sondern war in der Lage, die ganze »Arbeit« in ihrem Kopf ablaufen zu lassen. Nach Taylors Ansicht hatte Caroline etwas kreiert, auf das sie stolz sein konnte: einen »imaginären Gefährten«.

Kein Grund zur Besorgnis!

Der Gedanke, dass imaginäre Freunde ein Anlass zum Feiern sind, ist ziemlich neu. Jahrelang hatte man Eltern gewarnt, dass das Erscheinen eines »Fantasiefreundes« am Abendbrottisch ein Zeichen für tief sitzende emotionale Störungen sei. Die »Leere« in der Psyche des Kindes sei so schmerzvoll, dass es die Lücke mit einem Fantasiefreund fülle. Man war der Ansicht, die psychische Leere würde durch unbefriedigende Interaktionen mit anderen Menschen verursacht, wobei Mama und Papa natürlich am ehesten in Frage kamen. Ein anderes bedrückendes Szenario sah das Kind in Konflikt mit inakzeptablen Wünschen. Damit es nicht zur Verantwortung gezogen werde, erfinde das Kind einen Sündenbock: »Ich möchte gar nicht, dass meine Schwester Sarah tot ist – er will das!« Eine leicht veränderte Variante malte ein Bild von einem Kind, das mit seiner Realität nicht zurechtkommt und so unglücklich ist, dass es anfängt, alles abzulehnen.

Man nahm an, diese Tendenz würde sich zu einer dauerhaften Unfähigkeit entwickeln, die Wirklichkeit von der Nicht-Wirklichkeit zu unterscheiden, wenn sie nicht rechtzeitig erkannt und entsprechend behandelt wurde. Kein Wunder also, dass unsere Eltern und Großeltern in Panik gerieten, wenn wir verkündeten, dass wir ohne unsere Freundin Frau Waldfee nirgendwohin gehen würden!

Zum Glück sind diese veralteten Vorstellungen neuen, wissenschaftlich bewiesenen Ansichten gewichen, die nicht auf vagen Vermutungen basieren. Die Neuigkeiten aus Forschungslaboren auf der ganzen Welt sind ohne Ausnahmen positiv. So wissen wir heute zum Beispiel, dass Kinder imaginäre Freunde nicht deswegen erfinden, weil sie soziale Probleme haben, sondern weil sie soziale Kontakte so genießen, dass sie nicht warten wollen, bis ein »echter« Freund greifbar ist. Deshalb besitzen Erstgeborene häufiger Fantasiefreunde als später geborene Kinder und Kinder, die nicht in einen Hort gehen, neigen eher zu imaginären Gefährten als Hortkinder.

Außerdem wissen wir, dass die »Schandtaten«, zu denen Kinder nicht stehen wollen, wenn sie imaginäre Freunde als »Sündenböcke« benutzen, nicht von Bedeutung sind. Es handelt sich eher um gewöhnliche Zwangslagen, in die das Kind geraten ist und denen es entkommen möchte, ohne bestraft zu werden (wer hat die Lampe kaputt gemacht, die Süßigkeiten gegessen, die Wand bemalt?). Entschuldigen Sie, Dr. Freud, dass wir Sie enttäuschen müssen.

Noch bessere Neuigkeiten

Natürlich ist es schon beruhigend zu wissen, dass imaginäre Freunde kein Grund zur Sorge sind, aber es gibt noch mehr gute Nachrichten. Immer mehr Forschungsberichte belegen, dass Kinder mit Fantasiefreunden im Bezug auf zahlreiche soziale und kognitive Fähigkeiten sogar einen Vorteil gegenüber Kindern ohne imaginäre Begleiter haben. Da diese Fähigkeiten Voraussetzungen für schulische Erfolge sind, wollen wir sie hier einzeln beleuchten.

Soziale Kompetenz heißt nicht nur, Freunde auf dem Spielplatz zu haben, obwohl das sicher ein Vorteil ist. Auch im Klassenzimmer macht sich der Unterschied bemerkbar. Kinder, die über soziale Kompetenz verfügen, haben in Alltagssituationen weniger Probleme mit vielen verschiedenen Menschen (zum Beispiel mit den Lehrern), gewinnen leichter die Sympa-

Fantasiefreunde kommen und gehen allzu schnell. Versuchen Sie daher, sie anhand der Beschreibungen Ihres Kindes zu zeichnen, damit Sie und Ihr Kind sie besser integrieren können, wenn sie auftauchen, und sich an sie erinnern, wenn sie wieder verschwunden sind.

thien anderer Menschen (zum Beispiel der Lehrer), bringen Menschen (zum Beispiel die Lehrer) dazu, ihnen gern beim Erreichen ihrer Ziele zu helfen, und regen Menschen (zum Beispiel die Lehrer) dazu an, ihnen gegenüber konstruktive Kritik zu äußern, wenn sie etwas nicht richtig verstanden haben. Die Erkenntnis, dass Kinder mit Fantasiefreunden im Allgemeinen weniger schüchtern sind als umgekehrt, ist daher eine gute Nachricht. Außerdem können sie besser mit frustrierenden Wartezeiten umgehen – vielleicht weil sie innere Spielkameraden haben, mit denen sie sich die Zeit vertreiben können. Dorothy und Jerome Singer fassen diese guten Nachrichten im Hinblick auf die sozialen Fähigkeiten in ihrem faszinierenden Buch *The House of Make-Believe* (etwa: »Das Haus der Fantasie«) zusammen: »(Ein imaginärer Freund) scheint ein besonders zuverlässiger Hinweis zu sein, dass ein Kind im Kindergarten glücklich spielt und mit Gleichaltrigen und Erwachsenen gut auskommt.«[9]

---

[9] Übersetzung von Birgit Baader.

Auch auf der kognitiven Seite gibt es nur positive Nachrichten. In unseren eigenen Untersuchungen stellten wir beispielsweise immer wieder fest, dass Kinder mit Fantasiefreunden sprachlich weiter entwickelt sind als Kinder ohne. Außerdem schnitten die von uns untersuchten Kinder mit imaginären Begleitern bei dem so genannten MDI-Test nach Bayley (*Mental Development Inventory*, »Untersuchung der mentalen Entwicklung«), einem bewährten Intelligenztest für Zweijährige, signifikant besser ab. Marjorie Taylor und ihre Studenten berichten über weitere kognitive Vorteile. Im Allgemeinen ist ein imaginärer Freund ein Anzeichen für ein differenzierteres Unterscheidungsvermögen zwischen Realität und Fantasie und nicht umgekehrt. Die Kinder wissen ganz genau, dass ihre Freunde nicht real sind und dass Mama und Papa sie nicht sehen können. Aber sie wissen auch, wie man mit seinen Gedanken »herumspielen« und sie nach den eigenen Wünschen benutzen kann.

Kinder mit Fantasiefreunden haben einen weiteren kognitiven Vorteil: Sie können sich in die Gedanken anderer Menschen hineinversetzen. Dieses Talent stellen sie jedes Mal von neuem unter Beweis, wenn sie Mama und Papa an ihren Fantasien teilhaben lassen wollen. Denken Sie deshalb daran, dass Sie keineswegs eine »Wahnvorstellung« unterstützen, wenn Sie das nächste Mal einen Extrateller für Pu den Bär beim Abendbrottisch decken oder Rob-Bob vorsichtig im Auto anschnallen. Im Gegenteil: Sie geben Ihrem Kind das Gefühl, dass Sie es ernst nehmen und seine kreativen Versuche unterstützen. Der Stolz über die Anerkennung seiner Leistungen wird ihm helfen, andere kreative Ausdrucksmöglichkeiten zu finden, und die Wahrscheinlichkeit erhöhen, dass seine kreativen Anlagen die Schuljahre überdauern. Zu diesem Ergebnis kommt auch eine Studie von C.E. Schaefer. Sie besagt, dass Jungen und Mädchen, die von ihren Gymnasiallehrern als sehr kreativ eingestuft wurden, als Kinder häufig Fantasiefreunde gehabt hatten. Die Botschaft ist eindeutig: Kreativität kann die Zeit überdauern.

Wir wollen es noch einmal betonen: Kinder besitzen die natürliche Tendenz, mit zunehmendem Alter immer kreativer zu werden, und nicht umgekehrt. Hier finden Sie einige Ideen, wie Sie Entwicklung und Erhalt der Vorstellungskraft bei Ihrem Kind ab der Geburt bis zu einem Alter von drei Jahren und darüber hinaus unterstützen können.

Tipps für Eltern

■ Geburt +

Begrenzen Sie die Fernsehzeit! Studien über Imagination und Fantasie kommen immer wieder zu dem Ergebnis, dass Fernsehen deren Entwicklung eher behindert als fördert. Der Grund liegt auf der Hand: Fernsehen ist meistens eine passive Aktivität, bei welcher die Kinder mit vorgefertigten Informationen gefüttert werden, statt zum selbstständigen Denken angeregt zu werden. Sogar Lernsendungen können diesen Nachteil nicht völlig aus dem Weg räumen – auch wenn Sendungen wie die *Sesamstraße* oder *Die Sendung mit der Maus* eine Menge wichtiger Dinge vermitteln. Eines steht jedoch fest: Die Fantasie wird durch das Fernsehen nicht angeregt.

■ 6 Monate +

Zeigen Sie Ihrem Kind, wie man Fantasiespiele spielt. Kleine Kinder ahmen von Natur aus alles nach, was die ihnen wichtigen Menschen vormachen, angefangen beim Essen mit Besteck bis hin zum Anziehen von Erwachsenenkleidern. Darum ist es nur logisch, dass sie es Ihnen gleichtun, wenn sie sehen, wie Sie Ihrer Fantasie freien Lauf lassen. Geben Sie Ihrem Kind wertvolle Anregungen, wo man überall »so tun kann, als ob« – Puppen können reden, Geschichten können unsinnig sein, Bausteine können Autos darstellen und auch große Leute können das alles ganz toll finden. Beginnen Sie bereits früh mit solchen Spielen. Es genügt, wenn Sie am Anfang einfach einen imaginären Schluck Tee aus einer Tasse trinken oder so tun, als würden Sie ein Stück vom Keks Ihres Babys abbeißen. Viele Eltern machen derartige Spiele instinktiv. Es gibt jedoch auch einige (vor allem Eltern von Jungen), die es nicht tun. Wie wir im 5. Kapitel gesehen haben, fördern Fantasiespiele außerdem die Sprachentwicklung. Daher gibt es eigentlich keinen einzigen Hinderungsgrund, warum Sie nicht gemeinsam mit Ihrem Baby, Kleinkind oder Vorschüler Freude daran haben sollten.

Gemeinsame Fantasiespiele sind wichtig für Ihr Kind, solange es noch zu klein ist, um sich selbst fiktive Szenarien auszudenken. Außerdem erhalten Sie dadurch eine gute Möglichkeit, Ihre eigene Fantasie wieder zu beleben!

■ 24 Monate +

Nehmen Sie die Fantasiegeschichten Ihres Kindes auf Video auf und schauen Sie sich die Filme gemeinsam an, inklusive Popcorn und allem, was dazu gehört. Wichtig ist, dass Sie dabei alle Erwartungen hinsichtlich logischem Verhalten fallen lassen. Es ist vollkommen in Ordnung, wenn der fiktive Kuchen eingefroren wird, bevor er in den Ofen kommt, oder der fiktive Brief ankommt, bevor er überhaupt abgeschickt wurde. Logik tritt erst später in Erscheinung. Die größere Gefahr besteht darin, dass Logik, wenn sie auftaucht, zu einer allzu unumstößlichen Größe wird. Nützen Sie daher die Gelegenheit und genießen Sie es in vollen Zügen, gemeinsam Ihren Ideen freien Lauf zu lassen. Sorgen Sie für viele verschiedene Requisiten, um Ihr Kind zu inspirieren. Verwenden Sie Gegenstände, deren Verwendungszweck offensichtlich ist (wie Masken, Hüte, Plastikblumen, Verkleidungssachen, Spielzeugessen), aber auch

Verkleidungsspiele – in diesem Fall als Clown – bieten Kindern eine einfache Möglichkeit, ihre Fantasie auszuleben. Wie jeder andere »Muskel« muss auch die Vorstellungskraft trainiert werden, um stark zu werden.

andere Dinge, die vielseitig eingesetzt werden können. Objekte wie zum Beispiel Schachteln, Papiertüten, alte Leintücher, Kissen, lange Schals können besonders inspirierend sein. Ermuntern Sie Ihr Kind dazu, neue »Aufenthaltsorte« zu kreieren, indem es einen Spieltisch mit einem Leintuch bedeckt oder Sofakissen zu einer Festung auftürmt. Lassen Sie Marschmusik oder Kinderlieder im Hintergrund laufen – und mischen Sie selbst aktiv bei diesen Theaterstücken mit! Derartige Videofilmproduktionen machen nicht nur beim Aufnehmen einen Riesenspaß, sondern auch beim Anschauen. Außerdem sind die Filme wunderbare Erinnerungsstücke.

■ **36 Monate +**

Die bisherigen Tipps zeigen Ihnen, wie Sie ganz allgemein die Vorstellungskraft Ihres Kindes anregen können. Wie sollen Sie aber an dem Tag reagieren, an dem Sie entdecken, dass Itsy-Bitsy, der nette kleine Bakterien-Cowboy, Einzug ins Ohr Ihres Kindes gehalten hat? Fantasiefreunde sind, wie schon gesagt, hilfreich und sollten von den Eltern akzeptiert werden. Aber können Eltern noch mehr tun, außer das »Spiel« mitzuspielen, um diese Anzeichen für die blühende Kreativität Ihres Kindes optimal zu fördern? Unsere Freundin Kathy brachte uns auf die folgende Idee. Mit drei oder vier Jahren erfand Kathys Sohn Jakob eine ganze Fantasiefamilie, deren Mitglieder er auf Wunsch bis ins kleinste Detail beschreiben konnte. Als Kathy bemerkte, dass sich diese Charaktere von einem Tag zum anderen nicht sehr veränderten, sondern in Jakobs Kopf ein richtiges Eigenleben mit festen Identitäten zu führen schienen, kam sie auf eine wunderbare Idee, wie sie ihn unterstützen und gleichzeitig etwas von dieser magischen Phase für die Zukunft erhalten konnte. Sie kontaktierte einen befreundeten Künstler, der einverstanden war, sich mit ihrem Sohn zusammenzusetzen und unter seiner Anleitung Bilder der Fantasiegestalten zu malen – ähnlich wie ein Phantombildmaler der Polizei mit Verbrechensopfern zusammenarbeitet! 13 Jahre später riefen diese Bilder nicht nur glückliche Erinnerungen aus längst vergangenen Zeiten wach, sie erinnerten Jacob auch immer wieder an den hohen Stellenwert der Kreativität.

Kreativität und die Zukunft Ihres Kindes

In den Hoffnungen und Träumen für ihre Kinder sind die Worte »Kreativität« und »Erfolg« bei immer mehr Eltern untrennbar miteinander verknüpft. Wir begrüßen die Verbindung dieser beiden Begriffe, da sie eine umfassendere Sichtweise ausdrückt als in der Vergangenheit. Kreativität ist nicht länger hauptsächlich mit Leistungen im Bereich von Kunst, Literatur und Musik verbunden. Immer mehr Menschen entdecken den kreativen Anteil an fortschrittlichen Errungenschaften in der Computerindustrie, der Medizin und auch in der Wirtschaft. In diesem Kapitel haben wir oft wiederholt, dass Kreativität keine Eigenschaft ist, die Ihr Kind von Mutter Natur mitbekommt oder nicht. Kreativität bezeichnet eher die Einstellung, mit der man an eine bestimmte Arbeit oder ein Spiel herangeht – genauer gesagt, viele Einstellungen. Dazu zählen Faktoren, die eindeutig für den Erfolg in der Schule und im späteren Leben verantwortlich sind: Neugier, Selbstvertrauen, vernünftige Risikobereitschaft und die Bereitschaft, sich anzustrengen.

Diese Eigenschaften gelten für das Computergenie genauso wie für das kleine Kind. Nehmen wir zum Beispiel die dreijährige Caroline mit ihrem imaginären Ohrbewohner. Caroline war *neugierig* genug, um den Ausführungen ihres Lehrers wirklich zu folgen und über die kleinen Wesen unter dem Mikroskop nachzudenken. Sie war *selbstbewusst* genug, um sich die Freiheit zu nehmen, diese Informationen nach ihren eigenen Wünschen zu verwenden. Sie war *risikobereit* genug, einen vollkommen fiktiven Charakter zu erfinden, auch auf die Gefahr hin, dass andere Menschen ihn als störend empfinden würden. Doch wie steht es mit der letzten Eigenschaft? Musste Caroline sich anstrengen? Natürlich! Caroline gab sich große, sehr große Mühe sogar, um das Gedankenbild dieser kleinen, imaginären Bakterie in ihrem Kopf (nicht nur in ihrem Ohr) aufrechtzuerhalten. Es gelang ihr, ein »Bild« zu erschaffen, das sie an nichts Konkretem festmachen konnte. Und nur weil ihr dieses »Spiel« großen Spaß machte, heißt es noch lange nicht, dass diese Aufgabe leicht für sie war. Auch wenn wir es bereits erwähnt haben: Es liegt viel Wahrheit in dem Satz, kreative Leistungen seien »Liebesmühen«.

9. Gedanken zum Abschluss

NACHRICHTEN AUS DER FORSCHUNG:

Elternpanik greift um sich

Überall, Erde. Bei dem folgenden Zitat handelt es sich um einen Ausschnitt aus dem Eltern-Notrufbericht über eines der neuesten Opfer der »Elternpanik«, einer Epidemie, die Paare auf der ganzen Welt befällt: »Bitte helfen Sie mir. Ich glaube, vor meiner Tür lauert die Elternschaft. Ich bin viel zu nervös, um nachzuschauen. Vielleicht sollte ich mal mit einem Auge blinzeln, um zu sehen, welche Farbe der Schwangerschaftstest angenommen hat. Oh, ich glaube, er wird blau. Ja, er ist eindeutig blau. Wir sind schwanger! Ich kann's nicht glauben. Das ist der glücklichste Tag meines Lebens. Ich werde Mutter! Ich gehe gleich und besorge mir Vitamintabletten. Und keinen Kaffee mehr. Und Folsäure – ob ich genügend Folsäure habe? Werde ich die Schwangerschaft ohne Medikamente überstehen? Was ist, wenn ich nicht stillen kann? Und dann die Prägephase oder so, das darf ich auch nicht vergessen ... Ach ja, und biologische Babynahrung, und einen guten Kindergarten, und die täglichen Gymnastikübungen, und die Konkurrenz mit Gleichaltrigen ... Und was habe ich da eben über das Gehirn meines Babys gelesen? Was muss ich tun, damit sich das Gehirn meines Babys optimal entwickelt? Neeeiiiiiin, das ist zu viel. Ich kann nicht mehr!«

Als Eltern eines kleinen Babys haben auch Sie bestimmt schon – berechtigte – Anfälle von »Elternpanik« erlitten. Als Sie erfuhren, dass Sie Eltern werden würden, veränderte sich Ihr Leben für immer. Sie konnten nicht mehr einfach alle Vorsicht in den Wind schlagen, sich treiben lassen und sich erst am nächsten Tag um die Folgen kümmern. Mehr als jeder andere Wendepunkt im Leben beinhaltet die Elternschaft die größtmögliche Verantwortung für ein anderes menschliches Wesen, das laut an unsere Tür

Babys kommen mit einem riesigen Potenzial auf die Welt. Sie sind neugierig wie Katzen und stecken voller Energien. Etwas so Simples wie ein Topf bringt ihre Neuronen zum Knistern wie ein Lagerfeuer. Und je mehr Erfahrungen sie machen, umso stärker werden ihre synaptischen Verbindungen.

klopft. Ein Kind großzuziehen ist heute mehr denn je ein äußerst komplexer Prozess – ein Prozess, der sich immer wieder verändert, je komplexer auch unsere Umwelt wird. Erschwerend kommt hinzu, dass wir überall unterschiedlichen Auffassungen begegnen, wie wir unseren Kindern helfen können, zu glücklichen, gesunden und erfolgreichen Erwachsenen heranzuwachsen. In Zeitungen, Fachzeitschriften, Fernsehsendungen, Büchern und von wohlmeinenden Verwandten erhalten wir immer wieder genügend Ratschläge, um ein ganzes Schiff damit zu versenken!

Was sollen Eltern also tun? Unser Motto lautet: »Gute Eltern sind informierte Eltern.« Daher empfehlen wir Ihnen, so viele Informationen wie möglich zu sammeln, die Vorschläge herauszusuchen, die für Sie und Ihr Baby am besten geeignet sind, und vor allem immer zu bedenken, dass es keine allein seligmachende Methode gibt, wie man ein Kind großzieht.

Vielleicht fühlen Sie sich so mit Informationen überschüttet, dass Sie meinen, nie mehr Licht zu sehen. Aus der Arbeit von Forschern, die ihr Leben dem Studium der kindlichen Entwicklung gewidmet haben, kann man mit Sicherheit einiges lernen. Deshalb möchten wir in diesem Schlusskapitel einige Schwerpunkte und wichtige Vorsichtsmaßnahmen wiederholen und Ihnen anschließend eine leicht zugängliche Übersicht über die für jedes Entwicklungsstadium Ihres Babys wichtigen Tipps geben. Denken Sie daran, dass wir Ihnen viel mehr Vorschläge unterbreitet haben, als Sie wahrscheinlich nutzen werden. Unser Ziel besteht darin, Eltern verschiedene Möglichkeiten anzubieten, unter denen sie je nach den individuellen Gegebenheiten innerhalb der Familie und der jeweiligen Eltern-Kind-Beziehung eine Auswahl treffen können.

Rückblick: Das Gehirn eines Babys

Babys kommen mit einem riesigen Potenzial auf die Welt. Die Sinne eines Neugeborenen sind voll funktionsfähig und sein Gehirn ist angefüllt mit Milliarden von Nervenzellen, die nur darauf warten, eine bestimmte Aufgabe zugeteilt zu bekommen. Heute weiß man, dass frühkindliche Erfahrungen – vor allem während der ersten drei Lebensjahre – den einzigartigen Verstand eines Kindes formen, indem sie die physikalischen Strukturen in seinem Gehirn verändern. Durch Reize aus der Umgebung entstehen immer komplexere neuronale Netze, die die Grundlage für spätere intellektuelle Leistungen bilden. Je mehr Erfahrungen ein Kind macht, umso stärker entwickeln sich seine synaptischen Verbindungen. Werden sie dagegen nicht genutzt, verkümmern sie, wie die Muskeln im Körper, wenn sie nicht bewegt werden. Das Gehirn ist ein recht »großzügiges« Organ, bereit, den Bedürfnissen des Kindes entgegenzukommen. Diese Großzügigkeit bezieht sich allerdings nicht auf alle Entwicklungsaspekte. Kritische und sensible Phasen, das heißt Zeiträume, die für eine bestimmte Entwicklung optimal sind, enden zu unterschiedlichen Zeiten während der Kindheit. Ist ein solches Zeitfenster geschlossen, kann es sein, dass das Potenzial, das bis dahin nicht verwirklicht wurde, nicht länger verfügbar ist.

Rückblick: Intellektuelle Fähigkeiten

Dieses Buch konzentriert sich auf sechs Aspekte kindlicher Entwicklung, die die Grundlagen für intellektuelle Fähigkeiten und schulischen Erfolg bilden. Auch wenn wir jedem dieser sechs Bereiche – Problemlösen, Gedächtnis, Sprachentwicklung, Lesen, mathematisches Verständnis und Kreativität – ein eigenes Kapitel gewidmet haben, sollten Sie immer daran denken, dass sie sich nicht unabhängig voneinander entwickeln, sondern gegenseitig beeinflussen. Jede Fähigkeit hängt in unterschiedlichem Maße von allen anderen ab. Die Gedächtnisentwicklung ist zum Beispiel eine Voraussetzung für den Spracherwerb, wobei die Sprache umgekehrt auch die Gedächtnisleistungen fördert. Wie eine Gruppe Bergsteiger, die sich beim Aufstieg zum Gipfel gegenseitig sichern, arbeiten sich die einzelnen Fähigkeiten bis ins intellektuelle Erwachsenenalter hoch, jede als Entwicklungsgrundlage für die anderen. Nur wenn sie sich miteinander verflechten, werden sie gemeinsam immer stärker und effizienter.

Rückblick: Bitte berücksichtigen

Alle Eltern fragen sich besorgt, ob sie das Richtige für Ihre Babys tun. Im 2. Kapitel brachten wir einige wichtige Punkte für ein besseres Verständnis der kindlichen Entwicklung zur Sprache, die in unseren Augen hilfreiche Richtlinien für die Interaktionen zwischen Ihnen und Ihrem Baby darstellen. Bitte denken Sie an folgende Punkte, wenn Sie die Informationen aus *Baby Brain* oder irgendeinem anderen Elternratgeber anwenden:

■ Das Wichtigste ist die Liebe.
■ Natur und Erziehung gehen Hand in Hand.
■ Jedes Baby ist einzigartig.
■ Ihr Baby hat seinen eigenen Zeitplan.
■ Learning by doing.
■ Maßgeschneiderte Tipps helfen am besten.
■ Modellvorgaben der Eltern unterstützen den Lernprozess.
■ Vorsicht und gesunder Menschenverstand sind bei Erziehungstricks (»Wie wird mein Baby noch schlauer?«) angeraten.
■ Spaß und Lebensfreude sind wichtiger als Perfektionismus.
■ Haben Sie Spaß!

Genießen Sie jeden Moment, solange Ihr Kind noch ein Baby ist, und nehmen Sie sich Zeit, seine Entwicklung zu beobachten. Es wird Sie mit seinem Können überraschen und mit seinen Entdeckungen beeindrucken, Sie werden über seine wunderbaren Enthüllungen lachen und mit jedem feuchten Kuss wird Ihr Herz dahinschmelzen. Und denken Sie daran: Schon der kleinste, scheinbar unbedeutendste Gegenstand kann den Verstand Ihres Babys in rege Betriebsamkeit versetzen!

Die Tipps im Überblick

Geburt +

SEITE	TIPP
Problemlösen 56	Hängen Sie Spielzeug über Ihrem Baby auf, das durch ein Band mit seinem Fuß verbunden ist. So lernt es, das Spielzeug durch seine Bewegungen zu steuern.
64	Machen Sie Ihrem Baby verschiedene Verhaltensweisen vor (z. B. Zunge herausstrecken), die es nachahmen kann.
64/65	Imitieren Sie die Handlungen Ihres Babys.
72	Lassen Sie Spielsachen von verschiedenen Orten außerhalb des Gesichtsfeldes Ihres Babys auftauchen.
Gedächtnis 83	Sorgen Sie für viele interessante Erfahrungen wie Einkaufstrips und gemeinsame Familienmahlzeiten.
88	Helfen Sie Ihrem Baby mit Hilfe von unterschiedlichen Anblicken, Geräuschen, Gerüchen und Materialien, »ein Gedächtnis aufzubauen«.

SEITE	TIPP
98	Sprechen Sie mit Ihrem Baby über aktuelle Ereignisse, aber beschreiben Sie auch vergangene Erlebnisse.
Sprachentwicklung 111	Fangen Sie bereits früh mit der Babyzeichensprache an, um sich daran zu gewöhnen.
119	Sprechen Sie Ihrem Baby bestimmte Sprachlaute vor und ermuntern Sie es, es Ihnen gleichzutun.
Lesen 137	Hängen Sie zwei Bilder einer Lieblingsfigur auf, die sich aber in Einzelheiten unterscheiden. Dadurch wird das Unterscheidungsvermögen Ihres Babys geschult.
142	Betonen Sie Reimworte durch Lieder und Spiele.
142	Hängen Sie ein »Reim-Mobile« über das Bett.
Mathematik 161	Konzentrieren Sie sich auf die Zahlen eins, zwei und drei, um die Aufmerksamkeit Ihres Babys auf den Zahlenbegriff zu lenken.
162	Wiederholen Sie verschiedene Handlungen in einer bestimmten rhythmischen Abfolge (z. B. Kitzeln in einem Dreierrhythmus) und ändern Sie dann unvermutet die Anzahl (im Zweierrhythmus kitzeln).
Kreativität 200	Erfinden Sie regelmäßige Routinen, die Ihr Baby zum Lachen bringen.
208	Begrenzen Sie die Zeit vor dem Fernseher.

6 Monate +

SEITE	TIPP
Problemlösen 57	Erfinden Sie einfache Kontingenzspiele, bei denen *Sie* die Führung übernehmen.
Gedächtnis 83	Stellen Sie Ihr Baby immer wieder an einen anderen Platz.
Sprachentwicklung 124	Stellen Sie Fragen, während Sie mit Ihrem Baby Bücher anschauen, auch wenn Sie die Antworten selbst geben müssen.
Lesen 137	Bringen Sie überall gut sichtbar farbenfrohe, Aufmerksamkeit erregende Abbildungen von Buchstaben an.
142	Lesen Sie Ihrem Baby Kinderreime vor.
143	Spielen Sie »Plapperspiele«, die sich reimen.
150	Benützen Sie die Babysprache auch beim Vorlesen.
Mathematik 178	Fördern Sie Spiele mit Spielsachen, die räumliches Denken erfordern (z. B. Formenwürfel, Bauklötze).
Kreativität 208	Zeigen Sie Ihrem Baby Als-ob-Spiele (z. B. imaginäres Teetrinken).

9 Monate +

SEITE	TIPP
Problemlösen 57	Erfinden Sie einfache Kontingenzspiele, bei denen Ihr Baby eine Rolle übernimmt.
Gedächtnis 89/90	Richten Sie regelmäßige Rituale ein (z. B. beim Zubettgehen oder Baden).
Sprachentwicklung 112	Beginnen Sie, die Babysprache ernsthaft anzuwenden. Wählen Sie Gesten mit einfachen Bewegungen.
120	Sprechen Sie mit Ihrem Baby, wenn Sie ihm beim Spielen mit »manipulatorischen« Spielsachen helfen.
120	Halten Sie viele Spielsachen bereit, die von sich aus die Fantasie anregen.
125	Lesen Sie mit Freude immer wieder dieselben Geschichten vor.
Kreativität 201	Machen Sie regelmäßig Unsinn, der Ihr Kind zum Lachen bringt und bei dem es sich beteiligen darf.

12 Monate +

SEITE	TIPP
Problemlösen	
65	Bringen Sie Ihrem Kind das Spiel »Simon sagt ...« bei, aber beginnen Sie *jedes Mal* mit den Worten »Simon sagt«.
73	Spielen Sie das Spiel »In welcher Hand ist der Pfennig?« nach einem bestimmten Schema (z. B. rechts-rechts-links, rechts-rechts-links etc.).
73	Lernen Sie zu verstehen, warum Ihr Baby Dinge auf den Boden wirft.
Gedächtnis	
84	Und noch einmal: Lesen Sie immer wieder dasselbe Buch, ohne zu jammern.
91	Schauen Sie sich Videofilme von Familienereignissen mit Ihrem Kind zusammen an.
99	Seien Sie eher kreativ als pragmatisch, wenn Sie mit Ihrem Kind über die Vergangenheit sprechen.
Sprachentwicklung	
112/113	Verwenden Sie die Zeichen der Babysprache bei den täglichen Routinehandlungen mit Ihrem Baby.
Lesen	
137	Spielen Sie *Sesamstraße* zu Hause, indem Sie jede Woche einen neuen Buchstaben einführen.
144	Malen Sie einfallsreiche Bilder von Dingen, die sich reimen (z. B. rote Pfote).
150/151	Erfinden Sie Zeichen für bestimmte Bücher.

SEITE	TIPP
151	Vermitteln Sie Ihrem Baby die Grundstruktur des Lesens.
152	Vergessen Sie nicht, Babyzeichen zu erfinden.
Kreativität 191	Sorgen Sie dafür, dass Ihr Kind zu Hause und in seinen Büchern sowohl fantasievoller als auch realistischer Kunst begegnet.
192	Versuchen Sie, den Sinn in den Kritzeleien Ihres Kleinkindes zu entdecken, indem Sie »Wo?«-Fragen stellen.
192/193	Schlagen Sie unsinnige Posen und verrückte Themen für Zeichnungen vor.
202	Machen Sie Quatsch mit verschiedenen Gegenständen, um Ihr Kind zum Lachen zu bringen.

18 Monate +

SEITE	TIPP
Problemlösen 58	Nutzen Sie die Vorteile von gekauften Spielsachen bei Kontingenzspielen.
59	Erfinden Sie selbst gemachte Spielsachen, die die Fähigkeit des Problemlösens fördern (z. B. Taschen mit Reißverschluss).
Gedächtnis 99	Fördern Sie die Sprachentwicklung als Hilfsmittel, Erinnerungen auszudrücken.
113	Verwenden Sie auch weiterhin Babyzeichen für schwierige Worte wie »Elefant« oder »Krokodil«.
Sprachentwicklung 126	Vermitteln Sie Ihrem Kind mit Hilfe des Dialog-Vorlesestils einen Zugang zu Büchern.
127	Verwenden Sie die Dialogstruktur nicht nur beim Vorlesen, sondern in allen möglichen Bereichen.
Lesen 152	Setzen Sie die Babysprache auch während des Lesens ein.
Mathematik 163	Weisen Sie Ihr Kind darauf hin, wenn sich die Anzahl bestimmter Dinge ändert (z. B. »Schau, da kommt noch ein Vogel. Jetzt sind es zwei!«).
178	Fördern Sie das Interesse an Puzzles.
Kreativität 193	Versuchen Sie, in zufälligen Kritzelbildern versteckte Dinge zu sehen.

24 Monate +

SEITE	TIPP
Problemlösen 66	Spielen Sie »Simon sagt ...«, aber *ohne* jedes Mal mit den Worten »Simon sagt« zu beginnen.
74	Erfinden Sie Klatschrhythmen, die Ihr Kind nachahmen soll.
Gedächtnis 100	Richten Sie ein »Glücklich-traurig-Ritual« beim Zubettgehen ein.
Lesen 138	Entwerfen Sie gemeinsam mit Ihrem Kind verrückte Zeichnungen. Benutzen Sie dabei einen Buchstaben als Ausgangspunkt (verwandeln Sie z. B. ein »V« in eine leckere Eistüte).
144	Singen Sie Lieder, die sich reimen, und setzen Sie Namen von Familienmitgliedern ein.
Mathematik 171	Sorgen Sie dafür, dass Ihr Kind häufig Gelegenheit zum Zählen bekommt – auch wenn dann vieles langsamer geht.
171/172	Überlegen Sie sich Situationen, in denen Ihr Kind Größen- oder Mengenvergleiche anstellen muss.
Kreativität 203	Erfinden Sie lustige Quatschgeschichten, die Sie Ihrem Kind erzählen können, oder denken Sie sich gemeinsam welche aus.
209	Ermuntern Sie Ihr Kind dazu, originelle »Theaterstücke« zu erfinden, die Sie auf Video aufnehmen.

30 Monate +

SEITE	TIPP
Lesen 145	Spielen Sie das »Was-gehört-nicht-dazu?«-Spiel mit Reimworten.
Kreativität 194	Helfen Sie Ihrem Kind dabei, seine realistischen Zeichnungen kreativ abzuwandeln.

36 Monate +

SEITE	TIPP
Mathematik 173/174	Nutzen Sie die Vorteile alter Brett- und Kartenspiele, um mit viel Spaß das Zahlenverständnis zu üben.
178	Beschäftigen Sie Ihr Kind mit Aktivitäten, die räumlich-visuelle Fähigkeiten trainieren, wie zum Beispiel das Verpacken von Päckchen.
Kreativität 203	Lachen Sie immer über die Witze Ihres Kindes – egal, wie oft Sie sie gehört haben!
211	Schließen Sie Fantasiefreunde in Ihre gemeinsamen Spiele mit ein.
211	Zeigen Sie Ihr Interesse an Fantasiefreunden, indem Sie anhand der Beschreibungen Ihres Kindes Bilder von ihnen malen.

Literatur

Vorwort

Diamond, Marion / Hopson, Janet. *Magic trees of the mind.* New York: Dutton, 1998.
Eliot, Lise. *What's going on in there? How the brain and mind develop in the first five years of life.* New York: Bantom Books, 1999.

Einführung

Snyder, Charlene / Eyres, Sandra / Barnard, Kathryn. »New findings about mother's antenatal expectations and their relationship of infant development«. In: *American Journal of Nursing,* 4, 1979, 354–358.

Kapitel 1

Johnson, Mark. »The neural basis of cognitive development«. In: Damon, W. / Kuhn D. / Siegler, R. (Hrsg.) *Handbook of Child Psychology: Volume 2 – Cognition, Perception, and Language,* 1–50. New York: John Wiley & Sons, 1998.

Kapitel 2

Greenspan, Stanley / Benderly, Beryl. *The Growth of the mind: And the endangered origins of intelligence.* New York: HarperCollins, 1998.
Rieber, R. W. / Carton A. S. (Hrsg.). *The collected works of L. S. Vygotsky.* Übers. v. Minick, N. New York: Plenum, 1987.

Kapitel 3

Deloache, Judy / Miller, Kevin / Pierroutsakos Sophia. »Reasoning and Problem Solving«. In: Kuhn, D. / Siegler, R. (Hrsg.). *Handbook of Child Psychology: Volume 2 – Cognition, Perception, and Language,* 467–522. New York: John Wiley & Sons, 1998.
Haith, Marshall / Benson, Janette. »Infant cognition«. In: Kuhn, D. / Siegler, R. (Hrsg.) *Handbook of Child Psychology: Volume 2 – Cognition, Perception, and Language,* 467–522. New York: John Wiley & Sons, 1998.
Meltzoff, Andrew / Moore, Keith. »Early emitation within a functional framework: The importance of person identity, movement, and development«. In: *Infant Behavior and Development,* 15, 1992, 479–505.

Papousek, Hanus. »Individual Variability in Learned Responses in Human Infants«. In: Robinson, R. J. (Hrsg.). *Brain and early behavior*. London: Academic Press, 1969.
Rovee-Collier, C. / Sullivan M. W. / Enright, M. / Lucas, D. / Fagen, J. W. »Reaction of infant memory«. *Science,* 208, 1980, 1159–1161.

Kapitel 4

Bauer, Patricia. »Recalling past events: From infancy to early childhood«. In: *Annals of Child Development,* 11, 1995, 25-71.
DeCasper, Anthony / Fifer, William. »Of human bonding: Newborns prefer their mothers' voices«. *Science,* 208, 1980, 1174–1176.
DeCasper, Anthony / Spence Melody. »Prenatal maternal speech influences newborns' perceptions of speech sounds«. *Infants Behavior and Development.* 9, 1986, 133–150.
DeCasper, J. P. / Lecanuet, M. C. / Busnel, C. / Granier-Deferre, R. / Maugeais, R. »Fetal reactions to recurrent maternal speech«. *Infant Behavior and Development.* 17, 1994, 159–164.
Hayne, Harlene / Rovee-Collier, Carolyn / Borza, Margaret. »Infant memory for place information«. In: *Memory and Cognition,* 19, 1991, 378–386.
Fagan, Joe. »The relationship of novelty preference during infancy to later intelligence and later recognition memory«. *Intelligence,* 8, 1984, 339–346.
Fivush, Robin / Fromhoff, F. A. »Style and structure in mother-child conversations about the past«. *Discourse Processes,* 11, 1988, 337–355.
Howe, Mark / Courage, Mary. »On resolving the enigma of infantile amnesia«. *Psychological Bulletin,* 113, 1993, 305–326.
Hudson, Judith. »The emergence of autobiographical memory in mother-child conversation«. In: Fivus, R / Hudson, J. (Hrsg.). *Knowing and remembering in young children.* Cambridge, England: Cambridge University Press, 1990, 166–196.
Nelson, Katherine. »The psychological and social origins of autobiographical memory«. In: *Psychological Science,* 4, 1993, 85–92.
Nelson, Katherine / Hudson, Judy. »Scripts and memory: Functional relationship in development«. In: Weinert, F. E. / Perlmutter, M. (Hrsg.). *Memory Development: Universal Changes and Individual Differences.* Hillsdale, N.J.: Erlbaum, 1988.
Perris, Eve / Myers, Nancy / Clifton/ Rachel. »Long-term memory for a single infancy experience«. *Child Development,* 61, 1990, 1796–1807.
Rose, Susan / Feldman, Judith / Wallace, Ina. »Infant information processing in relation to six-year cognitive outcomes«. *Child Development,* 63, 1992, 1126–1141.
Rubin, Glenna / Fagen, Jeffrey / Caroll, Marjorie. »Olfactory context ad memory retrieval in 3-month-old infants«. *Infant Behavior and Development,* 21, 1998, 641–658.
Schneider Wolfgang / Bjorklund, David. »Memory«. In: Kuhn, D. / Siegler, R. (Hrsg.). *Handbook of Child Psychology: Volume 2 – Cognition, Perception, and Language,* 467–522. New York: John Wiley & Sons, 1998.
Thompson, Lee / Fagan, Joseph / Fulker, David. »Longitudinal prediction of specific cognitive abilities from infant novelty preferences«. *Child Development,* 62, 1991, 530–538.

Welch-Ross, Melissa. »A social constructivist view on self-understanding and its relation to autobiographical memory«. In: Konferenzbeitrag auf der Tagung der Socie ty for Research in Child Development, Albuquerque, N.M., April 1999.

Kapitel 5

Acredolo, Linda / Goodwyn Susan. *Baby Sprache: Wie Sie sich mit Ihrem Kleinkind unterhalten können, bevor es sprechen lernt.* Reinbeck: Rowohlt, 1999.
—, »The long-term impact of symbolic gesturing during infancy on IQ at age 8«. Konferenzbeitrag auf der Tagung der International Society for Infant Studies, Brighton, England, Juli 2000.
Bloom, Kathleen. »Quality of adult vocalizations affects the quality of infant vocalizations«. In: *Journal of Child Language,* 15, 1988, 469–480.
Goodwyn, Susan / Acredolo Linda. »Interactive symbolic play and language development in two modalities«. Konferenzbeitrag auf der Tagung der Society for Research in Child Development, New Orleans, März 1993.
Goodwyn, Susan / Acredolo Linda / Brown Catherine. »Impact of symbolic gesturing on early language development«. In: *Journal of Nonverbal Behavior.*
Jusczyk, Peter / Hohne Elizabeth. »Infants' memory for spoken words«. In: *Science,* 277, 1997, 1984–1985.
Piaget, Jean. *The origins of intelligence in the child.* New York: International Universities Press, 1952.
Senechal, Monique. »The differential effect of storybook reading on preschoolers' acquisition of expressive and receptive vocabulary«. In: *Journal of Child Language,* 24, 1997, 123–138.
Whitehurst, G. / Falco, F. L. / Longian, C. J. / Fischel, J. E. / DeBaryshe, B. D. / Valdez-Menchaca, M. C. / Caulfield, M. »Accelerating language development through picture book reading«. In: *Developmental Psychology,* 24, 1988, 552–559.

Kapitel 6

Acredolo, Linda / Goodwyn Susan. *Baby Sprache: Wie Sie sich mit Ihrem Kleinkind unterhalten können, bevor es sprechen lernt.* Reinbeck: Rowohlt, 1999.
Maclean, Morage / Bryant, Peter / Bradley Lynette. »Rhymes, nursery rhymes, and reading in early childhood«. In: *Merrill-Palmer Quarterly,* 33, 1987, 255–281.
Schwartz, Marcelle / Day, R. H. »Visual shape perception in early infancy«. In: *Monographs of the Society for Research in Child Development,* 44, 1979, (Nr. 7).

Kapitel 7

Gelman, Rochel. »Counting in the preschooler: What does and does not develop?« In: Siegler, R. (Hrsg.). *Children's thinking: What develops?* Hillsdale, N.J.: Erlbaum, 1978, 213–242.
Klein, Allice / Starkey, Prentice / Wakeley, Ann. *Supporting pre-kindergarten children's readiness for school mathematics.* Washington, D.C.: US. Department of

Education, Office of Educational Research and Improvement, Educational Resources Information Center, Volume 1, 1999.

Klein, Alice / Starkey, Prentice »Universals in the development of early arithmetic cognition«. In: *New Directions for Child Development,* 41, 1988, 5–26.

Rauscher, Frances / Shaw, Gordon / Levine, Linda / Wright, Eric / Dennis, Wendy / Newcomb, Robert. »Music training causes long-term enhancement of preschool children's spatial-temporal reasoning«. In: *Neurological Research,* 19, 1997, 2–8.

Saxe, Geoffrey. »Body parts as numerals: A developmental analysis of numeration among the Oksapmin in Papua, New Guinea«. In: *Child Development,* 52, 1981, 306–316.

—, »The Mathematics of child street vendors«. In: *Child Development,* 59, 1988, 1415–1425.

Starkey, Prentice. »Socio-cultural variations in early math development«. Vortrag, präsentiert vor der Human Development Graduate Group, University of California, Davis, Mai 1999.

Starkey, Prentice / Spelke, Elizabeth / Gelman, Rochel. »Numerical abstraction by human infants«. In: *Cognition,* 36, 1990, 97–127.

—, »Detection of intermodal numerical correspondences by human infants«. In: *Science,* 222, 1983, 179–181.

Stigler, J. W. / Fernandez, C. »Learning mathematics from classroom instruction: Cross-cultural and experimental perspectives«. In: Nelson, C. A (Hrsg.). *Basic and applied perspectives on learning, cognition, and development.* The Minnesota Symposium on Child Psychology, 28, 103–130, Mahwah, N.J.: Erlbaum, 1995.

Wynn, Karen. »Infants possess a system of numerical knowledge«. In: *Current Directions in Psychological Science,* 4, 1995, 172–176.

Kapitel 8

Gardner, Howard. *Artful scribbles: The significance of children's Drawing.* New York: Basic Books, 1980.

Greenspan, Stanley. »Nurturing Creativity«. In: *Parents,* Oktober 1997, 145–147.

McGhee, Paul E. *Humor: It's origins and development.* San Francisco: Freeman, 1979.

Schaefer, C. E. »Imaginary companions and creative adolescents«. In: *Developmental Psychology,* 8, 1969, 72–79.

Simonton, Dean Keith. *Greatness.* New York: The Guilford Press, 1994.

Singer, Dorothy / Singer, Jerome. *The house of make-believe.* Cambridge: Harvard University Press, 1992.

Sternberg, Robert / Lubart, Todd. »Buy low and sell high: An investment approach to creativity«. In: *Current Directions in Psychological Science,* 1, 1992, 1–5.

Taylor, Marjorie. *Imaginary companions and the children who create them.* Oxford: Oxford University Press, 1999.

Winner, Ellen. *Invented worlds: The psychology of the arts.* Cambridge: Harvard University Press, 1982.

Wolf, D. / Perry, M.D. »From endpoints to repertoires: Some new conclusions about drawing development«. In: *Journal of Aesthetic Education,* 22, 1988,17–34.

Danksagungen

Baby Brain entsprang nicht nur unserem Verstand, sondern ist auch das Resultat der Verstandes-Leistungen zahlreicher anderer Menschen. Ohne unsere Kollegen aus Entwicklungspsychologie und Gehirnforschung, deren innovative Forschungsergebnisse wir zitieren, wäre dieses Buch nicht entstanden. Und ohne die vielen tausend Familien, die sich freiwillig bereit erklärten, mit ihren Kindern an den beschriebenen Untersuchungen teilzunehmen, wären die Erkenntnisse über die Entwicklung des menschlichen Gehirns dünn gesät.

Besonders danken wir Carol Littlejohn und ihren Mitarbeitern vom »Lots of Tots Child Development Center« in Stockton, Kalifornien, die uns mit viel Geduld beim Fotografieren der wunderbaren Kinder aus dem Zentrum unterstützte. Unser Dank geht auch an die folgenden Personen, die uns in ihrem Zuhause willkommen hießen und die vielen einzigartigen Fotos in diesem Buch beisteuerten: Micaelan Arner-Cross und ihre Eltern Lynn und Kevin; Megan Cheatum und ihre Eltern Beth und Jim; Henry Copalilo und seine Eltern Chris und Pete; Adam Emmons und seine Eltern Yvonne und Bob; Caroline und Katherine Fields und ihre Eltern Lynne und George; Brandon und Leannie Holwanger und ihre Eltern Lisa und Jim; Jordan Mann und ihre Eltern Michelle und Bill; Madison, Cameron und Spencer Messer und ihre Eltern Lisa und Andrew; und Aidan Uquillas und seine Eltern Lisa und Tito.

Baby Brain wäre wahrscheinlich immer noch ein vages Projekt, das wir »irgendwann einmal« in Angriff nehmen wollten, hätten unsere Literaturagentinnen, Betsy Amster und Angela Miller, uns nicht immer wieder engagiert, aber dennoch einfühlsam und rücksichtsvoll vorangetrieben. Wir sind zutiefst dankbar, diese beiden begabten Frauen sowohl zu unseren Freundinnen als auch zu unseren Geschäftspartnerinnen zu zählen. Autoren erwarten von Agenten literarischen Beistand, aber man findet unter ihnen selten Menschen, die nicht nur ihre Lebensweisheiten mit einem teilen, sondern mit denen man auch zur rechten Zeit gemeinsam lachen kann.

Außerdem möchten wir unserer kompetenten Verlegerin Toni Burbank von Bantam Books danken, die uns sehr unterstützt hat. Ihre Begeisterung war ansteckend und ihr Glaube in unsere Fähigkeiten unerschütterlich. Selbst nach dem kürzesten Gespräch mit ihr fühlten wir uns gestärkt und voller Energie.

Vor allem aber danken wir unseren Familien für ihre Geduld und Unterstützung, wenn wir darum kämpften, die Zeit und die Kraft für das Schreiben aufzubringen. Unsere Kinder David, Lisa, Kate und Kai und unsere Enkel Brandon und Leannie sind unsere liebsten Beispiele für einen »gut entwickelten« Babyverstand. Ihnen verdanken wir unsere wertvollsten und persönlichsten Einsichten über die kindliche Entwicklung.

Schließlich geht unser spezieller Dank an unsere Ehemänner, Peter und Larry, nicht nur, weil sie unsere glühendsten Fans sind, sondern auch, weil sie immer wieder bereit waren, zusätzliche Pflichten und Arbeiten zu übernehmen, um uns zu entlasten, damit wir die Termine einhalten konnten. Diese beiden wundervollen Männer erfüllen unser Leben und unsere Familien mit einem Reichtum und einer Wärme, die die Schwierigkeiten in der Außenwelt mehr als nur aufwiegen.

Bildnachweis

Index

Über die Autorinnen

Dr. Linda Acredolo ist Professorin im Fach Psychologie an der Universität von Kalifornien in Davis (USA) und war lange Zeit als stellvertretende Herausgeberin des führenden amerikanischen Fachmagazins auf dem Gebiet der Kinderentwicklung, *Child Development*, und als Schriftführerin der bekannten »Society for Research in Child Development« (Amerikanische Gesellschaft für frühkindliche Entwicklungsforschung) tätig.

Dr. Susan Goodwyn ist Professorin für Psychologie und Kinderentwicklung an der California-State-Universität in Stanislaus und hat einen Forschungsauftrag an der Universität von Kalifornien in Davis.

Beide Autorinnen haben zahlreiche Forschungsstipendien erhalten, insbesondere vom »National Institute of Child Health and Human Development« (Nationales Institut für die Gesundheit von Kindern und menschliche Entwicklungspsychologie), außerdem weit über vierzig Beiträge in Fachzeitschriften und Büchern veröffentlicht und ihre Forschungsergebnisse in unzähligen Veröffentlichungen präsentiert. Sie traten in Fernsehsendungen wie »Oprah« und »Dateline NBC« auf. Ihr erstes Buch, *Baby-Sprache,* wurde in amerikanischen Elternzeitschriften sehr gelobt.

Weitere Informationen finden Sie im Internet unter www.babysigns.com.